D1691157

Le Seeland
rencontres au fil de l'eau

Le Seeland, avec ses secrets et ses multiples facettes, est une région discrète et réservée. Photographe, Béat App nous fait partager les nombreuses rencontres qu'il a faites durant ces années passées à parcourir cette fabuleuse contrée.

Il est évidemment impossible de présenter tous les animaux, toutes les plantes et toutes les activités de la région. La liste des sujets présentés n'est donc pas exhaustive. Le but de cet ouvrage étant de faire connaître « le pays des lacs » à un large public et de lui donner envie de venir y flâner.

Béat App

Le Seeland
rencontres au fil de l'eau

Editions Gassmann

7	**Une journée photo dans le Seeland**
10	**Un paysage chamboulé**
12	Première correction des eaux du Jura (1868-1891)
16	Deuxième correction des eaux du Jura (1962-1973)
21	**Le Seeland**
33	Le lac de Bienne, l'âme du Seeland
49	La réserve naturelle du Häftli/Meienried
66	La vieille Aar
70	L'Aar
74	Le delta de Hagneck
76	Le Grand Marais
88	La réserve naturelle du Fanel
98	Le chemin des Païens *(Heidenweg)*
104	**Un paysage façonné par l'homme**
108	**Faune et flore**
108	Les pieds dans l'eau
117	*Silure glane*
123	*Ecrevisse américaine*
139	*Rainette verte*
143	*Grande aigrette*
153	*Martin-pêcheur d'Europe*
156	Les sols détrempés
162	La migration des oiseaux
176	Les prairies grasses
179	*Lièvre brun*
184	La terre au service de l'homme
187	*Renard commun*
190	Ombres et lumières
202	Aridité
206	**Les fruits de la nature**
206	La vigne
226	La pêche professionnelle
238	Les maraîchers
252	La navigation
266	Rencontre avec un berger
273	**Portfolio**
321	**Biographies et bibliographie**

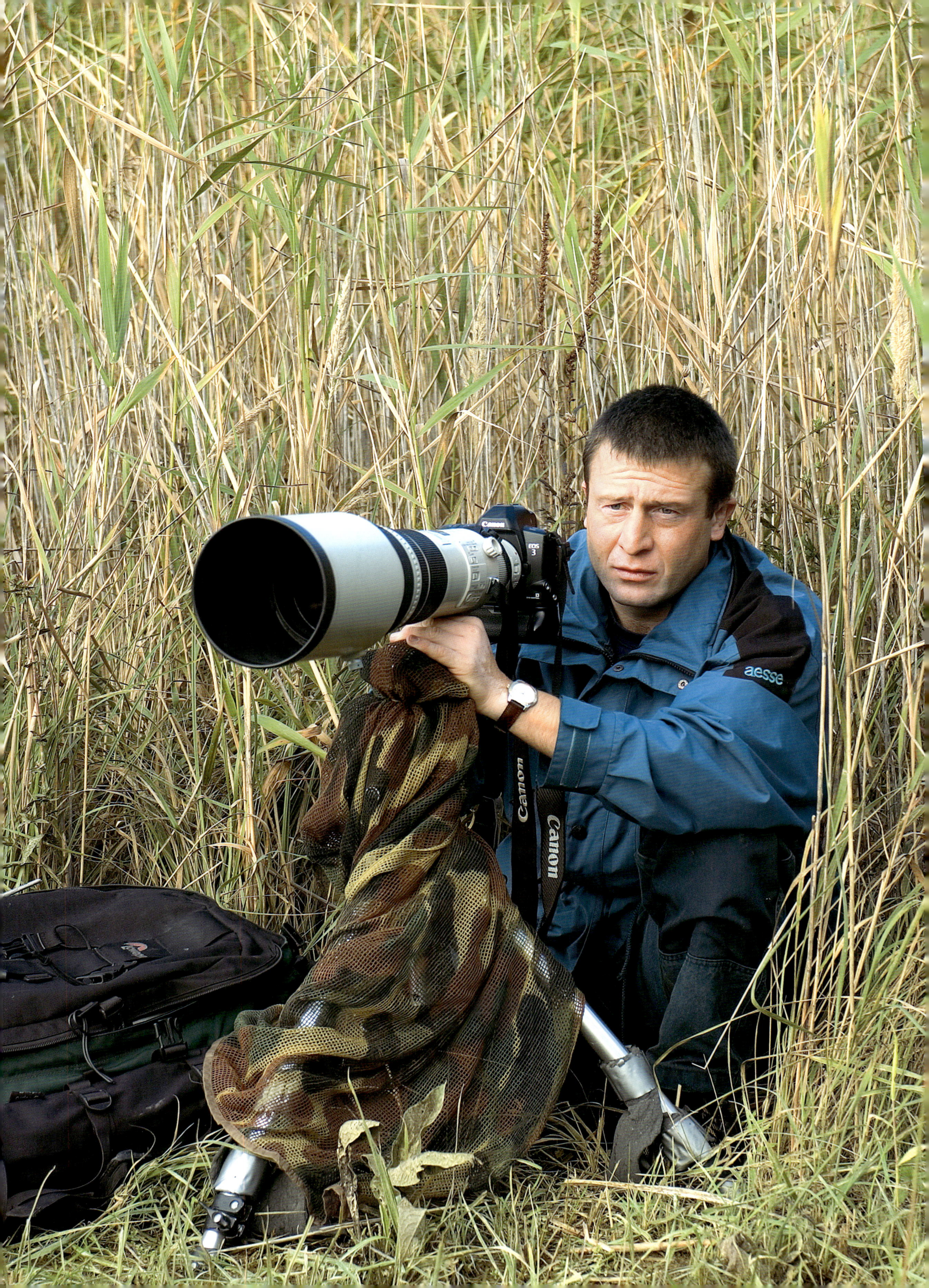
Canon
Canon
aesse

Une journée photo dans le Seeland

Ce samedi matin d'été, j'ai décidé de rejoindre une de mes cachettes dans le Grand Marais. Il fait encore nuit, mais le soleil se lève tôt à cette période. Sur ce qui reste d'une cabane en bois, je jette ma toile de camouflage. Mon affût se trouve au bord d'un étang au plein milieu des champs. Il fait bon être seul dans la nature à contempler, à observer et lorsque la chance nous sourit à photographier.

Ce petit coin du Grand Marais est connu pour ses populations de lièvres. Ce matin, un renard chasse les mulots dans les champs; malheureusement, la lumière est encore trop faible et maître goupil disparaît dans un champ de maïs. Un peu plus tard, un lièvre s'approche de mon affût, je réalise quelques images avant qu'il ne disparaisse à son tour. Mais je n'attendrai pas longtemps car un autre individu se promène à quelques mètres de moi. J'observe ses va-et-vient dans l'herbe haute, puis il s'arrête et se couche. Les minutes passent, on dirait qu'il se repose. Soudain, il se lève et part en courant. J'ai pu déclencher mon appareil et réaliser quelques photos. Le soleil est maintenant bien présent. Quelques heures ont passé quand soudain surgit derrière moi un renard. La lumière est idéale, l'appareil est dirigé dans la bonne direction, je n'hésite pas et déclenche à plusieurs reprises. Le bruit de l'appareil alerte l'animal qui court se cacher dans le champ de maïs.

Il est onze heures, je range mon matériel et je pars dans les vignes à la recherche d'une vipère. J'en trouve une cachée entre les herbes et les cailloux. J'essaie de la prendre en photo, mais l'accès est difficile et trop de choses la protègent. Un lézard des murailles qui prend un bain de soleil me permet de tirer trois belles photos. Un petit casse-croûte pris dans le terrain et je poursuis ma quête d'images dans les vignes.

Retour à la maison en fin d'après-midi pour préparer l'équipement de plongée pour une immersion à la nuit tombée dans le lac de Bienne.

Vingt et une heures, le soleil descend gentiment et le ciel devient rougeâtre. A Douanne, je retrouve Woody, mon compagnon de plongée. En attendant que le soleil disparaisse et face place à la lune, nous enfilons nos combinaisons de plongée. Derniers contrôles du matériel et de l'équipement de photos subaquatique. Est-ce que le caisson est étanche? La moindre poussière sur le joint et l'appareil est noyé. Bouteilles d'air sur le dos, palmes en main, nous prenons nos torches subaquatiques et l'appareil photo pour s'installer au bord de l'eau. Un dernier contrôle, un dernier briefing et nous nous laissons glisser dans l'obscurité du lac. Torches allumées, nous longeons la rive à environ cinq mètres de profondeur. Sous l'eau, seule notre respiration trouble le silence. Nous communiquons par signes. Woody, moniteur de plongée et grand connaisseur du lac, dirige la plongée.

Entre les gros blocs de pierre qui consolident la rive, nous observons les écrevisses. Ici et là, une bande de perchettes. Soudain, Woody aperçoit un sandre. Je prends une photo avant qu'il ne file. Plus loin, une anguille disparaît dans la nuit. A vingt-huit mètres, l'eau est vraiment limpide. Soudain Woody découvre une belle lotte. Je mets en position mes deux flashs et m'approche lentement en faisant attention de ne pas soulever la vase. Derniers réglages et la séance photo commence. Une dizaine de photos. Quelques mètres plus loin, nous apercevons un chabot. Surpris de voir ce poisson à cette profondeur, je le prends en photo.

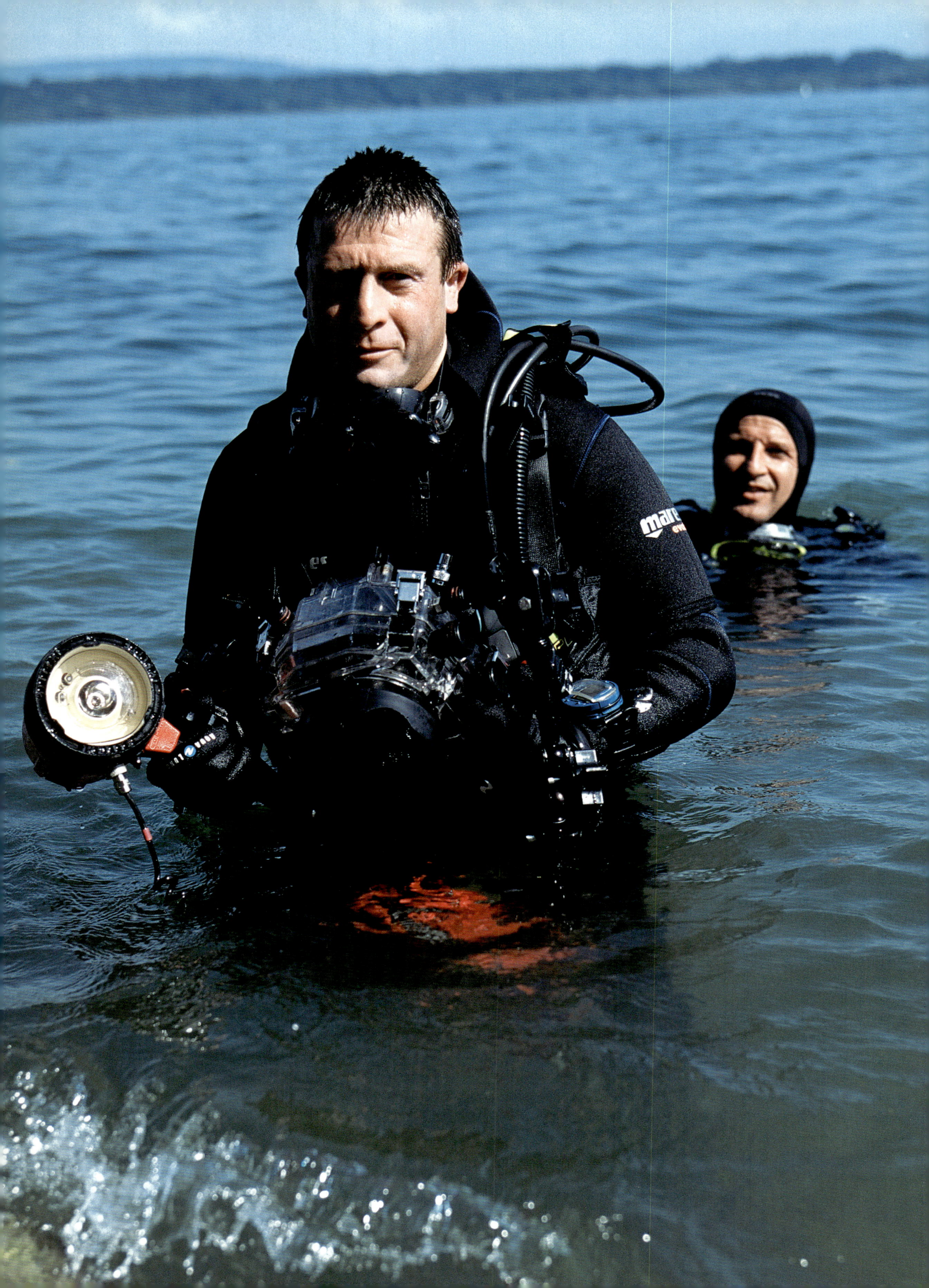

Les images s'accumulent, mais l'air diminue. Woody me fait signe de remonter. Concentré sur les prises de vues, je n'ai pas remarqué que l'aiguille du manomètre d'air descendait. Pas question de flâner car la berge est encore loin. Grâce à la boussole, nous retrouvons la rive et les grosses pierres après quelques minutes. Arrivés à trois mètres de profondeur, nous observons un palier de sécurité tout en longeant tranquillement la rive. Tout à coup, Woody s'agite. Il a trouvé quelque chose. Il me fait signe, je m'approche et découvre, caché entre deux cailloux, un jeune silure. Je n'en reviens pas. Réglant à nouveau mon appareil et mes flashs, je réalise encore cinq images. Les dernières du film. Ah! si seulement on pouvait changer de film sous l'eau! Le silure disparaît derrière les rochers et nous entamons la remontée.

La tête hors de l'eau, le besoin de parler se fait pressant. « Ah! génial ce silure! et t'as vu aussi le brochet au début de la plongée et la lotte, qu'est-ce qu'elle était belle », me lance Woody. Nous parlons tout de suite de la plongée, heureux d'avoir vu autant de choses et surpris par la présence de ce chabot à vingt-huit mètres de profondeur.

Il est minuit lorsqu'on monte dans nos voitures pour rentrer à la maison. Fatigués, mais contents d'avoir fait de belles rencontres.

Un paysage chamboulé

Jusqu'au milieu du XIXe siècle, le paysage du Seeland était bien différent de ce qu'il est aujourd'hui. D'après les études géologiques, la région fut recouverte à quatre reprises par le glacier du Rhône. Il y a seulement quinze mille ans, les trois lacs n'existaient pas encore; ils n'en formaient qu'un seul, le « lac de Soleure », s'étendant de La Sarraz, au-dessus d'Yverdon, à Flumenthal dans le canton de Soleure, en passant par les plaines de la Broye et de l'Orbe jusqu'à Payerne. Son niveau était de 50 mètres plus élevé que les lacs actuels. La formation des trois étendues lacustres remonte à environ onze mille ans avant notre ère.

En s'établissant dans la région, l'homme est confronté aux caprices de l'Aar qui, s'écoulant en larges méandres entre Aarberg et Soleure, sort fréquemment de son lit et inonde les terres, entraînant avec elle son lot de tragédies. En 1318, le pont qui enjambe l'Aar à Soleure est arraché par une crue. Il en est de même de ceux de Büren et d'Aarberg en 1472. Ces inondations résultent d'une faible déclivité du terrain et d'importantes accumulations de gravier charrié par l'Aar entre Aarberg et Büren. Aux inondations succèdent les épidémies dues à la présence de moustiques porteurs du germe de la malaria dans une zone trop fréquemment transformée en vastes marais. La mortalité est alors élevée dans le Seeland. A chaque inondation, ce sont aussi les cultures qui disparaissent sous les flots envahissants. La pauvreté est écrasante, les récoltes fort maigres. Les moyens techniques manquent et il faut attendre le XIXe siècle pour que les hommes puissent envisager dompter la rebelle. Il faudra entreprendre deux œuvres pharaoniques, la première correction des eaux du Jura (1868-1891) suivie de la seconde (1962-1973) pour assainir la région et canaliser la fougue de l'Aar.

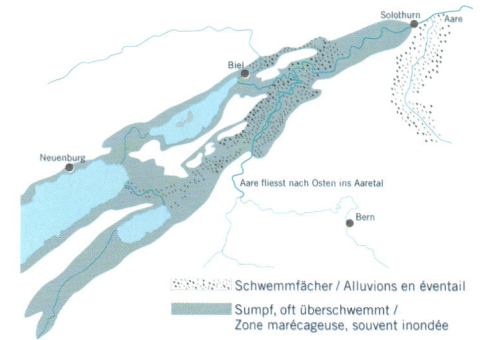

Situation avant la première correction des eaux du Jura.

Johann Rudolf Schneider est né à Meienried, village particulièrement touché par les inondations. Médecin à Nidau, il fonde une société d'étude pour la correction des eaux du Jura.

Ce n'est qu'en 1842 qu'intervient celui qui est considéré comme le bienfaiteur du Seeland, le Dr Johann Rudolf Schneider, né à Meienried, village particulièrement touché par les problèmes d'inondation. Médecin à Nidau, il fonde une société d'étude pour la correction des eaux. A sa demande, Richard La Nicca, ingénieur en chef du canton des Grisons, présente un premier projet qui attendra encore vingt-cinq ans avant d'être entrepris avec quelques modifications à la clé. Il faut dire que les structures politiques de l'époque ne facilitent pas un projet qui concerne cinq cantons, Soleure, Berne, Fribourg, Neuchâtel et Vaud.

Le but principal de cette première correction est d'abaisser le niveau des eaux des trois lacs de plus de 2 mètres. Pour atteindre cet objectif, les lignes générales suivantes sont retenues :

- Déviation de l'Aar depuis Aarberg directement dans le lac de Bienne par le canal de Hagneck.
- Sortie des eaux de l'Aar et de la Thielle par le canal de Nidau-Büren depuis le lac de Bienne jusqu'à Büren.
- Correction du cours supérieur de la Thielle entre les lacs de Neuchâtel et de Bienne.
- Correction du cours inférieur de la Broye entre les lacs de Morat et de Neuchâtel.
- Assèchement du Grand Marais par le creusement ultérieur de canaux, en particulier le grand canal, le canal principal et le canal des castors *(Biberkanal)* et grâce à la construction de deux stations de pompage.
- Remaniement parcellaire et construction de chemins ; mise en culture de nouvelles terres.

Première correction des eaux du Jura (1868-1891)

Canaux d'irrigation pour les cultures (de gauche à droite : canal principal, canal d'Isleren, canal de Stägmatte).

Pour des raisons d'économies, l'assèchement du Grand Marais et des terres adjacentes fut abandonné du projet La Nicca. L'arrêté fédéral de 1867 n'en parla plus. Ce fut, dès lors, aux cantons qu'incombèrent la tâche d'assainir plaines et marais. Toute une série de travaux allant dans ce sens débuta vers le milieu des années 1870 ; drainage de certaines régions, constructions de ponts et de canaux contribuèrent à modifier sensiblement le paysage et à mettre en valeur la région. Les buts fixés par le Dr Schneider furent atteints : 400 km^2 de terres cultivables furent arrachées à l'insalubrité et asséchées.

Les travaux de la première correction des eaux du Jura, débutés en 1868, s'achevèrent en 1891. L'île Saint-Pierre, qui jusqu'alors portait bien son nom puisqu'elle n'était atteignable à pied sec que lors de basses eaux, en fut toute chamboulée et devint une presqu'île. Le monde agricole, d'abord un peu réticent face aux bouleversements de la région, apprécia la nette amélioration du rendement des terres seelandaises. C'est à la force du poignet que les cultivateurs travaillèrent les terres du marais pour les rendre fertiles. Aujourd'hui, les principales récoltes produites sur les anciens marais sont les cultures maraîchères, la betterave sucrière, les céréales et la pomme de terre. Afin de valoriser les betteraves, on fonda, à la fin du XIXe siècle, la Sucrerie d'Aarberg. L'homme transforma une région dont on s'exilait il y a encore cent cinquante ans en une zone d'habitation agréable.

Pendant une trentaine d'années, il ne se produisit plus d'importantes inondations. Mais le temps passant, le besoin de nouvelles terres se fit de plus en plus pressant. Les agriculteurs commencèrent à cultiver les terres basses et le sol nouvellement mis à sec sur les rives. Or, ces terrains étaient sensibles aux inondations, d'autant plus qu'ils avaient tendance à s'affaisser dans les régions tourbeuses, parfois de plus de 1 mètre. La cote La Nicca se trouva trop élevée pour ces zones exposées.

Ce qui devait arriver arriva. En 1910, de catastrophiques inondations firent peu à peu naître l'idée du besoin d'une deuxième correction des eaux.

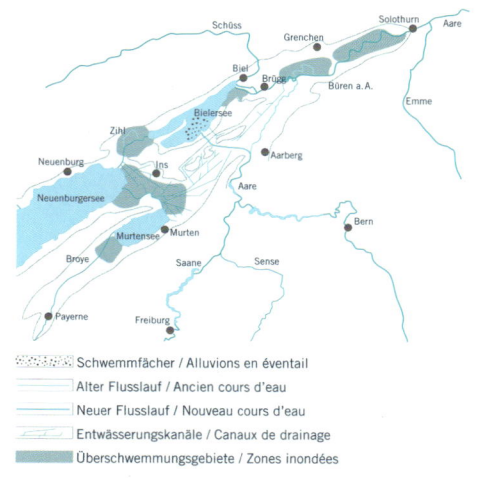

Première correction des eaux du Jura.

Canal de Nidau-Büren.
Meienried au premier plan,
le Baggersee sur la droite.
Büren au fond avec le pont.

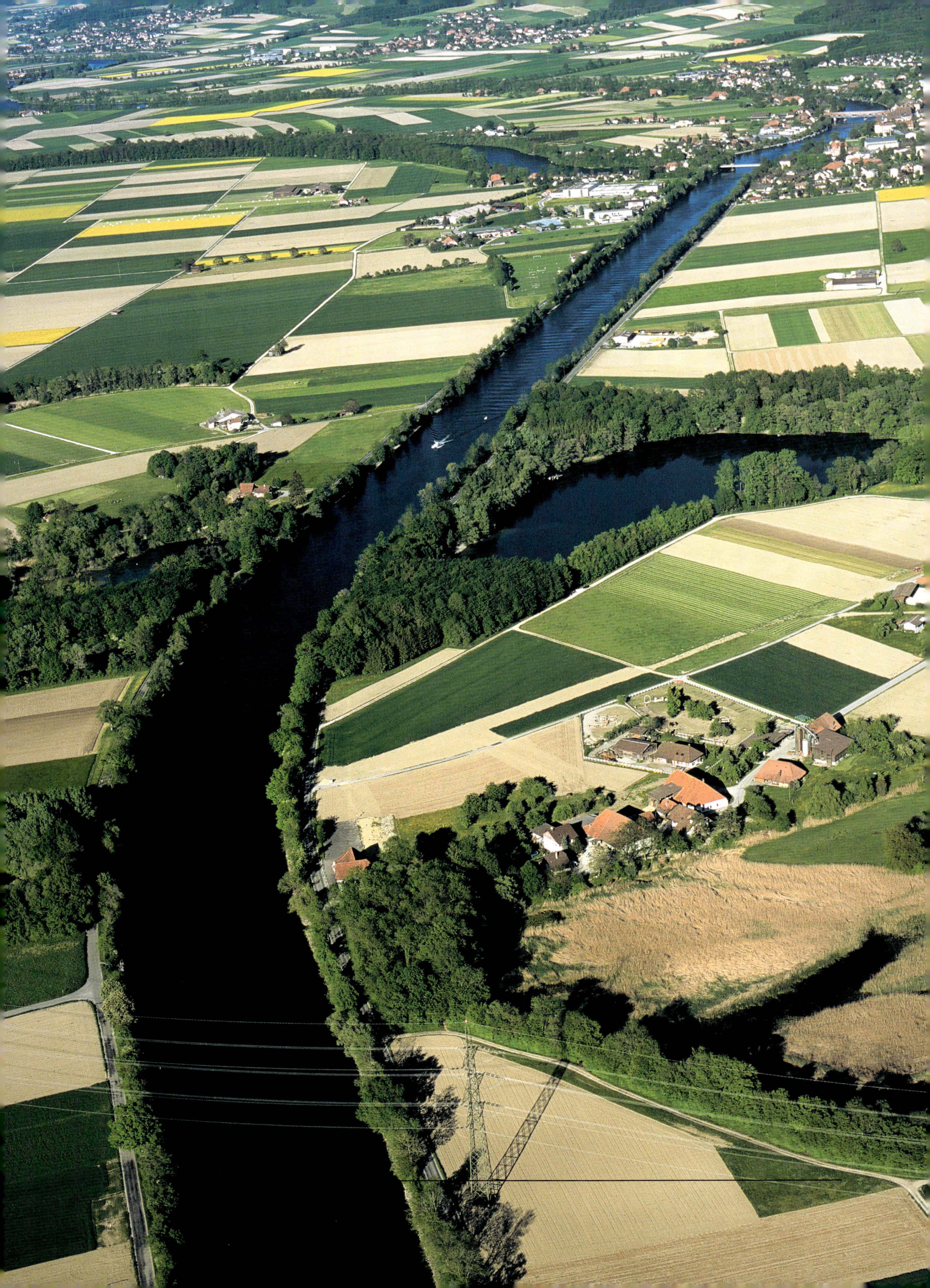

le **Seeland**_rencontres au fil de l'eau

Aarberg et le canal de Hagneck. Au premier plan, la raffinerie de sucre d'Aarberg qui commença sa production en 1899. Elle fut la proie des flammes en 1912.

le **Seeland**_rencontres au fil de l'eau   15

La sortie de l'Aar (canal de Nidau-Büren) du lac de Bienne en direction de Soleure. A droite, la Thielle qui se jette dans l'Aar. Au premier plan, les écluses de Port et la petite centrale hydroélectrique.

Deuxième correction des eaux du Jura (1962-1973)

Les écluses de Port comprenant un barrage, un pont et une centrale hydroélectrique.

Le canal de Hagneck et ses écluses.

Deux projets (Deluz et Peter) restèrent lettre morte, l'un à cause de la Première Guerre mondiale, l'autre à cause de l'attitude hésitante des cantons concernés. Mais le mouvement était lancé; entre 1936 et 1940, les premiers travaux s'effectuèrent en vue de la construction, sur le canal de Nidau-Büren, d'un barrage de régulation avec écluse remplaçant l'ancien barrage construit en 1878. Cet ouvrage, bâtit entre 1936 et 1939 à Port, est la pièce maîtresse de la correction des eaux du Jura et permet de réguler le niveau des trois lacs en jouant sur le débit de l'Aar en aval. Le barrage retient l'eau d'un bassin-versant couvrant le quart de la Suisse. Les répercussions de cette régulation se font ressentir jusqu'en Argovie. Entre novembre et décembre 1944, on assiste aux plus grosses inondations depuis la première correction, suivies de nombreuses autres.

Une nouvelle impulsion fut donnée à la deuxième correction. En 1956, le professeur Müller fut nommé chef des travaux dont les deux axes principaux étaient les suivants:
1) créer un système de régulation permettant aux lacs de s'élever de moins de 1 mètre en cas d'intempéries;
2) abaisser de 1 mètre le niveau d'eau le plus élevé et réduire l'amplitude de la variation de niveau de 1,3 à 1,6 mètre.

Pour atteindre ces objectifs, il fallut envisager les travaux suivants:
- élargissement des canaux de la Broye et de la Thielle;
- approfondissement du lit du canal de Nidau-Büren afin d'augmenter la capacité d'écoulement du lac de Bienne;
- consolidation des méandres entre Bienne et Soleure;
- élargissement et approfondissement de l'Aar de Soleure jusqu'au-delà de l'Emme;
- élimination du verrou molassique (dépôt de molasse constitué par la moraine frontale du glacier du Rhône) de l'Aar près de l'embouchure de l'Emme.

Le canal de la Broye était trop étroit, ne permettant pas, lors de hautes eaux, un écoulement correct entre le lac de Morat et celui de Neuchâtel. Il fallut donc doubler sa largeur et l'approfondir de 2,3 mètres. Les travaux dans ce secteur se terminèrent pour la plupart en 1966, se soldant par quelques découvertes archéologiques intéressantes ainsi que par l'établissement de deux îles artificielles pour la protection des oiseaux dans la réserve naturelle du Fanel.

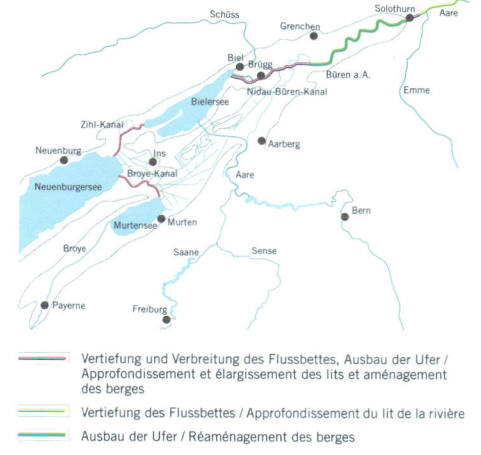

Vertiefung und Verbreitung des Flussbettes, Ausbau der Ufer / Approfondissement et élargissement des lits et aménagement des berges

Vertiefung des Flussbettes / Approfondissement du lit de la rivière

Ausbau der Ufer / Réaménagement des berges

Deuxième correction des eaux du Jura.

Entre novembre et décembre 1944, on assiste aux plus grosses inondations depuis la première correction, suivies de nombreuses autres.

La Thielle se jetant dans le lac de Neuchâtel.

L'Aar (canal de Nidau-Büren) en direction de Soleure.

Il fallut faire venir des Etats-Unis une drague géante de type « Manitowoc ».

Le canal de Nidau-Büren devait être approfondi de 5 mètres sur tout son parcours. Mais le sol, constitué d'une moraine de fond du glacier du Rhône, était trop solidement ancré pour pouvoir être extrait par les machines traditionnelles qui avaient servi aux modifications du canal de la Broye. Il fallut donc faire venir des Etats-Unis une drague géante de type « Manitowoc ». Les travaux, débutés en 1963, se terminèrent au début de 1970.

Pendant toute la période de la deuxième correction des eaux, il y eut évidemment beaucoup d'autres travaux d'excavation et de consolidation des rives, mais l'élément primordial fut la modification ou la construction de 21 ponts qu'il fallut construire ou adapter au nouveau profil des canaux. On peut même affirmer que, en une demi-douzaine d'années, jamais autant d'ouvrages de ce type furent construits sur un espace aussi restreint.

La deuxième correction des eaux est un succès :
- les inondations ont disparu, bien que les débits maximaux ou maxima admissibles aient été atteints deux fois (1987 et 1999), n'entraînant que des dégâts minimes ;
- l'idée de la création d'un lac « unique » devint effective ; dans l'esprit des ingénieurs, les trois lacs corrigés et régulés par les canaux et les barrages n'en forment plus qu'un.

Pour conclure ce chapitre éminemment lié au progrès dans ses aspects positifs, il est à noter encore qu'une des préoccupations majeures, lors de ces grands chantiers, fut la protection de la nature et de la pêche. Il fallut bien sûr éliminer une grande partie de l'ancienne végétation. Mais on s'efforça chaque fois d'ensemencer et de refaire des rives à la fois agréables à l'œil, mais aussi favorables à la faune et à la flore. A cet effet, on aménagea des chemins ainsi que des escaliers de berges, de même que des îles artificielles (Altreu, Bellach et Fanel).

Les différents chantiers permirent aussi de découvrir environ 10 000 objets archéologiques.

le **Seeland**_rencontres au fil de l'eau

Grâce aux corrections des eaux du Jura, le pire a été évité lors des inondations du mois d'août 2005. Le débit moyen, qui est normalement de 180 m^3/s, a dépassé les 1300 m^3/s.

Si la basse ville de Berne, qui se trouve en amont de la zone « corrigée » a été inondée, il n'en fut rien pour la partie du Seeland.

Le lac de Bienne s'est déversé dans le lac de Neuchâtel, évitant ainsi aux cantons de Soleure et d'Argovie d'avoir les pieds dans l'eau. Ce ne fut pas le cas de quelques riverains du bord du lac de Bienne qui ont souffert de cette brusque montée des eaux. Mais les dégâts ne furent en rien comparables à ceux observés dans l'Oberland bernois ou en Suisse centrale.

Ici, le canal de Hagneck à l'embouchure du lac de Bienne. On remarque le niveau inhabituellement haut du lac.

le **Seeland**_rencontres au fil de l'eau

Le delta de Hagneck à l'entrée du lac de Bienne.

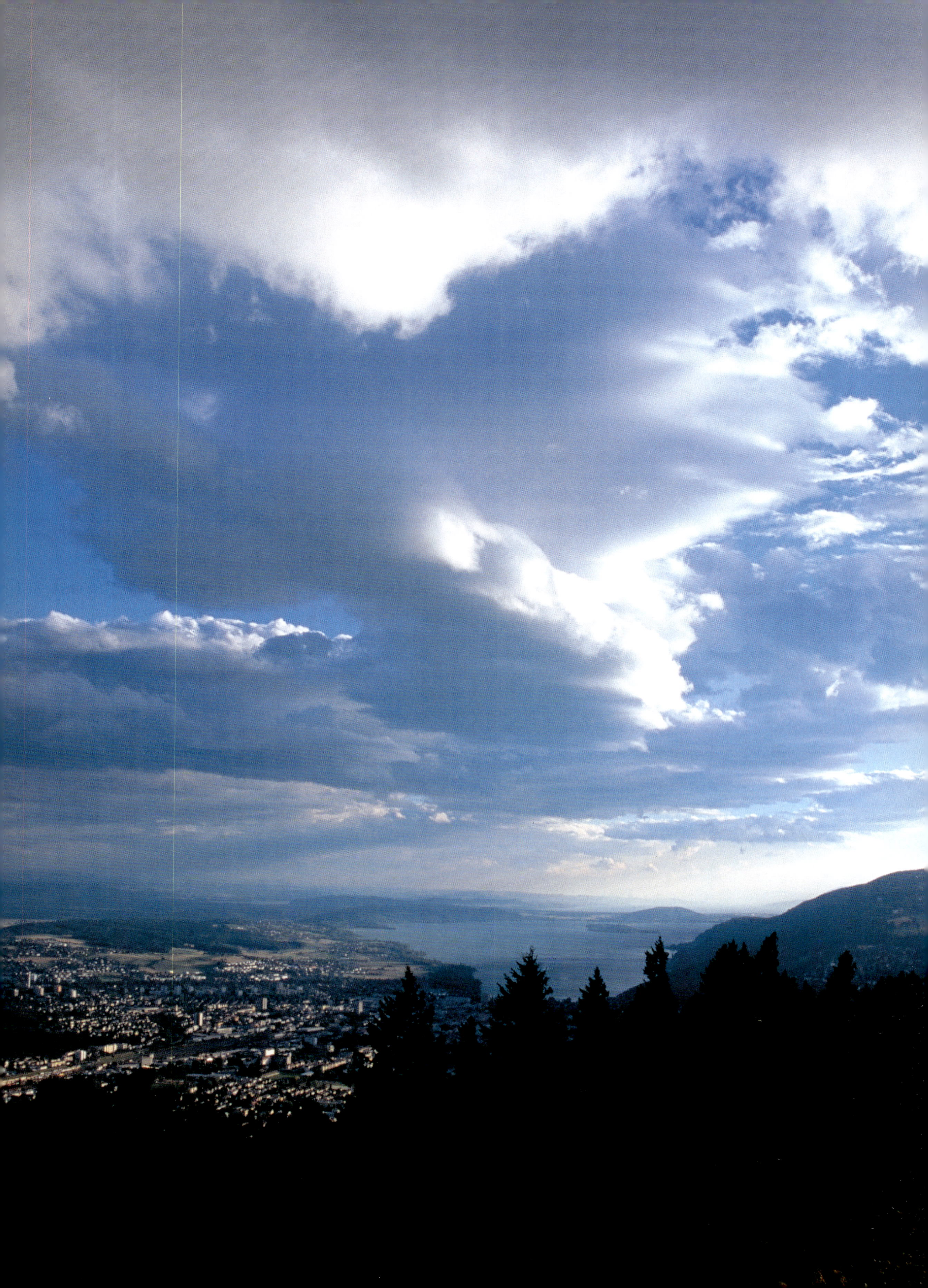

Le Seeland

Sis entre les Alpes et les montagnes jurassiennes, le Plateau doit son surnom de « Pays des Lacs », ou Seeland, à ses trois lacs de Morat, de Neuchâtel et de Bienne.

Le Seeland comprend les six districts politiques de Bienne, de Nidau, de La Neuveville, de Büren a. Aare, de Cerlier (Erlach), d'Aarberg. Il s'étend de l'extrémité est du lac de Neuchâtel et de Morat jusqu'aux frontières du canton de Soleure. Au nord, le Seeland s'étend jusqu'aux premiers plissements des montagnes jurassiennes. Au sud, c'est très certainement une ligne imaginaire passant entre les communes de Chiètres (Kerzers), d'Aarberg et de Lyss qu'il faut considérer.

La région du Seeland est caractérisée par un imposant réseau d'eau, de lacs, de marais, de grands potagers, mais également de coteaux secs bien exposés au soleil et facilitant la viticulture. Les activités humaines et la nature sont riches en sujets et en histoires.

La région a été fortement modelée par l'homme, surtout lors des deux corrections des eaux du Jura. Ces travaux ont eu d'importantes incidences non seulement sur bon nombre d'activités humaines, mais également sur la nature elle-même.

page 20 Vue depuis la Montagne-de-Boujean.

pages 22 et 23 Bienne, le lac, Macolin (Magglingen) et le plateau de Diesse. Au fond, les lacs de Morat et de Neuchâtel.

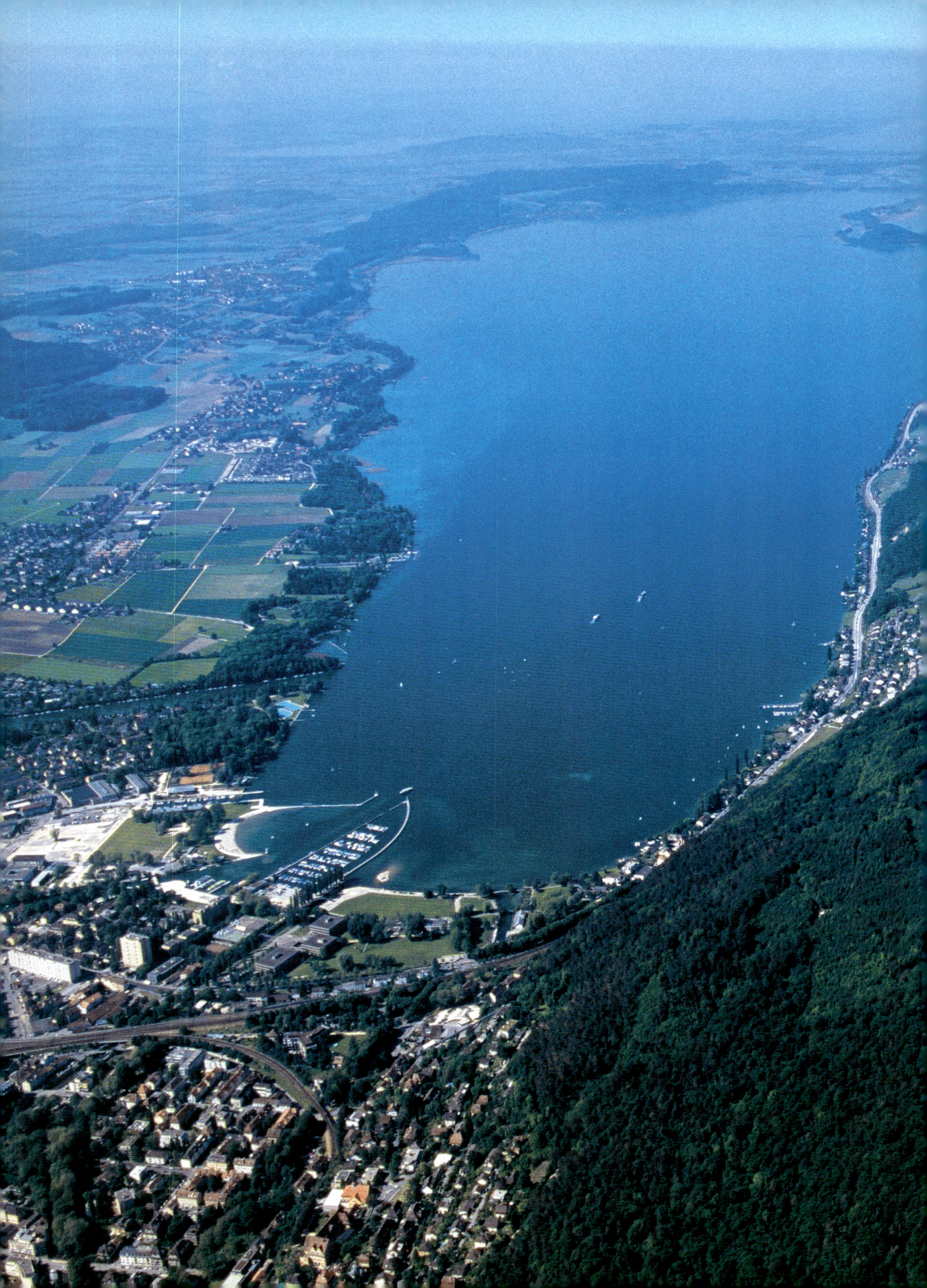

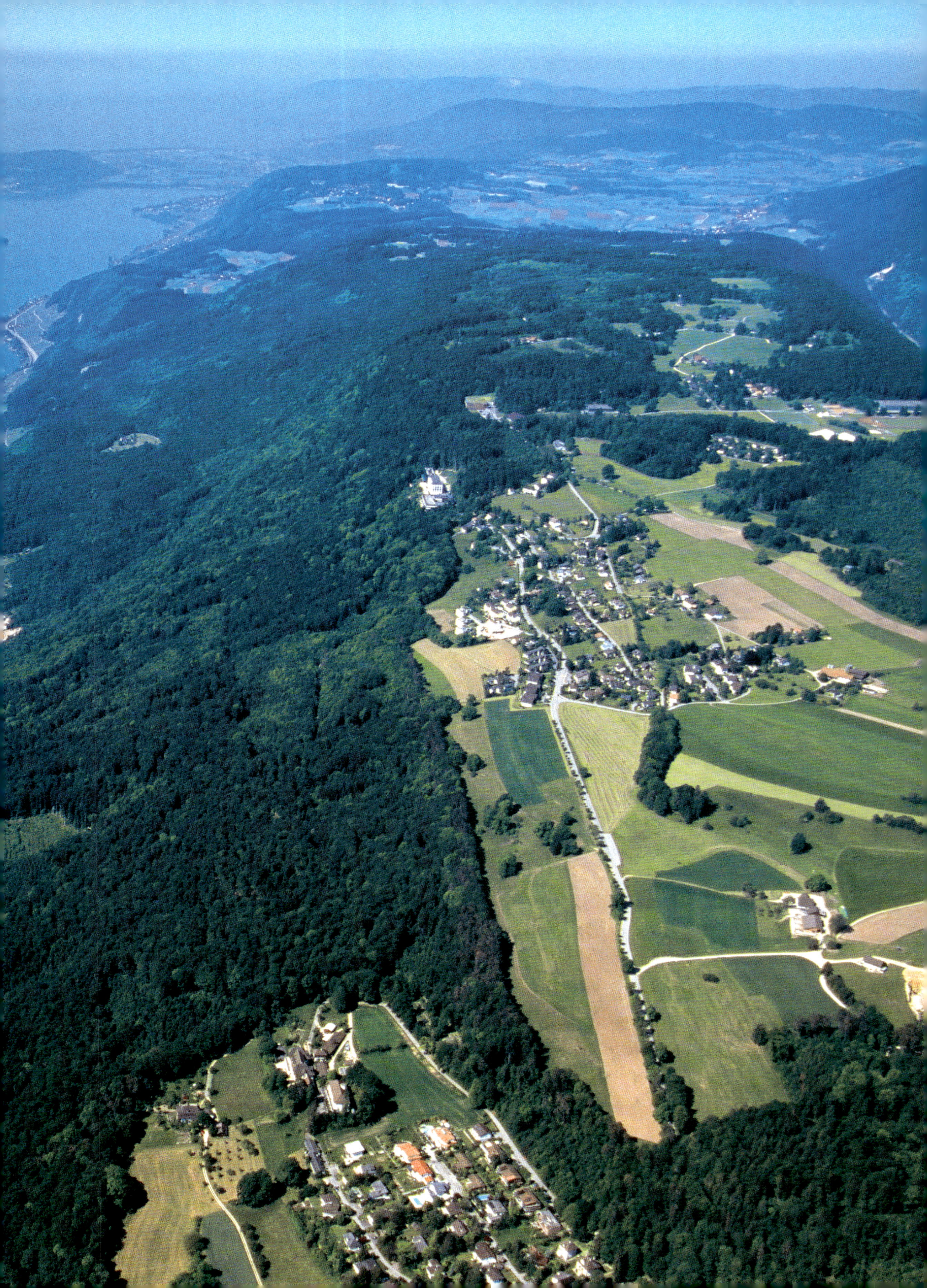

le **Seeland**_rencontres au fil de l'eau

Au nord, le Seeland s'arrête au pied de la chaîne jurassienne qui s'étend de Genève à Bâle. Les coteaux exposés au sud, donc bien ensoleillés, se prêtent merveilleusement bien à l'exploitation de la vigne. Le climat, influencé par la présence des lacs, joue aussi un rôle important. Tous les villages du nord du lac de Bienne témoignent de l'importance de cette activité.
De la sortie de Bienne, la capitale bilingue du Seeland, à Grandson, en passant par La Neuveville, petite ville francophone, ce n'est qu'une suite de villages vignerons typiques blottis entre le lac et la vigne. Si le climat est favorable à la culture du raisin, il l'est aussi pour les touristes qui se pressent sur les rives du lac pour pratiquer quelque activité nautique et déguster les filets de perches accompagnés d'un verre de chasselas.

Vue aérienne du coteau nord du lac,
le port de Vingras (Wingreis) et Engelberg.

le **Seeland**_rencontres au fil de l'eau

Douanne, le chemin des vignes.

En longeant la rive et en passant en marge de Cerniaux (Schernelz), nous accostons au port du village de Douanne (Twann) dont l'appellation « twanner » a autant de panache que celle des villages en amont. Le vieux village, qui fait partie des plus beaux sites construits de Suisse, les gorges romantiques du Twannbach dévalant le flanc du Jura depuis le plateau de Diesse, l'île Saint-Pierre appartenant à la commune et la Montagne-de-Douanne imprègnent la région d'un charme certain.

page 27 **Twannbach**.

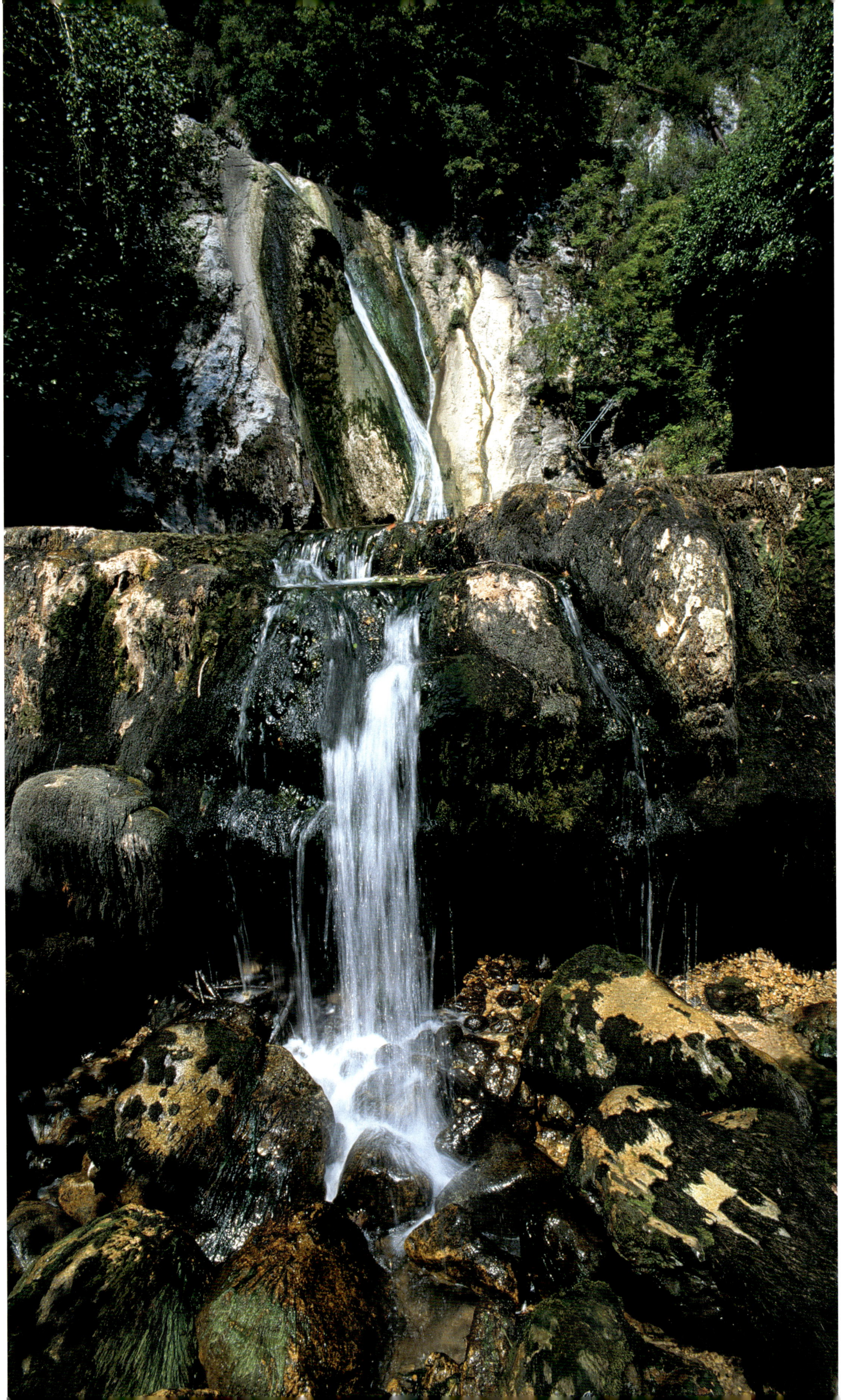

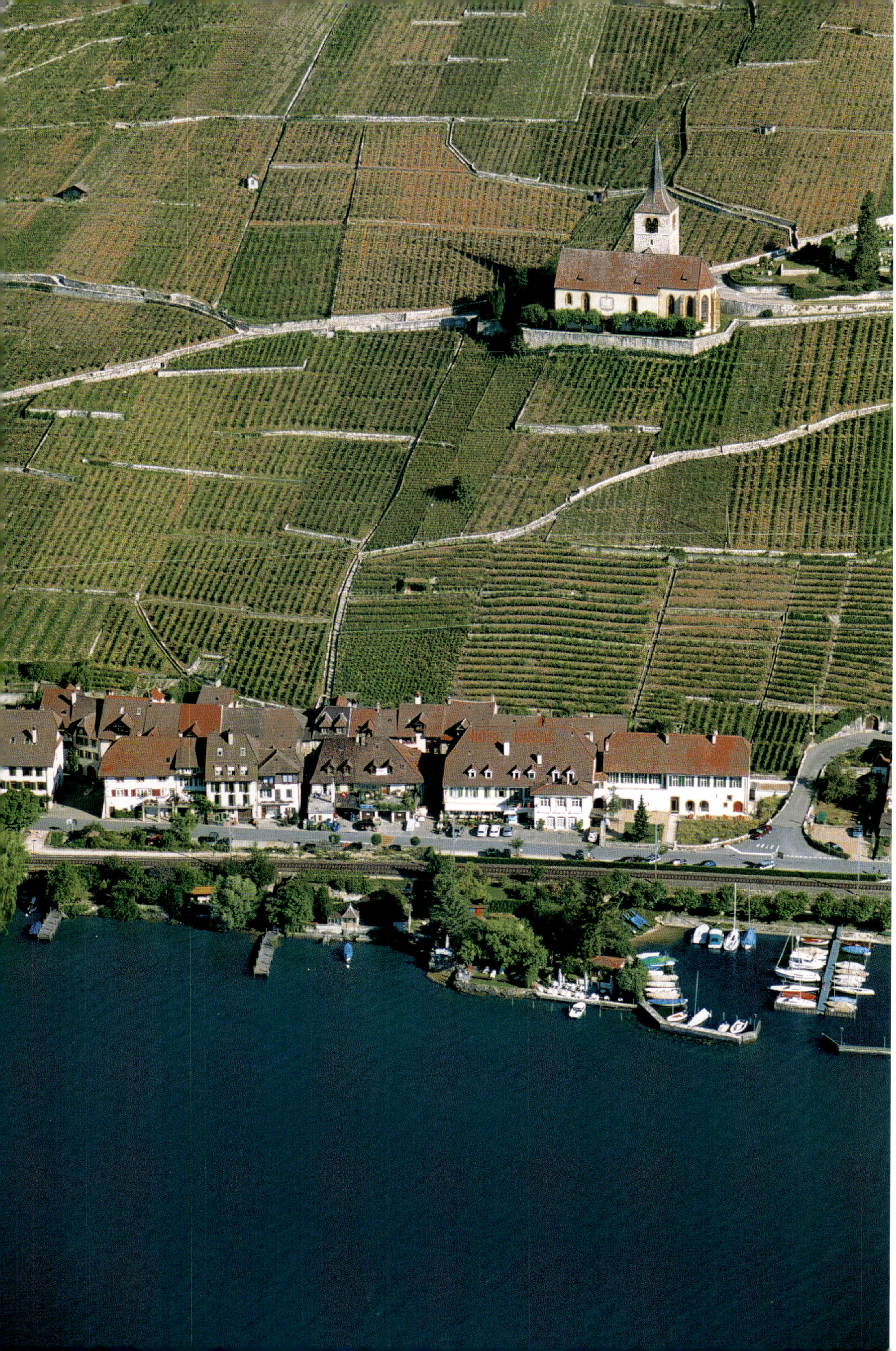

page 28 Gléresse et son église gothique.
Le village viticole de Chavannes.
La Neuveville.
pages 30 et 31 Le vieux bourg de La Neuveville.

Plus vers l'est, le long de la rive nord du lac de Bienne, à la hauteur de l'île Saint-Pierre, le hameau de Chavannes (Schafis) jouxte celui de Gléresse (Ligerz) tout proche. C'est l'activité viticole qui estampille ces deux villages d'une centaine d'habitants. Un tunnel de contournement routier fut construit en 1989 et permit de soulager la route cantonale du lourd trafic de l'axe Bienne-Neuchâtel. Gléresse possède un funiculaire reliant le centre du hameau au village de Prêles sis sur le contrefort du pied du Jura (plateau de Diesse). L'église gothique de Gléresse, située au milieu du vignoble, est un ancien site de pèlerinage et un monument de toute beauté.

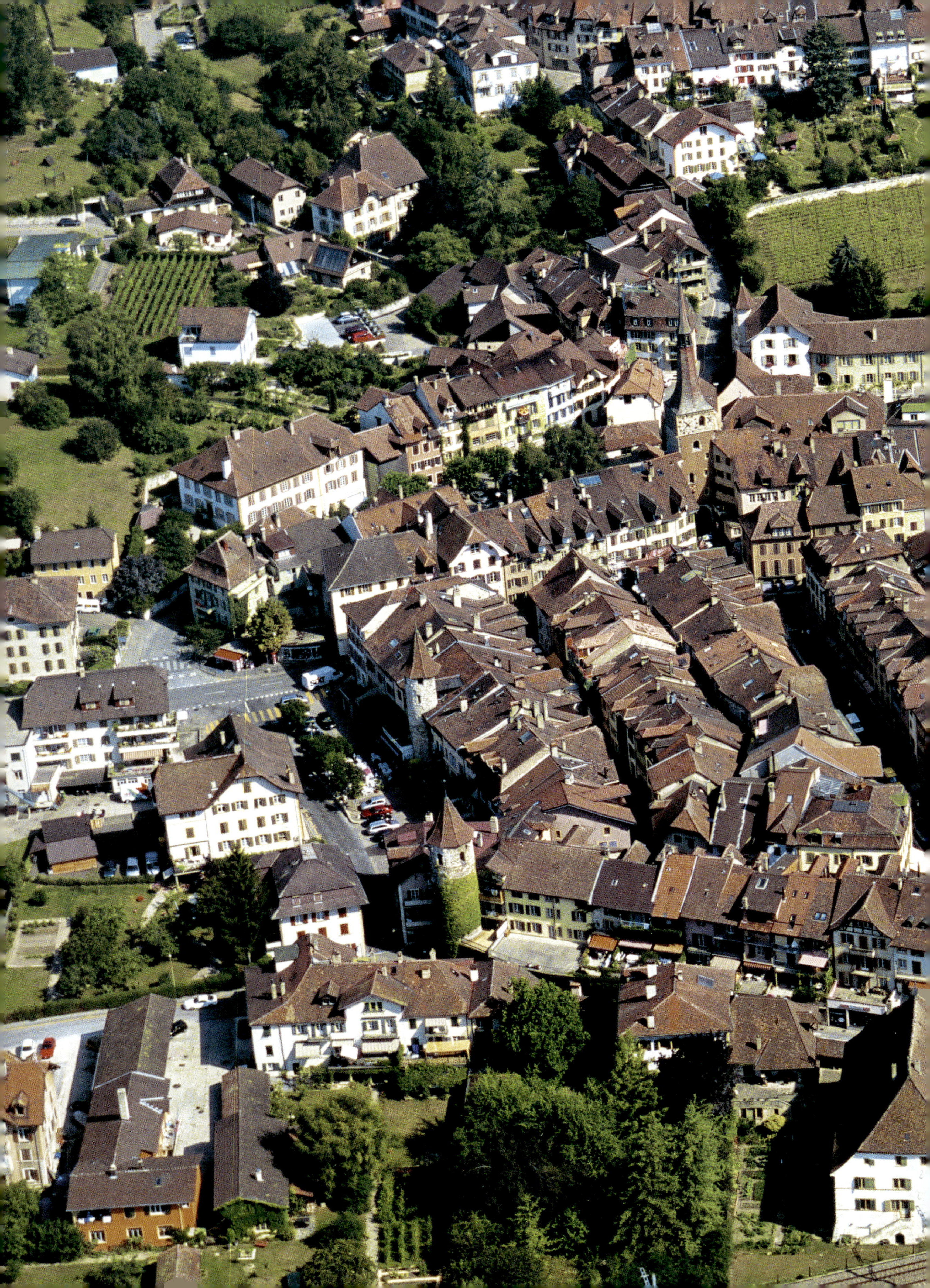

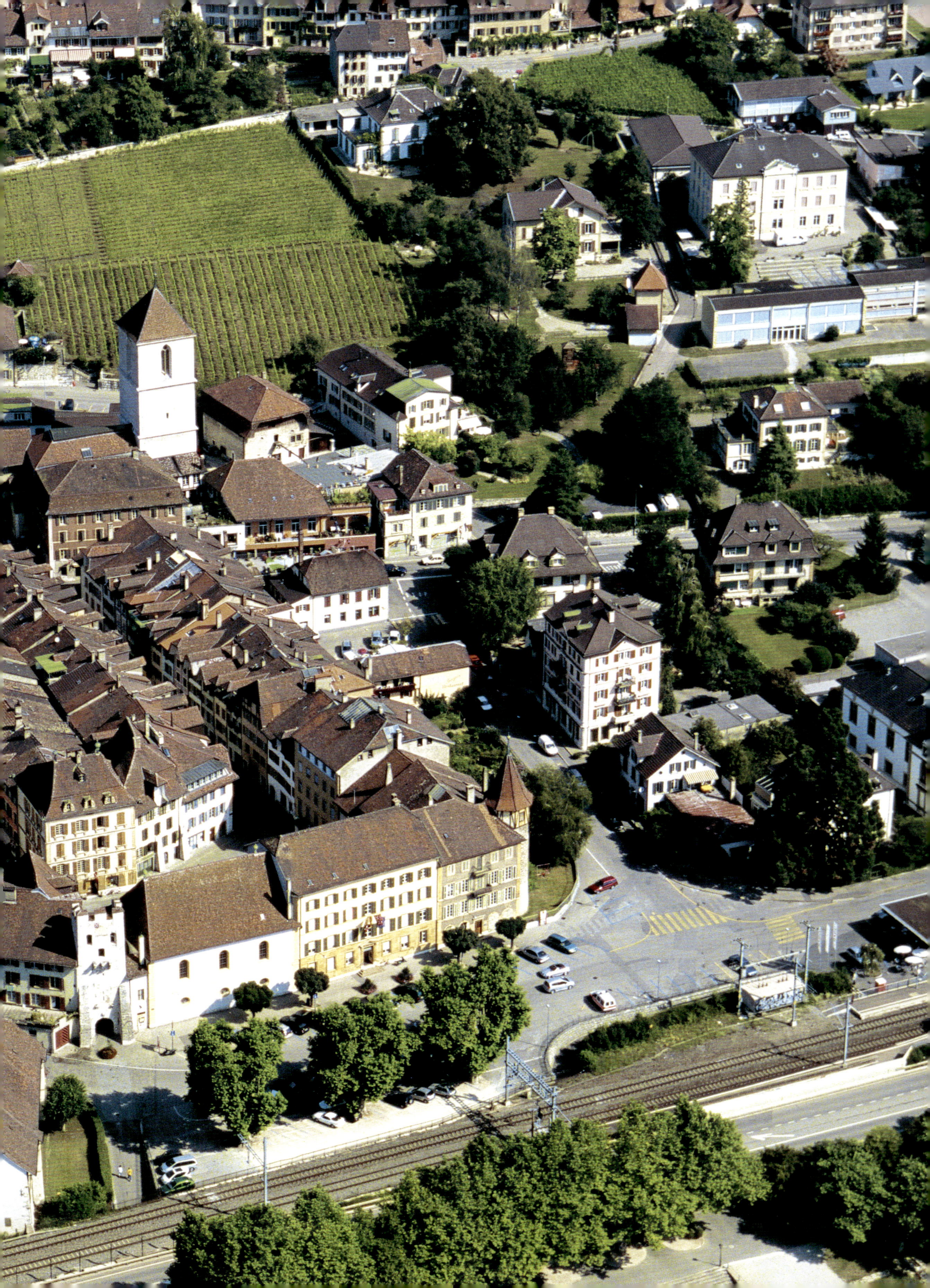

Vue aérienne en direction de Bienne.

le **Seeland**_rencontres au fil de l'eau

Le lac de Bienne, l'âme du Seeland

Le lac de Bienne porta successivement les noms de lac de Nugerol, de Cerlier et plus généralement de Nidau jusqu'à la fin du XIXe siècle.

Sa couleur turquoise s'oppose à la mosaïque des couleurs de la rive nord où de grandes dalles rocheuses escarpées chevauchées par une forêt sèche de chênes surplombent les coteaux cultivés du vignoble de Bienne. Ces villages pittoresques arborent toujours le caractère typique qui fut celui de leurs habitants d'antan, pour la plupart pêcheurs ou vignerons. Aujourd'hui, bien que beaucoup de viticulteurs persistent, les pêcheurs ont cédé leur place et les villages riverains servent de dortoirs pour les salariés de l'industrie biennoise en quête d'une meilleure qualité de vie.

Bienne est la plus grande ville bilingue de Suisse avec environ 50000 habitants (60% Alémaniques, 40% Romands). Elle offre, de par sa situation privilégiée à cheval entre le Jura et le Plateau, une palette presque inépuisable d'activités à ses citoyens.

le **Seeland**_rencontres au fil de l'eau

Le lac de Bienne par temps orageux.

le **Seeland**_rencontres au fil de l'eau 35

Vue depuis les rochers surplombant
le village de Chavannes.

le **Seeland**_rencontres au fil de l'eau

le **Seeland**_rencontres au fil de l'eau

page 36 Lever du jour sur le lac de Bienne.

Plage de Bienne.

Vue sur le Jolimont.

L'île Saint-Pierre depuis Saint-Joux,
sur la commune de La Neuveville.

le **Seeland**_rencontres au fil de l'eau

La Suze, qui prend sa source dans le Jura bernois tout proche (dans le vallon de Saint-Imier), traverse la nature sauvage des mystérieuses gorges du Taubenloch, longe la vieille ville pour finalement scinder la ville de Bienne en deux et se jeter dans le lac près du gymnase français.

La Suze en ville de Bienne (quai du Bas).

page 39 Les gorges du Taubenloch, à l'origine de nombreuses légendes.

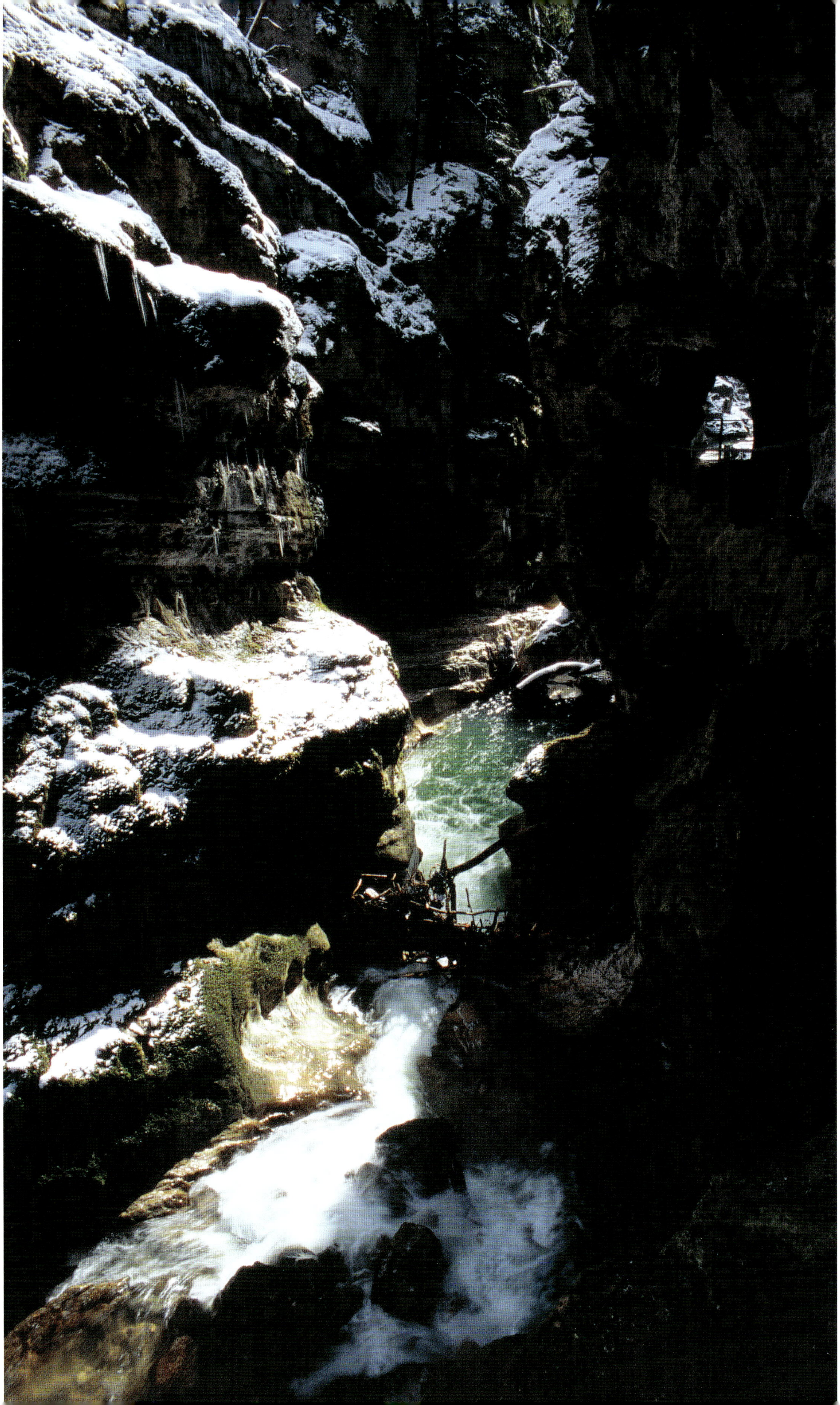

La Thielle longe la frontière communale de Bienne jusqu'à Nidau, petite bourgade romantique du XIVᵉ siècle dotée d'un château. Par endroits, les rives sont ourlées par une étroite barrière de roseaux où les oiseaux d'eau se cachent pour nicher et où le castor ronge les saules en hiver. La majorité de la rive est utilisée par les places d'amarrage des bateaux de plaisance. Ce court tronçon de la Thielle, bien que remodelé partiellement, est le seul témoin de la situation fluviale antérieure à la correction des eaux du Jura.

La Thielle avec le château de Nidau.
page 41 La Thielle à Nidau.

le **Seeland**_rencontres au fil de l'eau

le **Seeland**_rencontres au fil de l'eau

La jonction entre la Thielle et le canal se fait au niveau du barrage de Port, dont l'utilité ne s'arrête pas à la régulation des niveaux des trois lacs. Il endosse en effet les fonctions supplémentaires d'écluses pour la navigation sur l'Aar, de pont routier reliant Brügg à Port et de producteur d'énergie grâce à sa centrale hydroélectrique au fil de l'eau en fonction depuis 1995.

Pylônes dans le brouillard
à proximité des écluses de Port.

le **Seeland**_rencontres au fil de l'eau

Canal de Nidau-Büren.

Vue aérienne d'Orpond et le Häftli en arrière-plan.

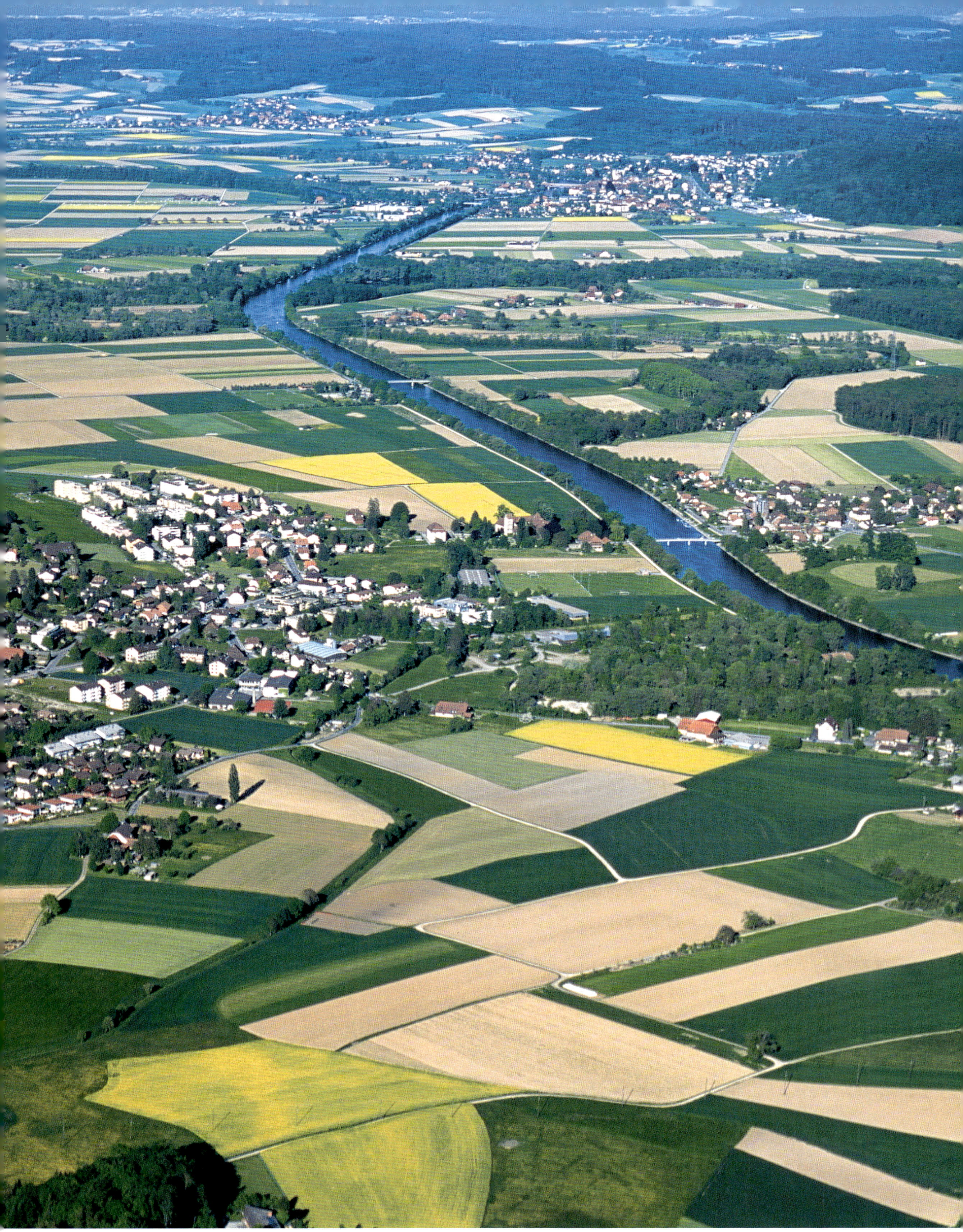

Orpond, au bord du canal de Nidau-Büren, fut jadis un hameau de pêcheurs avec un petit couvent du nom de Gottstatt (lieu de Dieu) construit en 1255 par l'Ordre des norbertins. Le couvent peut être visité. Sur le flanc est du cloître se dresse le plus grand spécimen connu, au nord des Alpes, de tulipier de Virginie, arbre originaire d'Amérique du Nord possédant de superbes inflorescences en forme de tulipe.

Plus loin en aval, sur les hauteurs de Meienried, c'est la vieille Aar qui se jette dans le canal. C'est à cet emplacement que la Thielle en provenance de Bienne et l'Aar en provenance d'Aarberg se rencontraient avant la correction des eaux du Jura. C'est également ici que se situe le complexe de la réserve naturelle du Häftli, de la vieille Thielle et des étangs de Meienried.

Le couvent de Gottstatt à Orpond.
Le tulipier de Virginie.
page 47 Le canal de Nidau-Büren à la hauteur de Meienried.

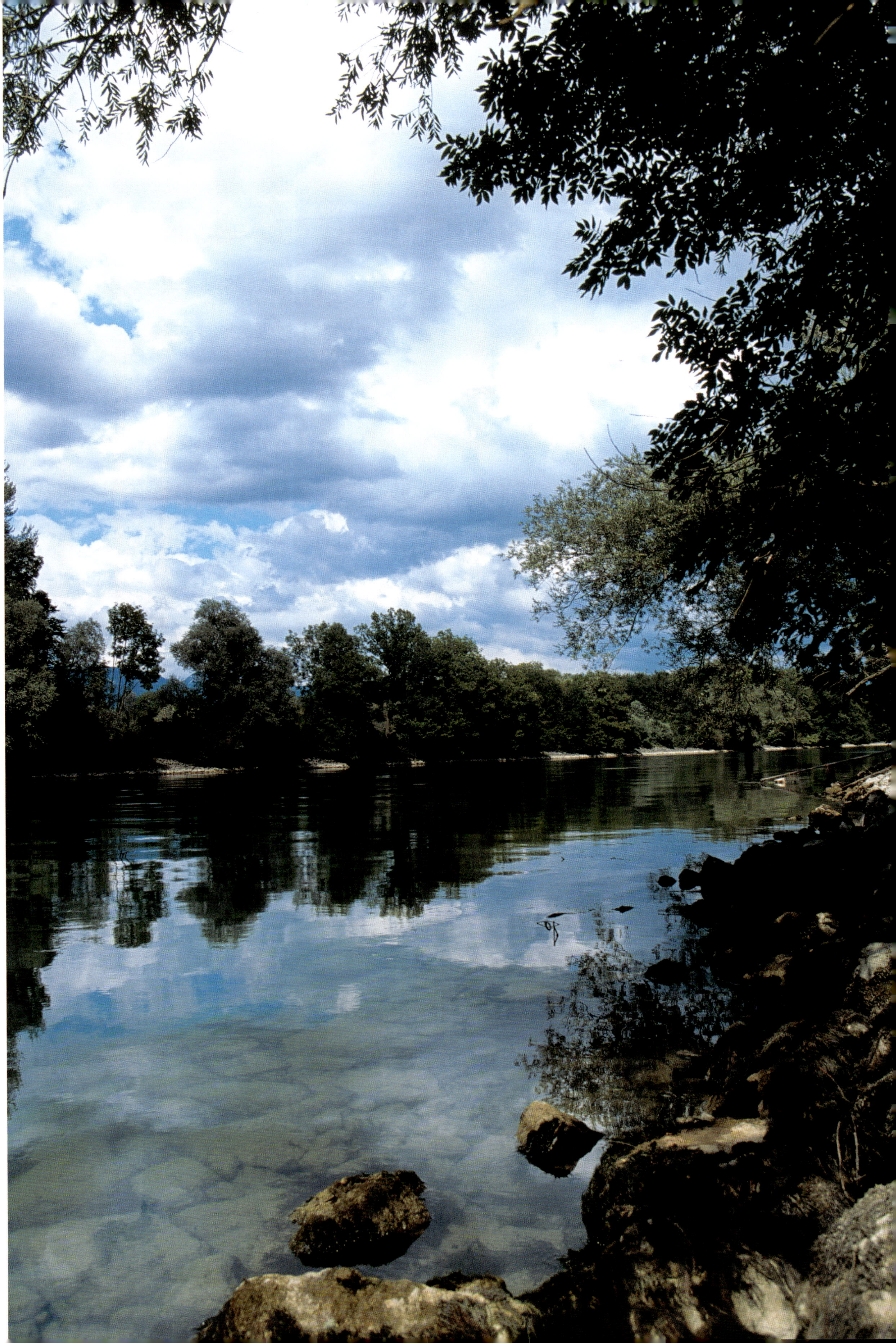

Ilot, arbre au printemps (Häftli).

Nivéole d'été.

La réserve naturelle du Häftli/Meienried

La réserve naturelle du Häftli/Meienried s'étend sur le territoire des communes de Büren an der Aare, de Safnern et de Montmenil (Meinisberg).

La surface comprend les anciens bras de l'Aar et de la Thielle sur une étendue de plus de 90 hectares. Soixante-huit hectares sont des eaux stagnantes ou à courant lent, d'une profondeur maximale de 3 mètres, 2 hectares de plantes flottantes, 1,7 hectare de roselières, 5 hectares de cariçaies et 14 hectares de forêts humides naturelles. La protection stricte a pour but de maintenir les caractéristiques de ce biotope.

Avant la première correction des eaux du Jura, l'Aar s'écoulait d'Aarberg en direction du Büttenberg qui lui barrait la route. Cet obstacle détournait la trajectoire de la rivière qui formait deux grands méandres en forme d'agrafe (*Häftli* en allemand) avant de rejoindre Büren. L'Aar et la Thielle, en se rejoignant au niveau de Meienried, formaient un grand réseau alluvial dynamique dont les reliques sont encore bien visibles aujourd'hui.

Le Häftli et la vieille Thielle furent transformés en bras morts inondés par la construction du canal de Nidau-Büren. L'ancien lit de la Thielle apparaît entre Scheuren et Meienried. C'est dans cette zone que réside une population importante de rainettes vertes. D'autres batraciens rares, comme le triton lobé et le triton crêté, sont les hôtes de ces milieux. Plus de 209 espèces d'oiseaux y sont recensées, dont 59 nichant régulièrement, ce qui fait de cette réserve un endroit privilégié pour l'observation ornithologique.

Meienried abrite, entre autres, la seule station de la nivéole d'été en Suisse autrefois très répandue.

le **Seeland**_rencontres au fil de l'eau

le **Seeland**_rencontres au fil de l'eau 51

Paysages d'automne (Häftli).

pages 52 et 53 **Le Häftli en hiver.**

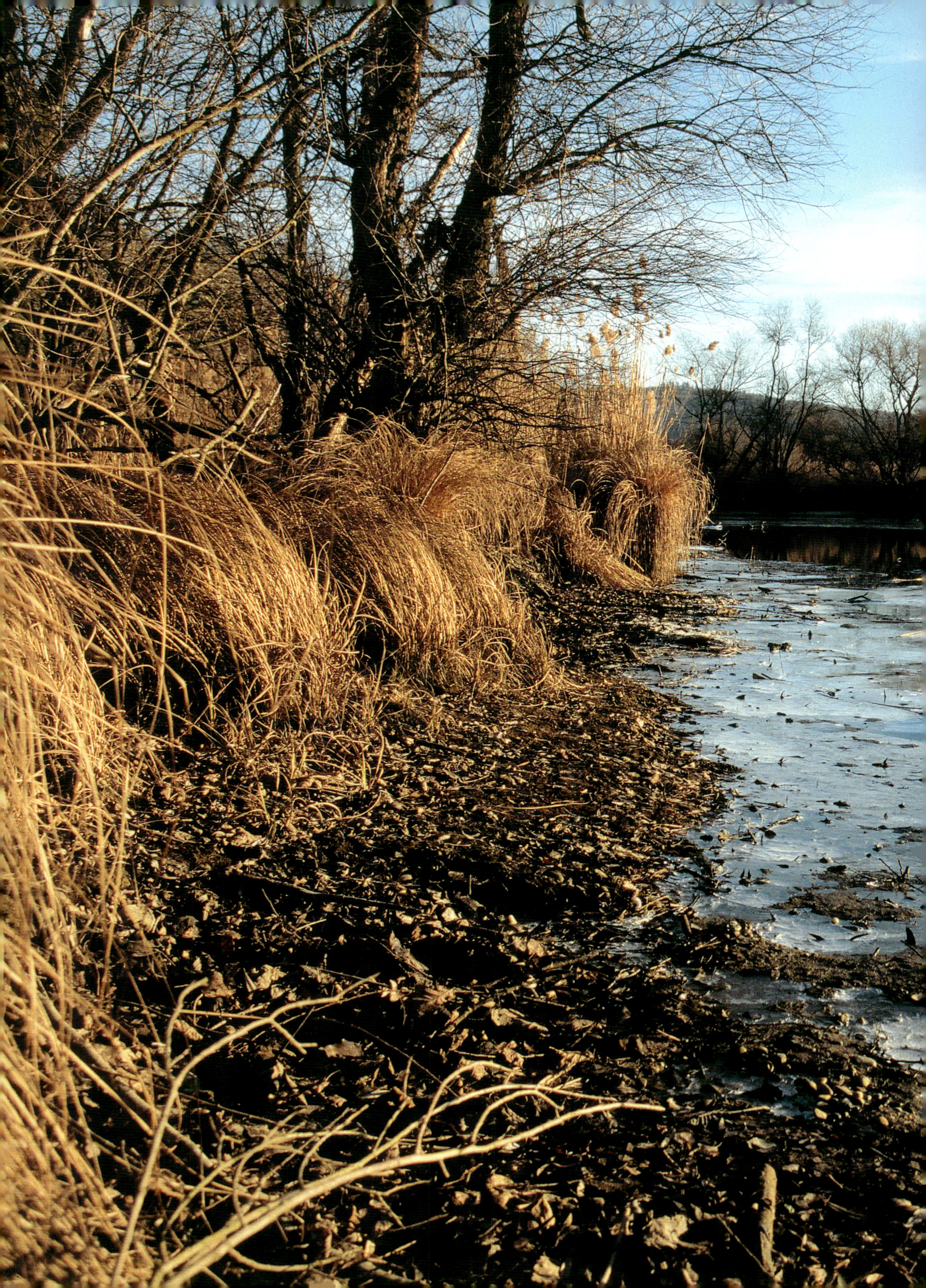

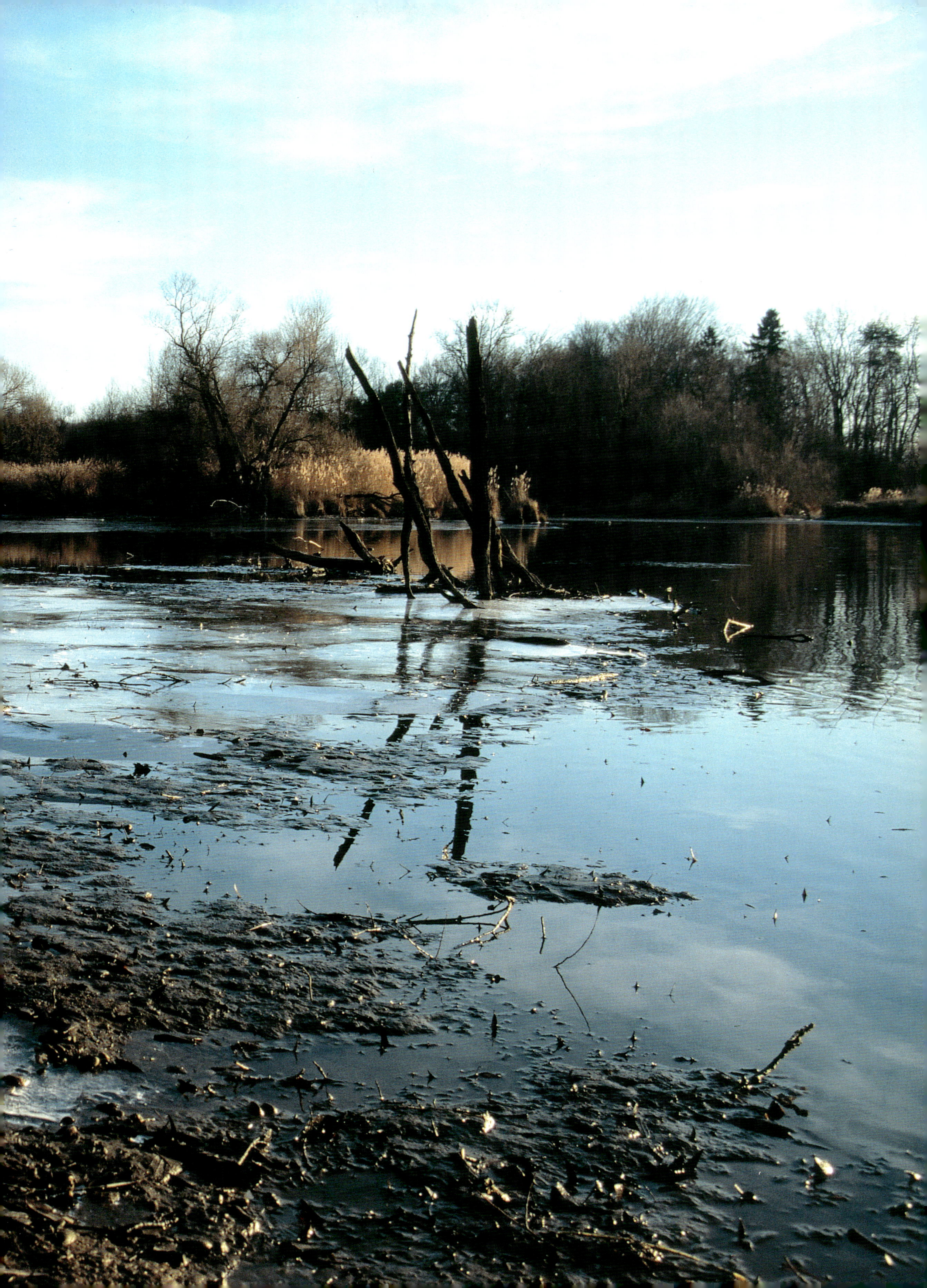

Forêt alluviale en hiver.
Le Häftli.

Touradons en hiver dans le Häftli.

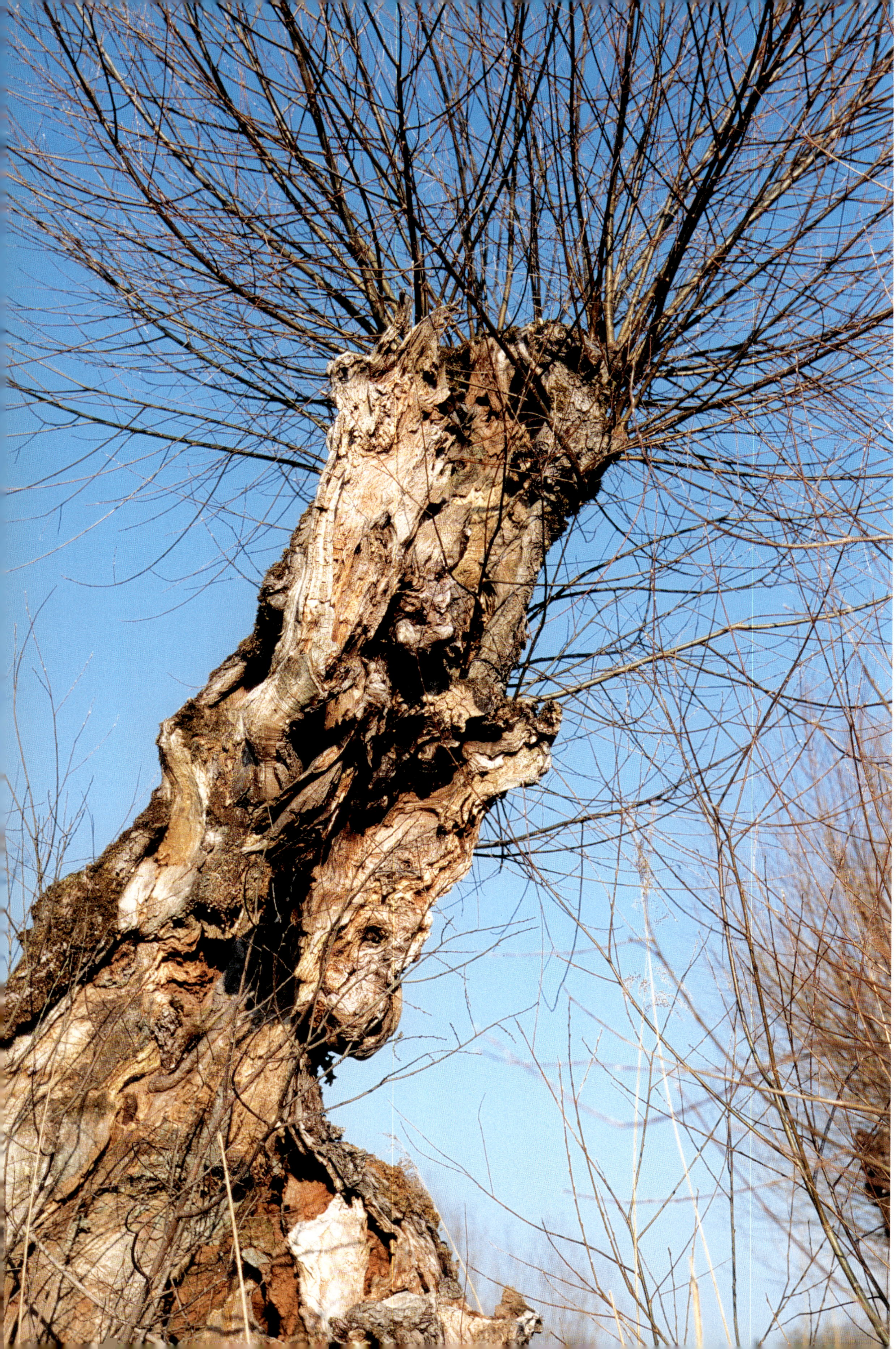

page 56 **Saule au début du printemps (Meienried).**

Saules en hiver (Meienried).

le **Seeland**_rencontres au fil de l'eau

En arrière-plan, le village de Meienried
et les étangs de Meienried.

pages 60 et 61 **La réserve de Meienried.**

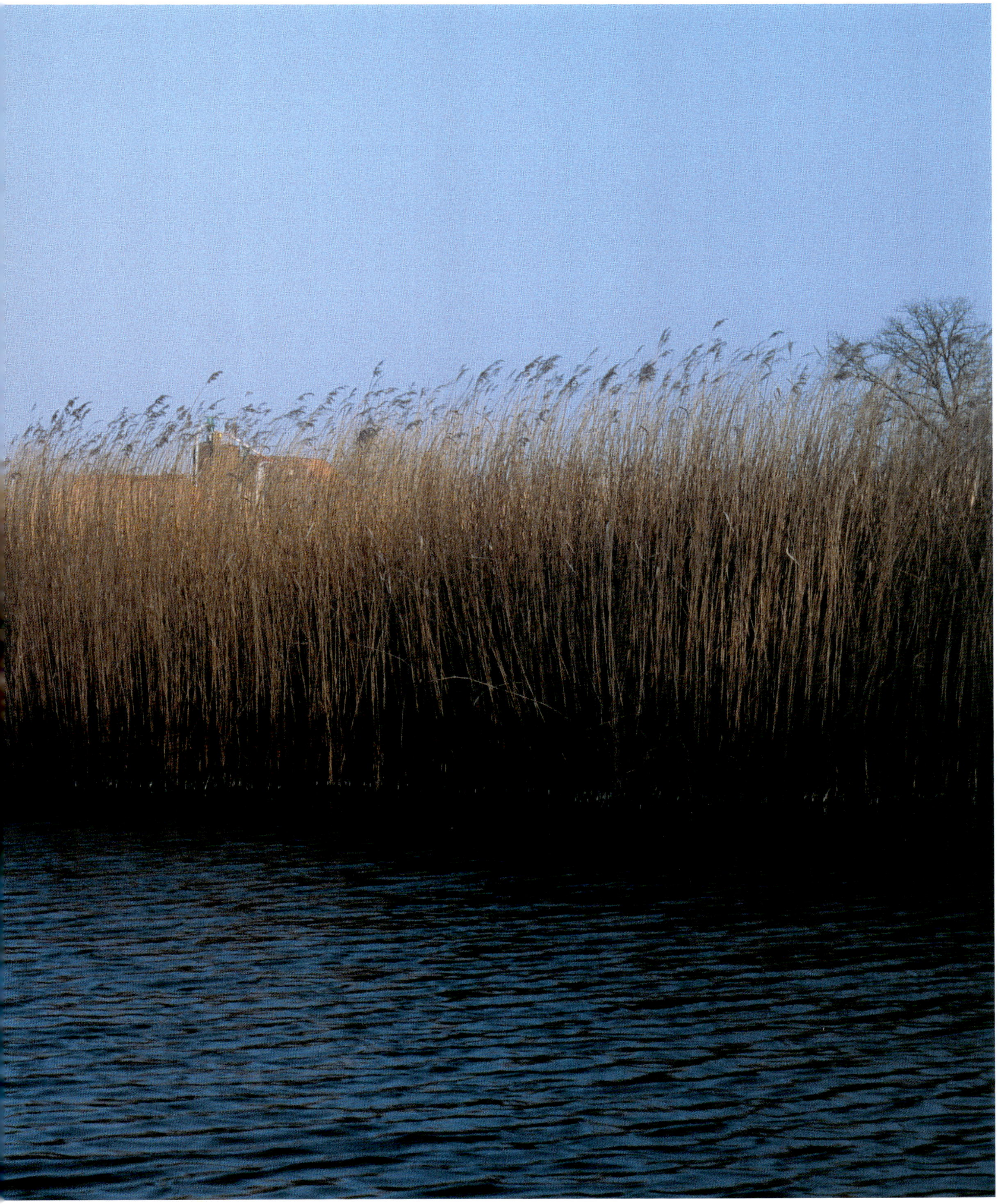

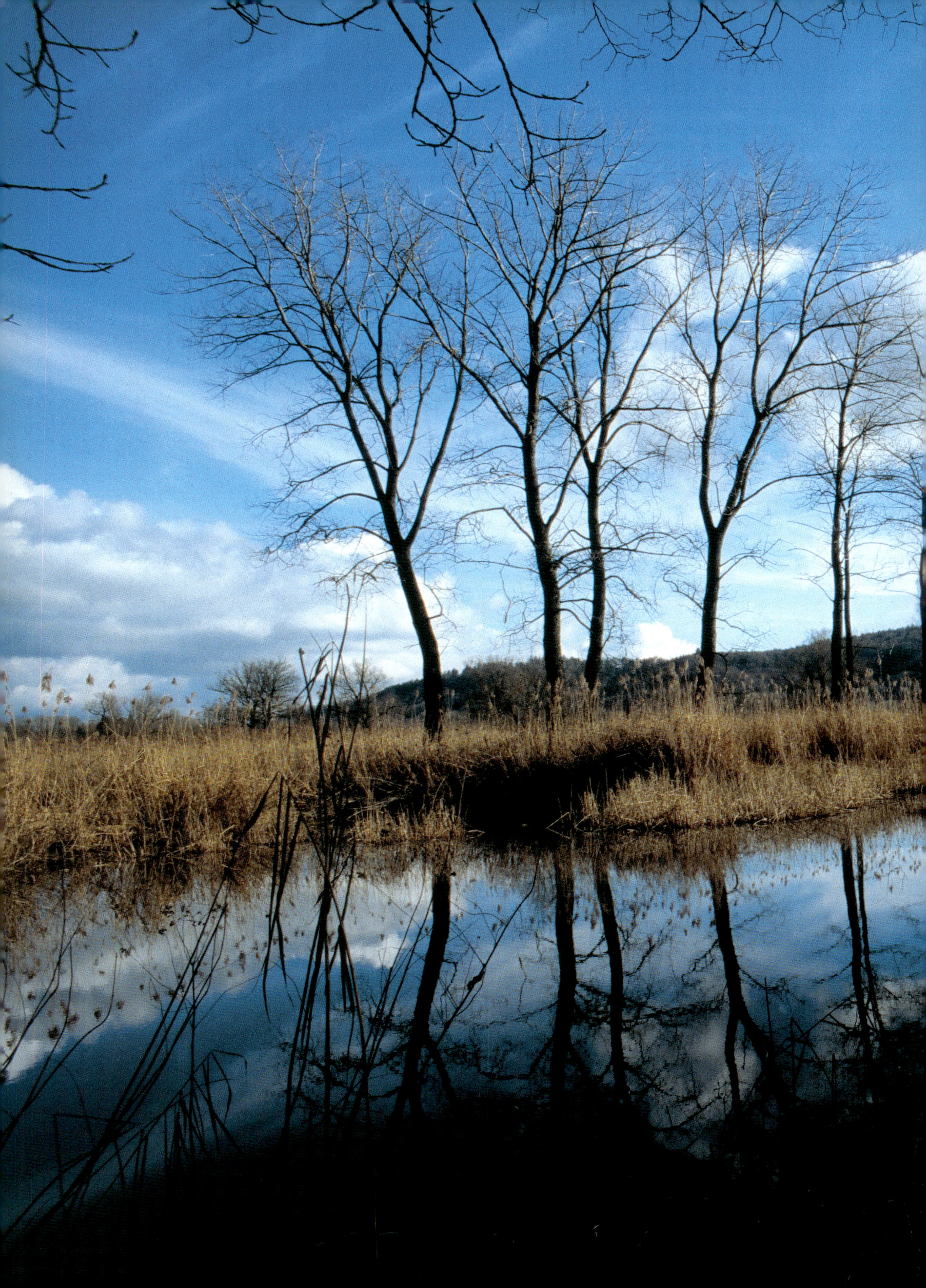

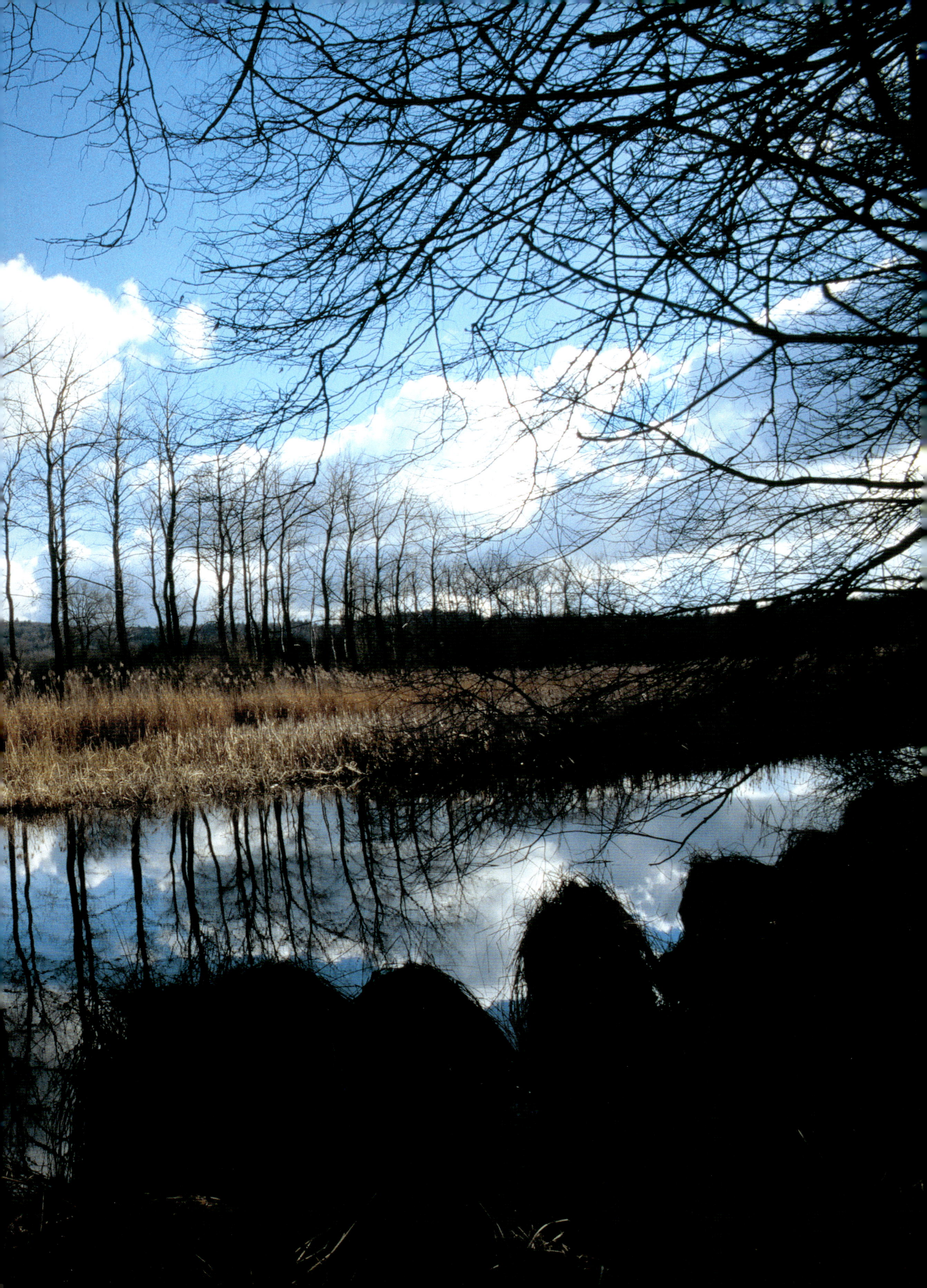

Vue aérienne de Büren et la
forme typique du Häftli.

Le pont de Büren.

Le canal de l'Aar longe le bourg médiéval de Büren, dont l'architecture date du XVIe au XIXe siècle, et passe sous le superbe pont en bois inauguré en 1991 après que l'ancien a été détruit par les flammes lors d'un attentat en 1989.

A partir de Büren, l'Aar « sauvage » reprend ses droits et suit son cours par méandres successifs jusqu'au Rhin. Il est possible de se laisser naviguer jusqu'à Altreu pour y découvrir la colonie des cigognes où débuta, en 1948, un programme de réintroduction de la cigogne blanche en Suisse. Malgré l'interruption des réindroductions « artificielles », l'effectif est aujourd'hui stable, voire même croissant.

Méandres de l'Aar avec Altreu à droite
(cours d'eau non corrigé).

le **Seeland**_rencontres au fil de l'eau

Cigognes blanches de la colonie d'Altreu.

La vieille Aar

Cet ancien bras de l'Aar, dont le débit résiduel est régulé par la centrale hydroélectrique d'Aarberg, n'est pas canalisé, mais uniquement rectifié, ce qui lui confère une apparence « proche de l'état naturel ». De par son débit constant, la dynamique naturelle de l'eau (érosion, inondations saisonnières, dépôts d'alluvions) n'est plus assurée. La forêt alluviale riveraine risque de s'assécher et de perdre son potentiel et sa diversité biologique.

La vitesse d'écoulement relativement rapide, le tracé rectiligne, le lit colmaté et le manque de zones à eau calme ou stagnante sont autant de facteurs peu propices au frai des poissons. L'apport de l'eau de la station d'épuration de Lyss chargée en nutriments et substances chimiques ainsi que la forte augmentation de la température de l'eau, due aux nombreuses retenues d'eau (Wohlensee, lac du barrage de Niederried et d'accumulation d'Aarberg) et à l'eau de refroidissement de la centrale nucléaire de Mühleberg, sont autant d'éléments imposant un stress continu à la faune piscicole. La mort de nombreuses truites durant les étés des années septante en témoigne.

La vieille Aar représente aujourd'hui encore une multitude de petits biotopes refuges pour la végétation et les communautés animales inféodées aux zones alluviales. La présence du castor, exterminé depuis le XIXe siècle en Suisse et réintroduit dès 1958, souligne la valeur écologique de l'endroit. Seul le retour à une dynamique naturelle permettra le maintien à long terme de ce milieu précieux.

Un castor.
Traces de son passage.
page 67 Le Häftli.

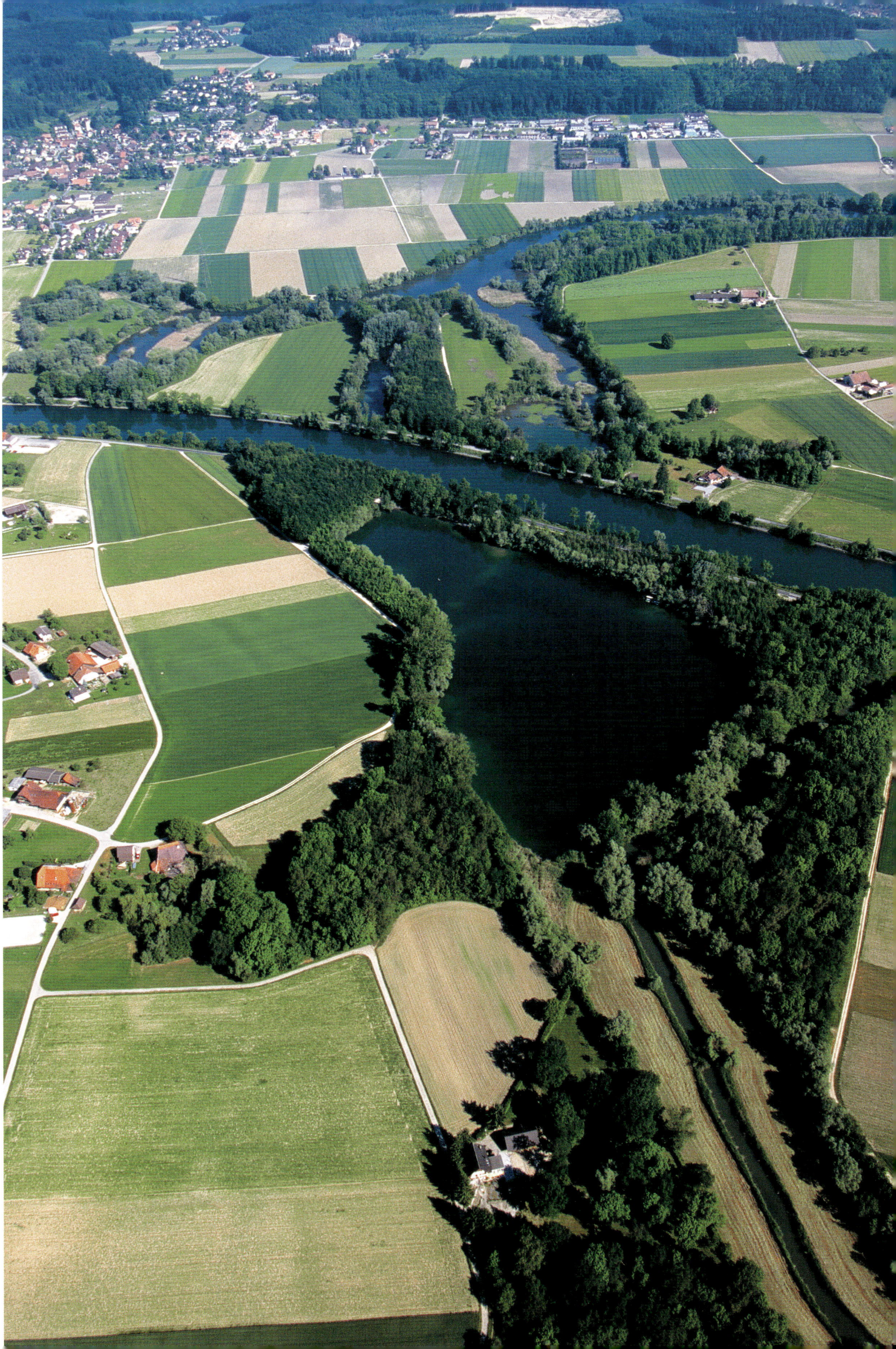

68　le **Seeland**_rencontres au fil de l'eau

La vieille Aar à Aarberg après sa revitalisation.

le **Seeland**_rencontres au fil de l'eau 69

La vieille Aar prend naissance en amont
de la centrale hydraulique d'Aarberg.

L'Aar

Elle a sa source dans les glaciers de l'Aar et du Grimsel. Elle traverse la Suisse sur 291 kilomètres. De son origine à l'embouchure du Rhin, elle ne quitte jamais le territoire helvétique, ce qui en fait le plus long cours d'eau de Suisse. Le long de son trajet, l'Aar alimente plusieurs centrales hydroélectriques et refroidit trois centrales nucléaires.

A Aarberg, l'Aar se divise en deux bras. Le premier est ce qu'il est convenu d'appeler la vieille Aar, vestige de la rivière d'avant les corrections des eaux du Jura, le second est le canal de Hagneck débouchant dans le lac de Bienne, non sans avoir alimenté la centrale hydroélectrique de Hagneck. Entre Aarberg et Hagneck, le canal ouvert de Kallnach vient se jeter dans le canal de Hagneck.

le **Seeland**_rencontres au fil de l'eau

Vue aérienne du lac de Niederried avec la centrale électrique.

pages 72 et 73 **Canal de Hagneck**.

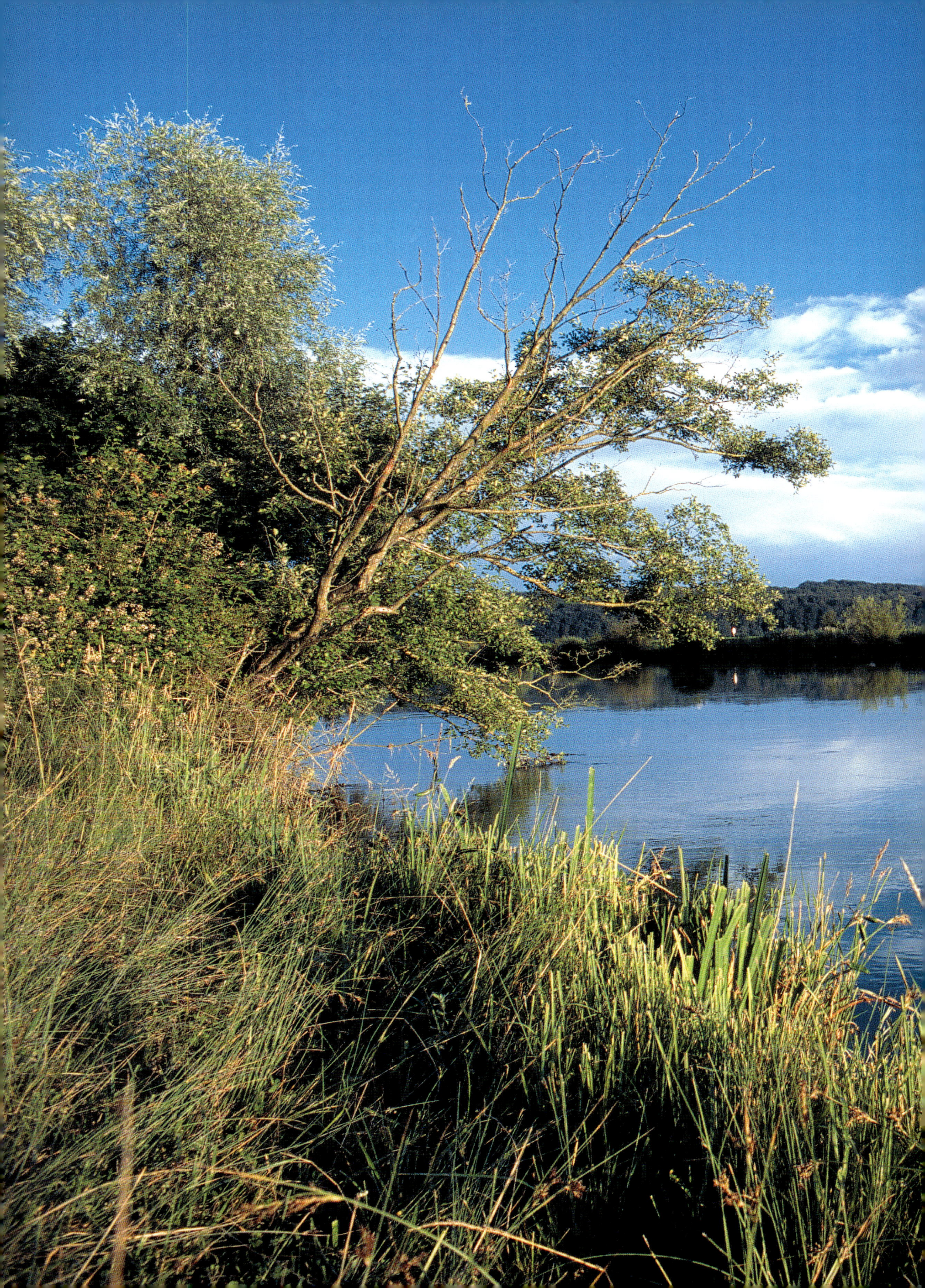

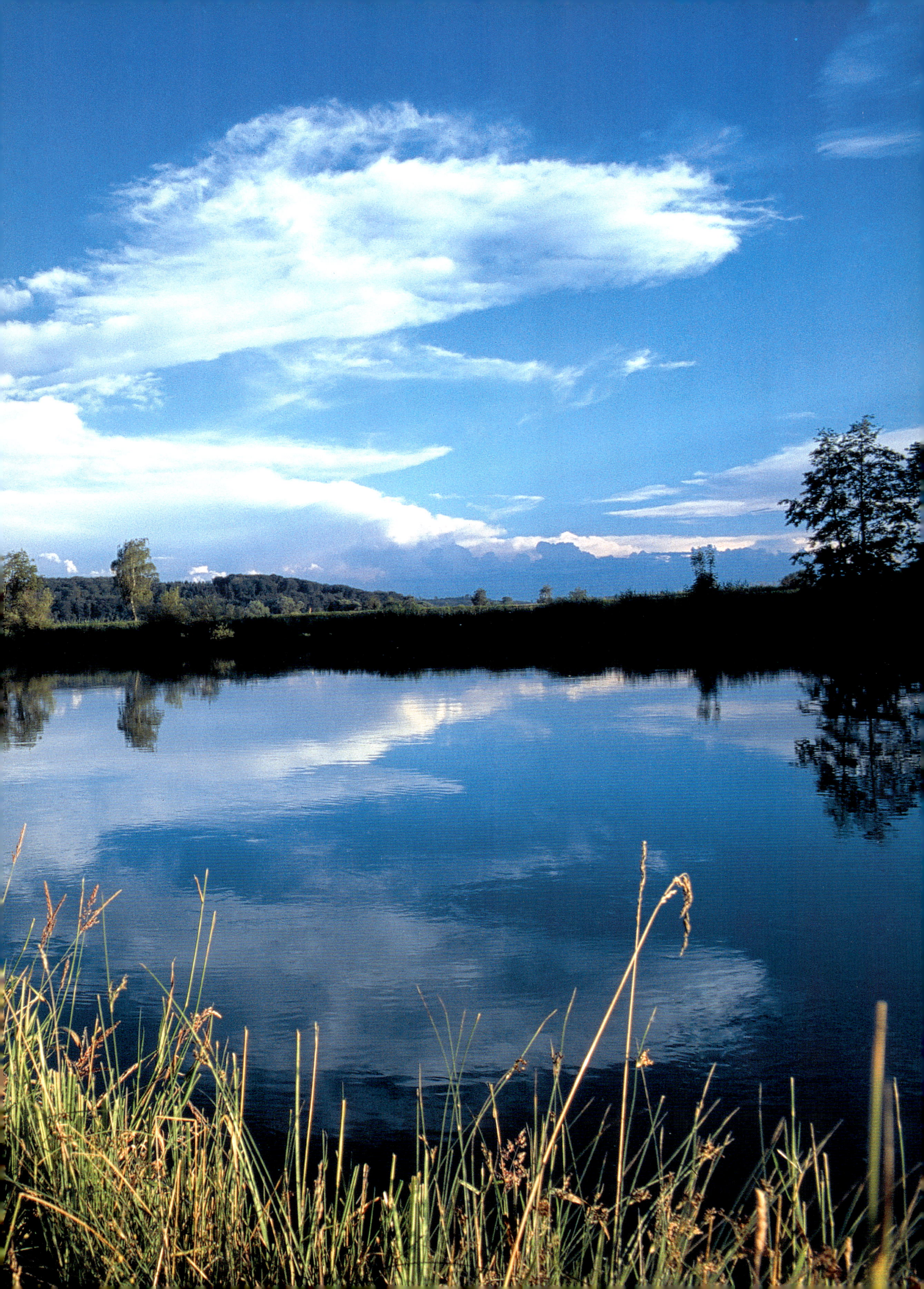

Le delta de Hagneck

Ce delta s'est formé par le dépôt d'alluvions à l'embouchure du canal de Hagneck dans le lac de Bienne. Aujourd'hui, il est considéré comme site alluvial d'importance nationale et abrite une multitude d'oiseaux nicheurs, hivernants ou en escale.
A l'embouchure se trouve la centrale hydroélectrique de Hagneck, première de ce type dans le Seeland, construite suite à la correction des eaux du Jura.

pages 74 et 75 **Vues aériennes du delta de Hagneck.**

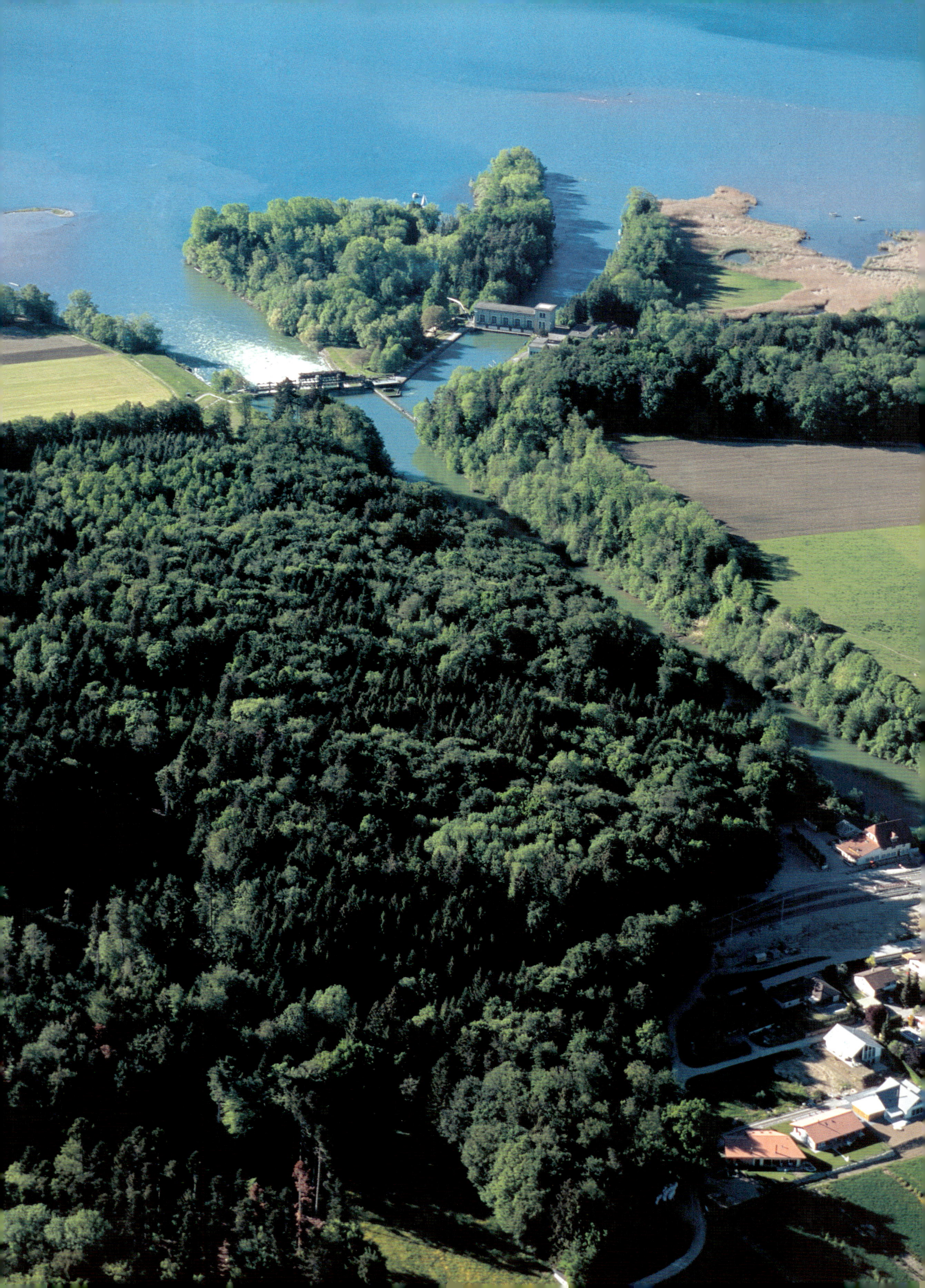

Le Grand Marais

Marais dans le passé, terres fertiles aujourd'hui grâce aux corrections des eaux du Jura, le Grand Marais est certainement le paysage le plus caractéristique du Seeland.

De nombreux canaux le traversent, assurant le drainage des terres et l'approvisionnement en eau des cultures maraîchères. On le surnomme d'ailleurs le *potager de la Suisse*. Les espèces de légumes cultivées ici sont très variées.

Les deux principaux canaux sont le grand canal et le canal principal *(Hauptkanal)* qui se jettent dans la Broye. Nous pouvons également mentionner le canal des castors qui se jette dans le grand canal et le canal d'Isleren.

L'eau, omniprésente dans le Grand Marais, favorise l'existence d'étangs, de marais et autres biotopes humides. La politique environnementale a permis la constitution de zones naturelles protégées permettant à de nombreux animaux, comme le lièvre commun, de trouver refuge dans les bosquets et les haies entre les différents potagers.

le **Seeland**_rencontres au fil de l'eau   77

Le village de Siselen sous un ciel d'orage.
pages 78 et 79 **Räckeldornekanal au sud d'Anet.**
pages 80 et 81 **Champs entre Bretiège (Brüttelen) et Anet.**

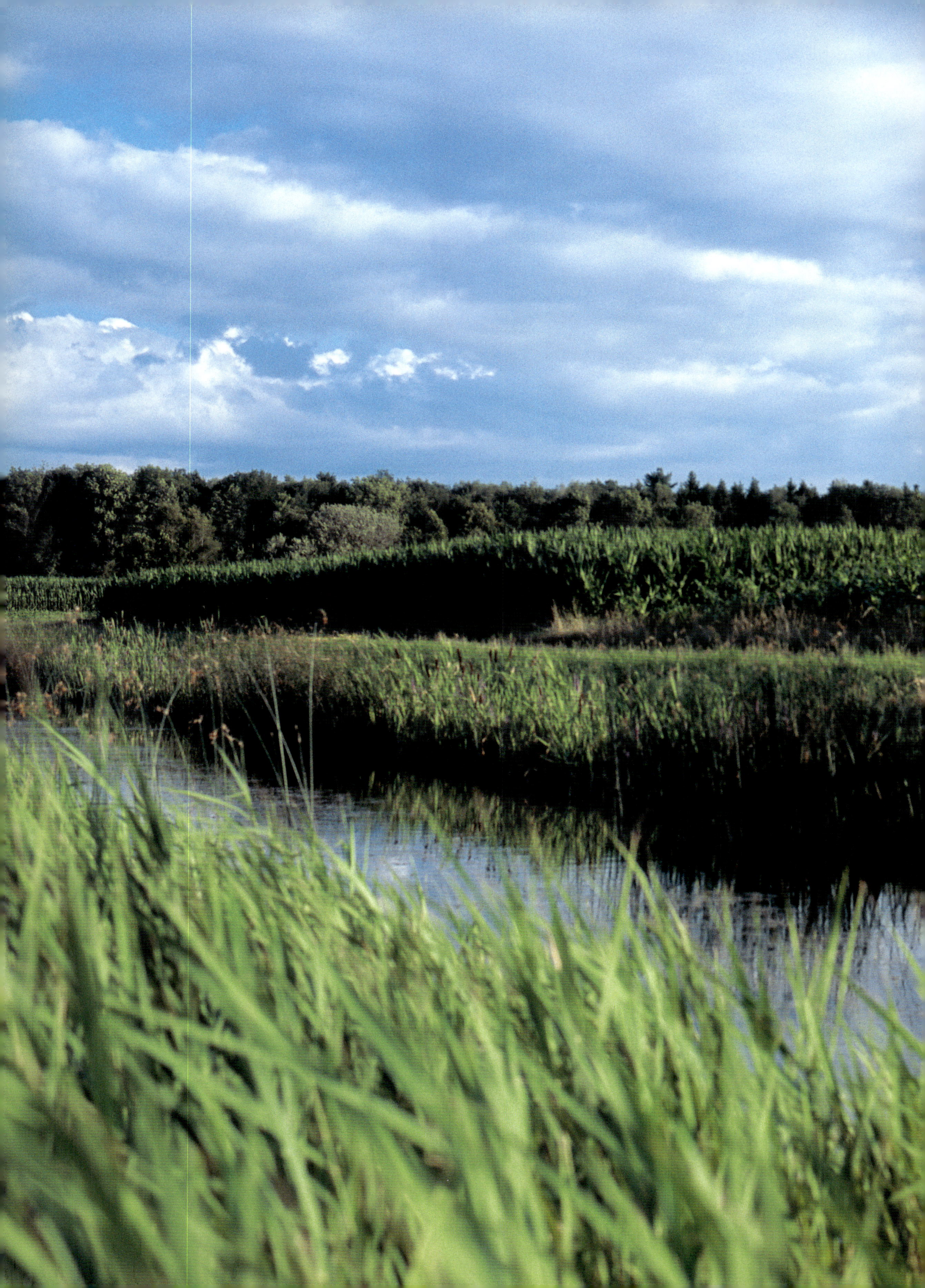

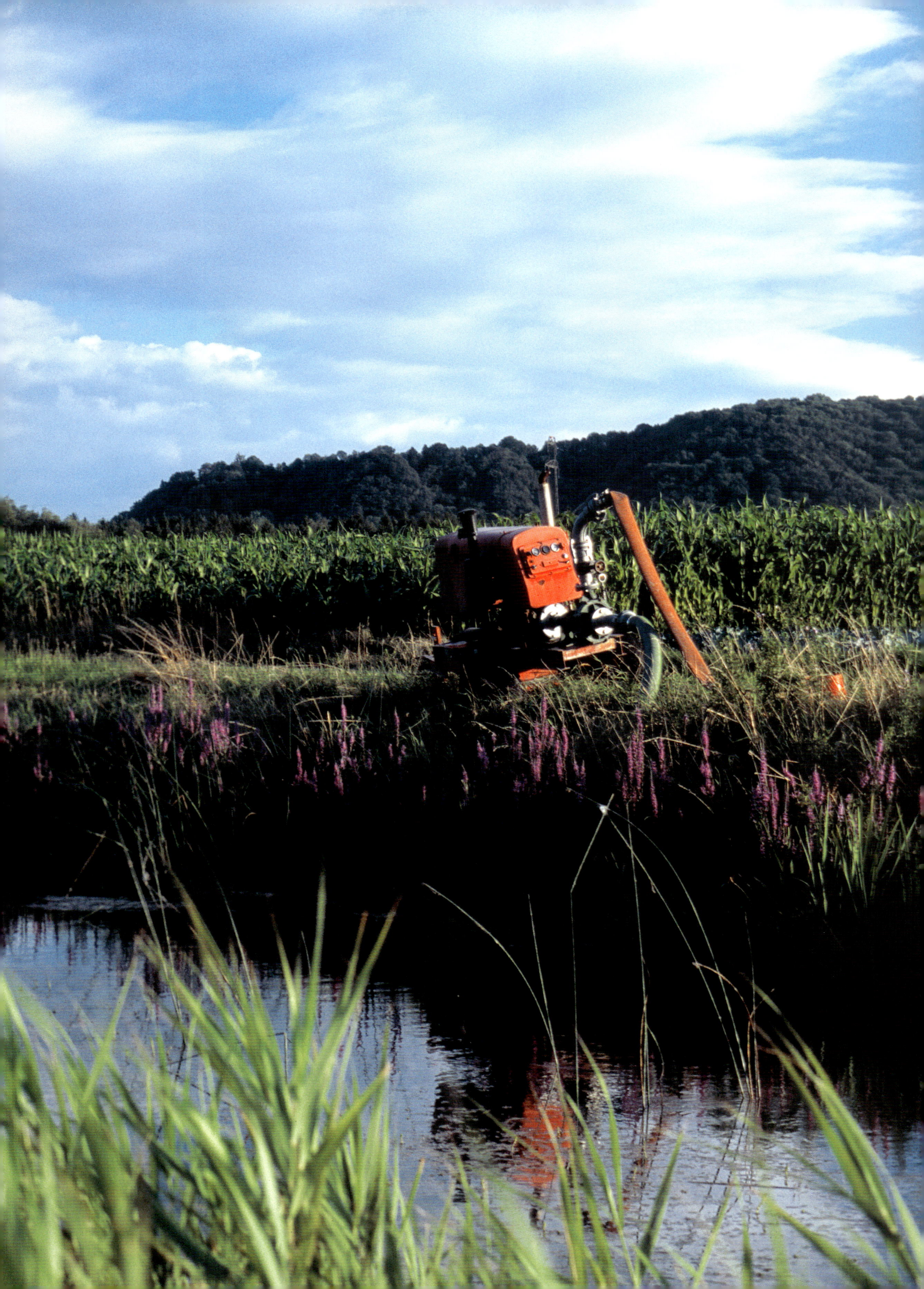

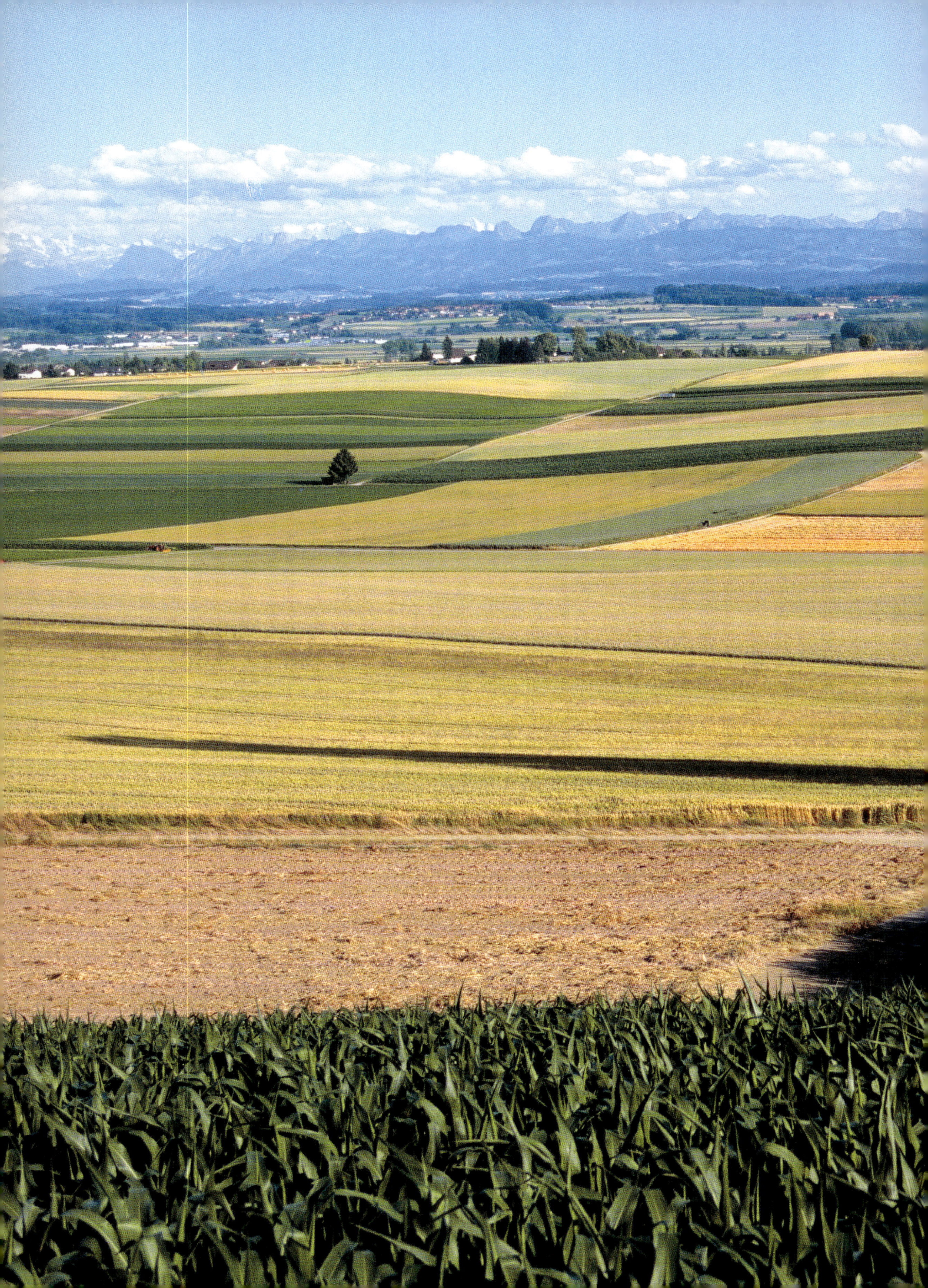

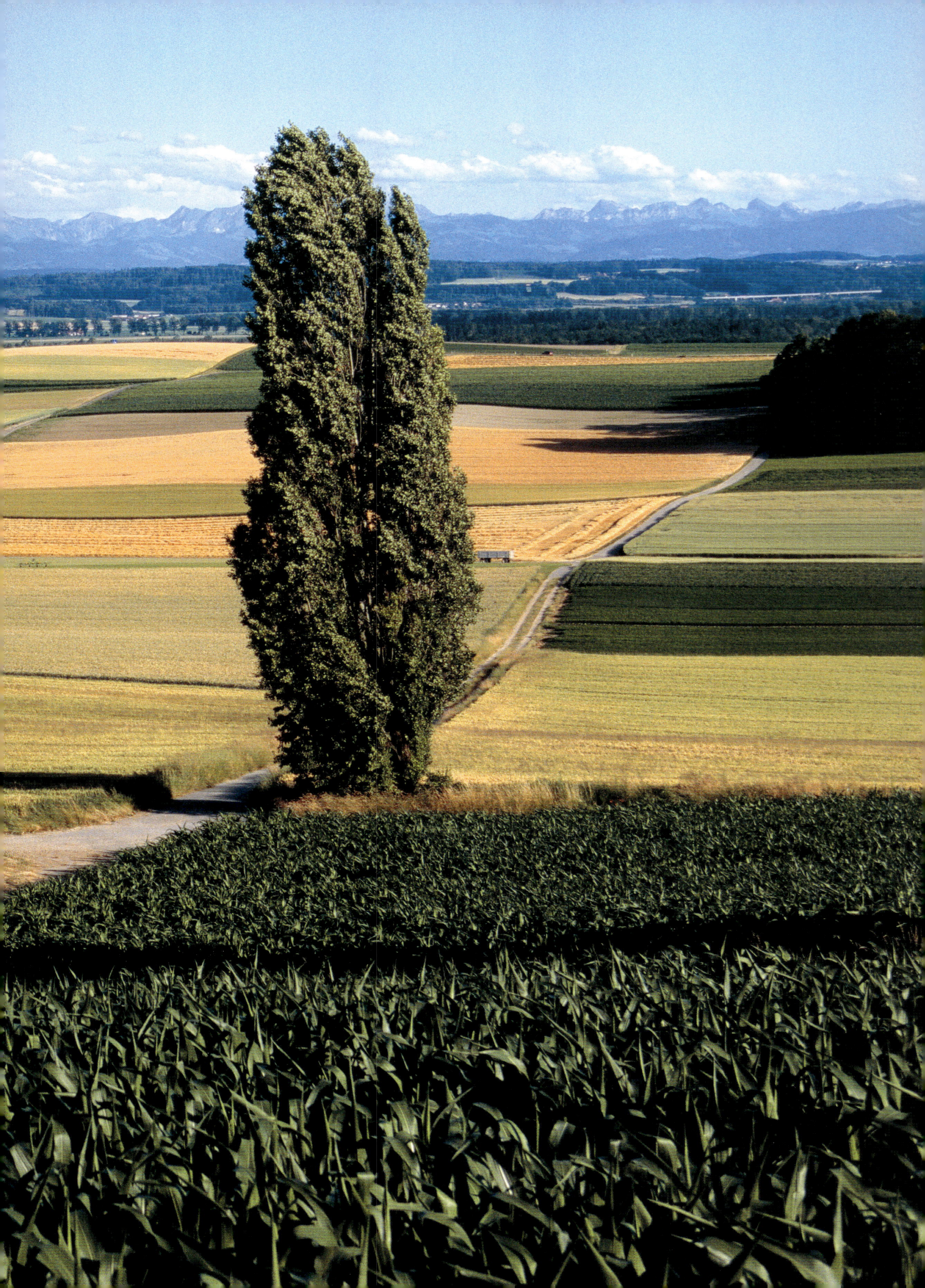

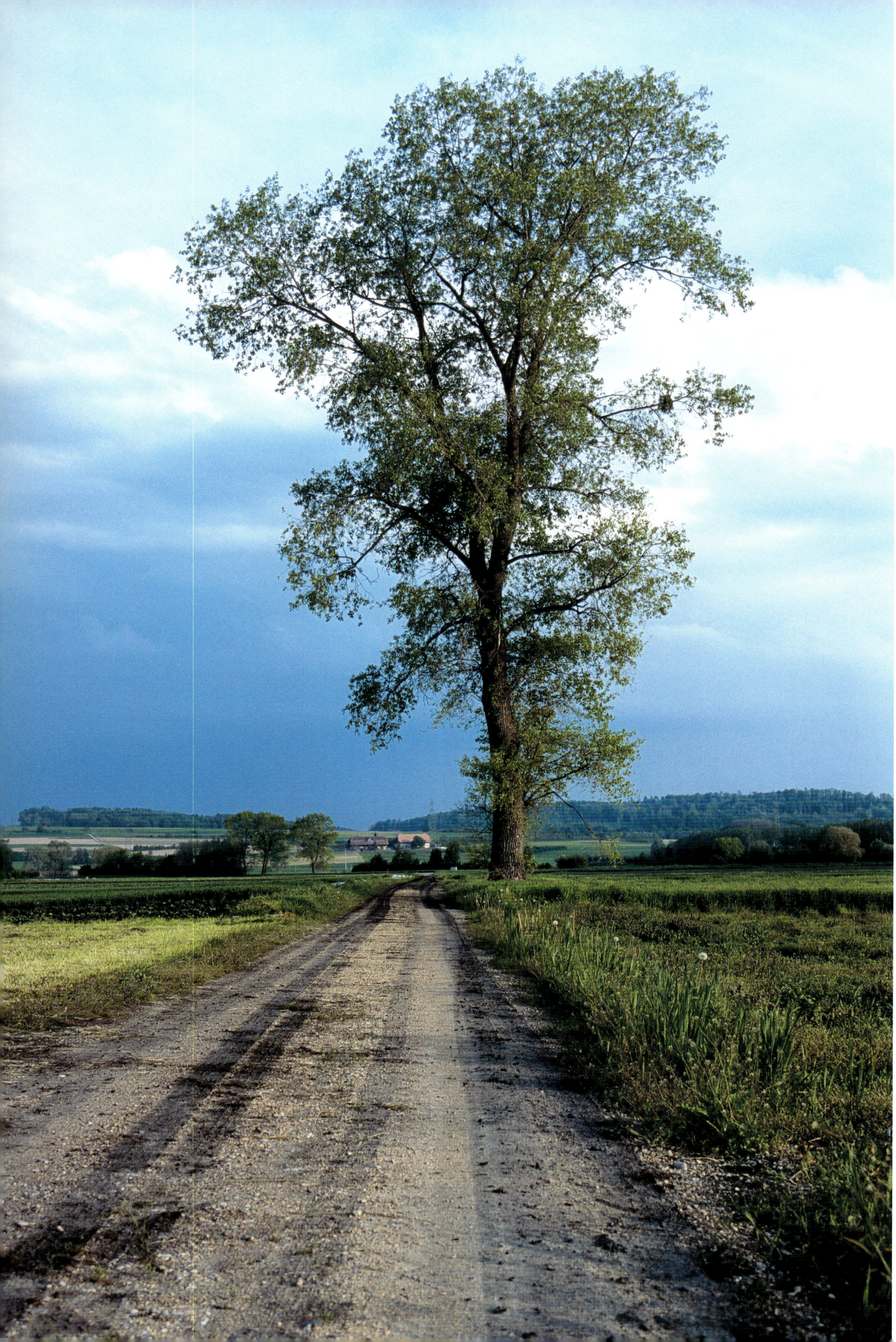

le **Seeland**_rencontres au fil de l'eau

page 82 **Entre Monsmier (Müntschemier) et Chiètres.**
Treiten après la pluie.

le **Seeland**_rencontres au fil de l'eau

Le village d'Anet (Ins) se situe à équidistance entre les trois lacs de Morat, de Neuchâtel et de Bienne. Le lieu fut apprécié de tout temps par des peuplades diverses comme les Gaulois, les Helvètes, les Romains, les Alamans et les Bourbons et ballotta entre le latin et le germanique. Site stratégique déjà pour les Romains, Anet était relié en ligne droite à la Broye par une route militaire romaine qui traversa la rivière grâce à un pont de 84 mètres de long aujourd'hui détruit.
Le village d'Anet, lieu d'origine du peintre illustre Albert Anker, se développa comme capitale maraîchère après la correction des eaux du Jura.

Vue aérienne du village d'Anet.

le **Seeland**_rencontres au fil de l'eau

Vue sur les Alpes et le lac de Morat.

le **Seeland**_rencontres au fil de l'eau

Le Mont-Vully avec le canal de la Broye qui coule en direction du lac de Neuchâtel qu'il rencontre au niveau de la réserve naturelle du Fanel.

le **Seeland**_rencontres au fil de l'eau

La Broye avant le pont de la Sauge (Fanel).

La réserve naturelle du Fanel

Le nom de « Fanel » était utilisé autrefois pour désigner toute la rive orientale du lac de Neuchâtel. Actuellement, il définit surtout la réserve naturelle située au sud-est de l'embouchure du canal de la Broye.

De 1914 à 1954, la ville de Berne utilisa le site comme dépôt d'ordures triées par les détenus du pénitencier de Witzwil. Aujourd'hui encore, il n'est pas rare de trouver, le long du *Scherbenweg* (sentier des débris de verre), des reliquats de verrerie ou des clous rouillés témoignant de l'utilisation d'antan. Les ordures organiques étaient employées comme fourrage pour les porcs de la ferme de la prison. Une manière originale de recycler les détritus ménagers des Bernois.

Albert Hess, délégué de l'Association suisse d'ornithologie et de protection des oiseaux (Ala), s'opposa en 1929 au comblement de la partie de la baie abritant le plus grand nombre d'oiseaux et parvint à lui faire attribuer le statut de zone protégée. Les fondations pour la réserve naturelle actuelle étaient posées. Devenu réserve cantonale en 1967, le site est depuis protégé dans son ensemble.

Le Fanel: à gauche le canal de la Broye et au fond à droite la Thielle.

Réserve du Fanel. A gauche l'île neuchâteloise et à droite l'île bernoise construites lors de la deuxième correction des eaux du Jura.

C'est aussi une zone importante pour la reproduction des batraciens et elle figure à ce titre dans l'inventaire des sites d'importance nationale. La partie alluviale et le bas marais sont également protégés. Ce milieu très structuré couvre environ 500 hectares, dont 48% de hauts-fonds lacustres, 36% de forêts, 8% de cultures extensives et de chemins, 8% de roselières et de marais. On y rencontre fréquemment renards, sangliers, lièvres et avec un peu de chance le castor, le putois, répandu sur toute la rive sud du lac de Neuchâtel mais en régression générale en Suisse, ainsi que le blaireau et le chevreuil.

Le Fanel est la plus importante colonie d'oiseaux d'eau nicheurs de Suisse, notamment pour le goéland leucophée, la mouette rieuse et la sterne pierregarin. En hiver, plusieurs dizaines de milliers de canards trouvent refuge dans la réserve et profitent des hauts-fonds pour se nourrir. Les roselières abritent une grande diversité d'espèces menacées. Durant l'époque des migrations, plus de 35 espèces de limicoles font escale sur le site.

le **Seeland**_rencontres au fil de l'eau

Roselière dans le Fanel.
pages 92 et 93 **Seewald**.

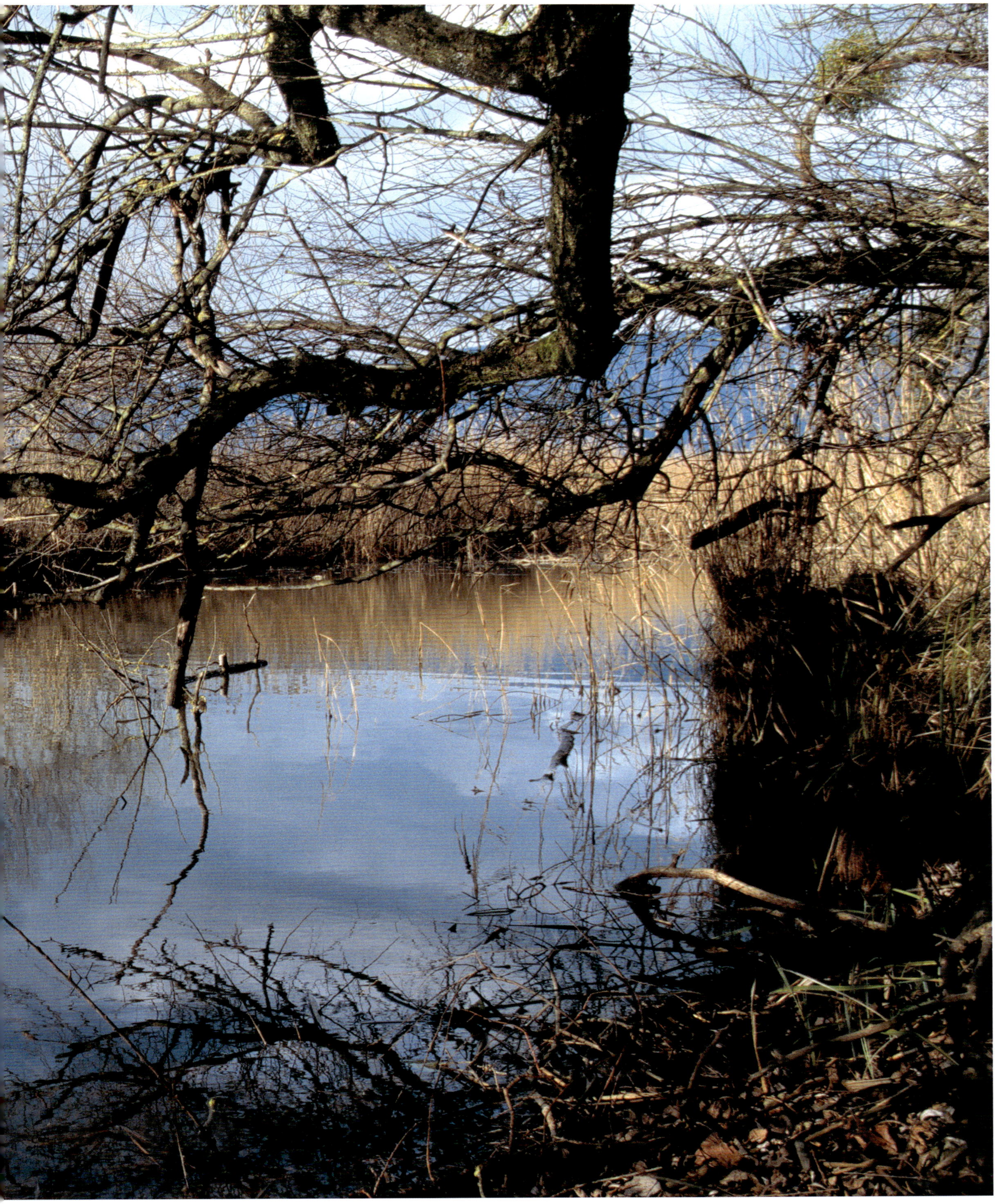

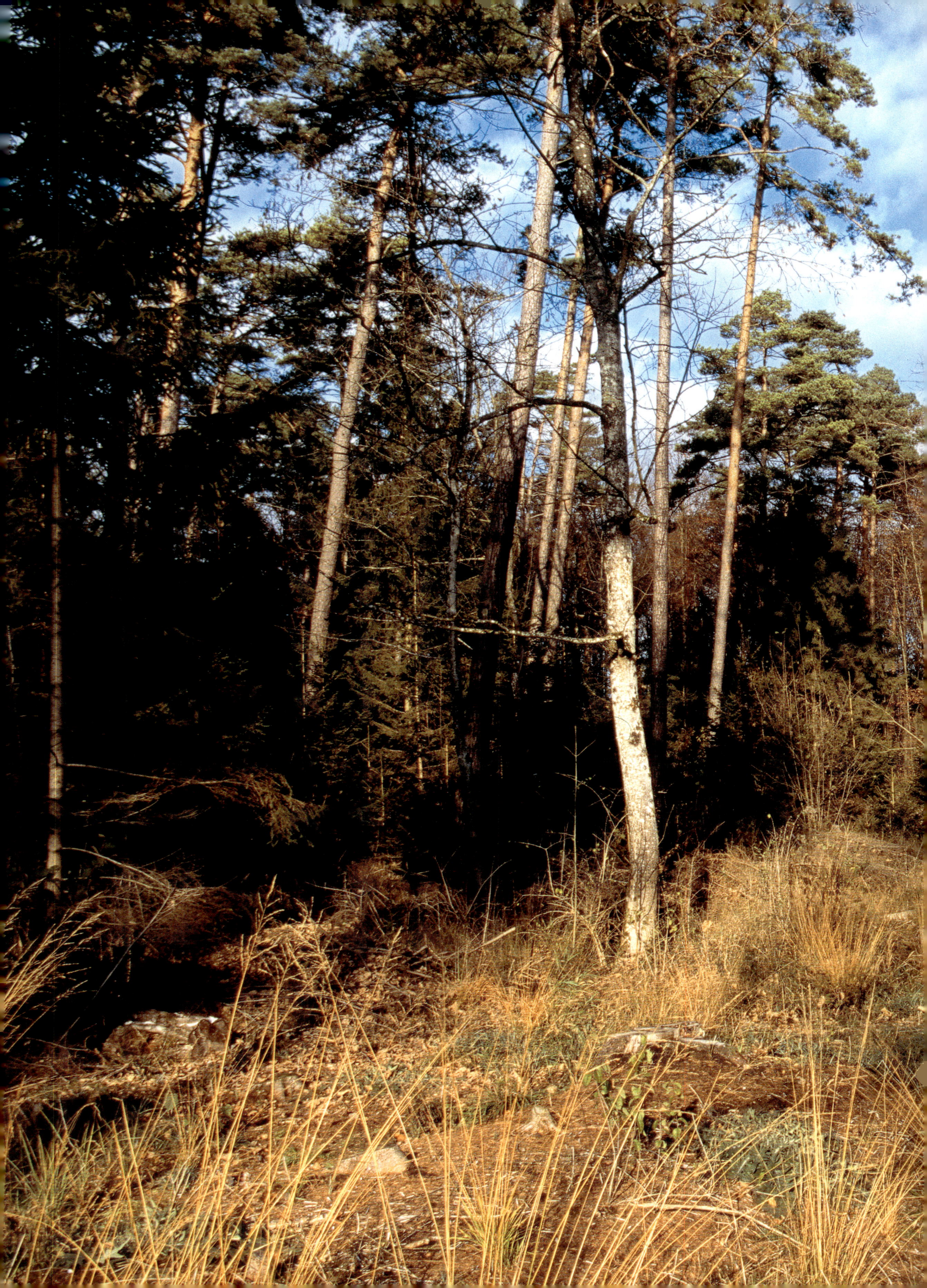

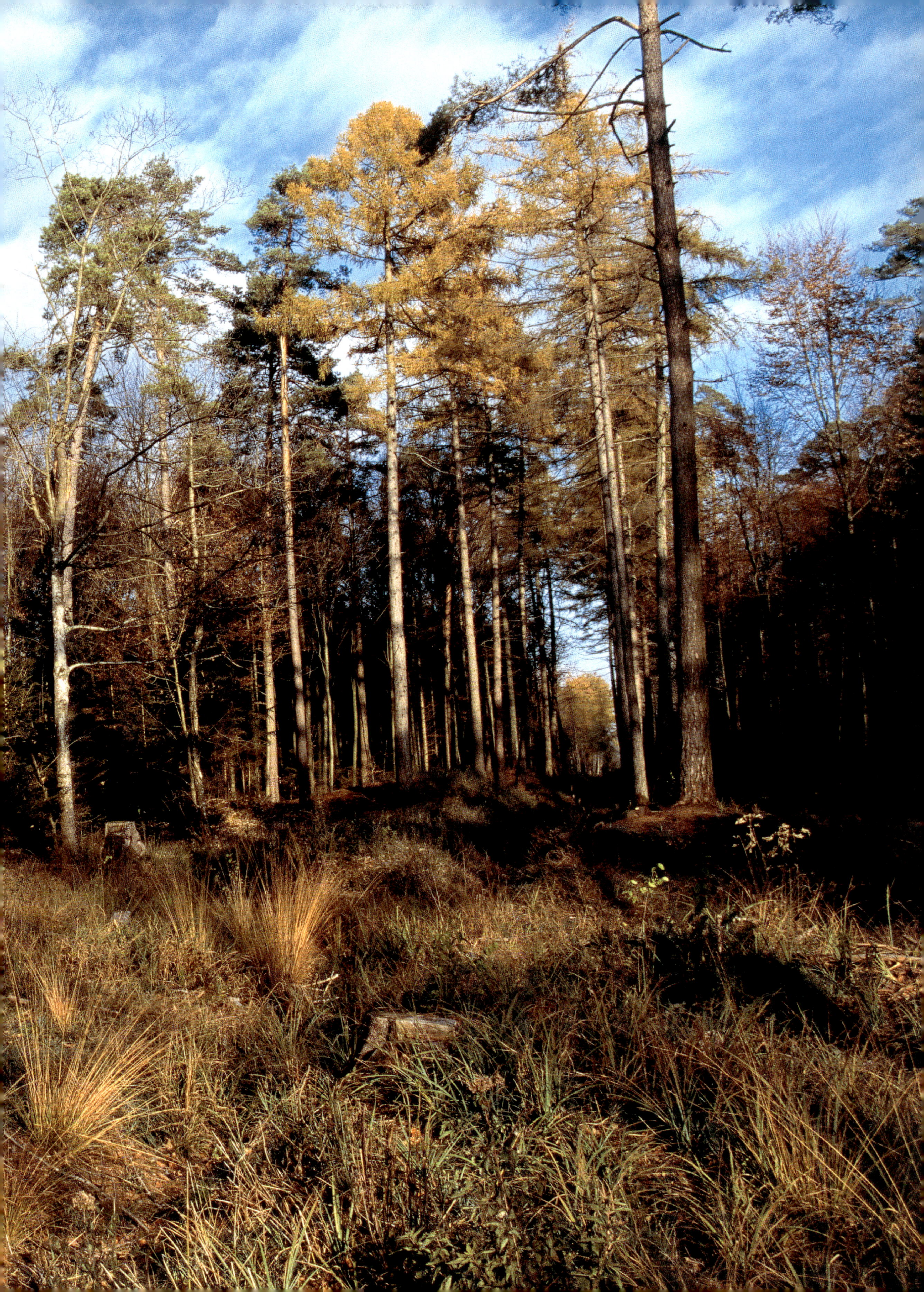

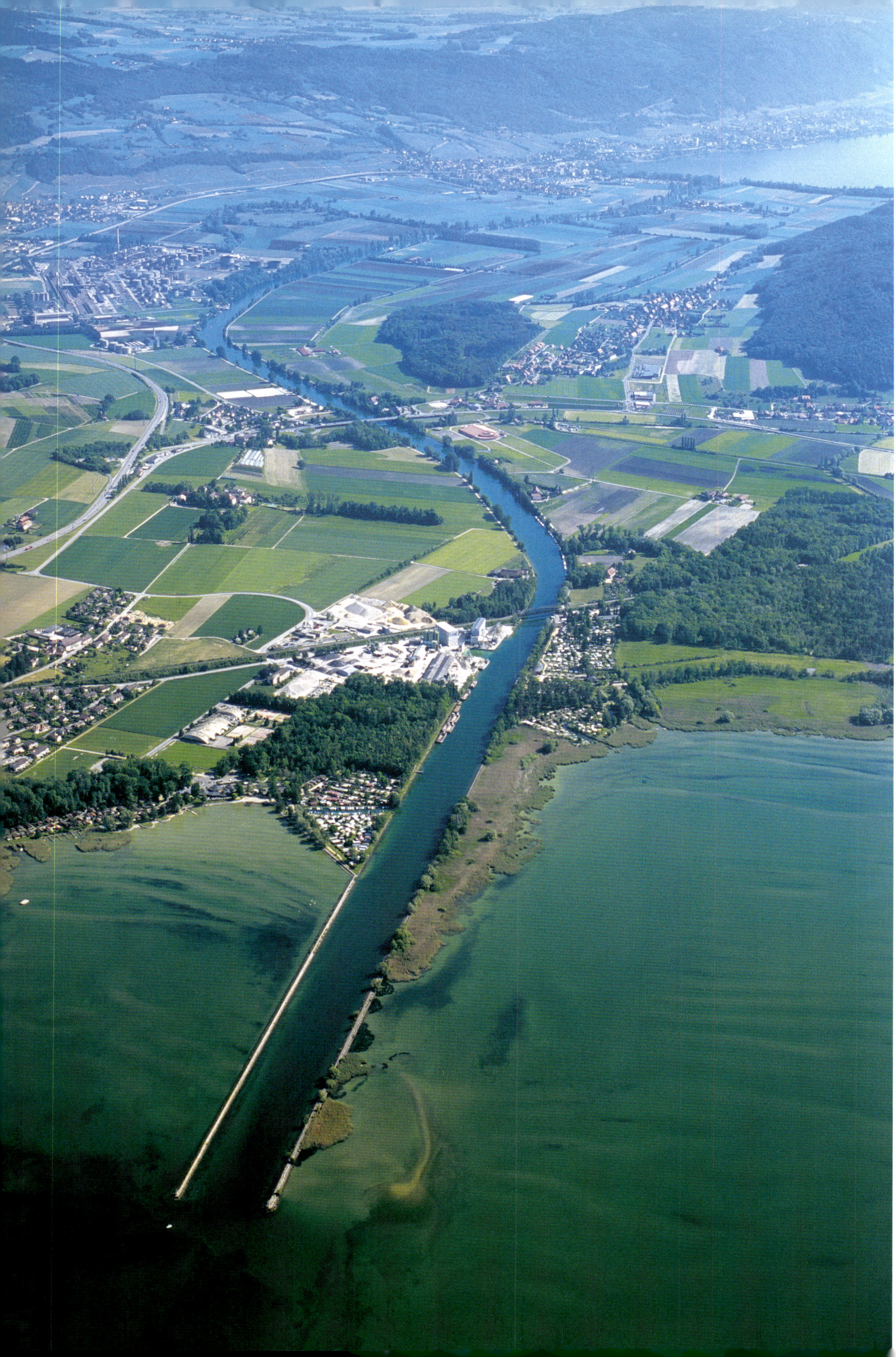

le **Seeland**_rencontres au fil de l'eau

page 94 Le canal de la Thielle.
Le Landeron.

Le canal de la Thielle, terminé en 1891, relie le lac de Neuchâtel à celui de Bienne et sert, tout comme le canal de la Broye, de vase communicant atténuant les fluctuations de niveaux d'eau dues à l'affluent de l'Aar. Il passe à proximité du village pittoresque du Landeron, dont le vieux bourg fut érigé par le comte de Neuchâtel en 1325.

Le Jolimont, petite colline boisée, domine le village de Cerlier, dont la naissance remonte à la fin du XIe siècle. L'évêque de Bâle fit construire le château, tandis que son frère supervisera la construction de l'abbaye de Cerlier. Très vite, les bénédictins de Cerlier (ou de Saint-Jean) occupèrent la plupart des églises de la région. Au XIIIe siècle, Cerlier se développa autour du château.
Aujourd'hui, les promeneurs peuvent se rendre, en une heure de marche, de Cerlier à l'île Saint-Pierre en empruntant le chemin des Païens.

le **Seeland**_rencontres au fil de l'eau

page 96 Le château de Cerlier.

Vue aérienne du lac de Bienne : le Jolimont, Cerlier et l'île Saint-Pierre.

Le chemin des Païens

Le chemin des Païens *(Heidenweg)*, lien terrestre entre Cerlier et l'île Saint-Pierre, constitue l'une des plus grandes régions contiguës de bas marais sur le Plateau suisse. L'histoire de ce bas marais est très récente puisque le chemin des Païens vit le jour entre 1872 et 1874 suite à l'abaissement du niveau du lac durant la première correction des eaux du Jura. C'est donc un phénomène artificiel, généré par l'homme, qui forma cet espace naturel passionnant, tout comme celui de la Grande Cariçaie sur la rive sud du lac de Neuchâtel. Ces nouveaux biotopes délimitent une zone de 438 hectares d'importance nationale pour la nidification et l'hivernage des oiseaux d'eau.

Vue aérienne du chemin des Païens.
page 99 Vue aérienne de l'île Saint-Pierre et du chemin des Païens.

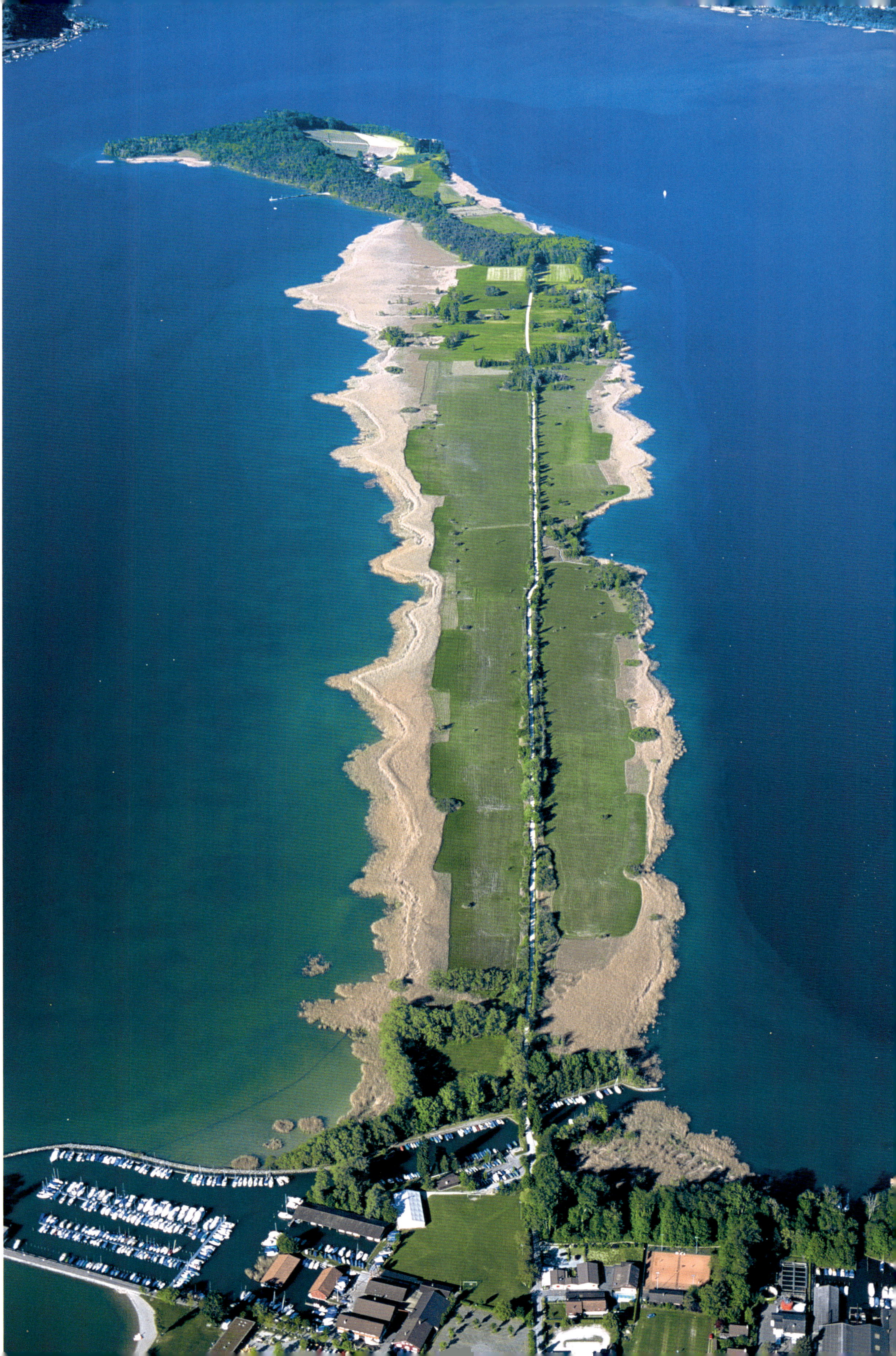

« De toutes les habitations où j'ai demeuré (et j'en ai eu de charmantes), aucune ne m'a rendu si véritablement heureux et ne m'a laissé de si tendres regrets que l'île de Saint-Pierre au milieu du lac de Bienne. Cette petite île qu'on appelle à Neuchâtel l'île de La Motte est bien peu connue, même en Suisse. Aucun voyageur, que je sache, n'en fait mention. Cependant elle est très agréable et singulièrement située pour le bonheur d'un homme qui aime à se circonscrire. »

le **Seeland**_rencontres au fil de l'eau   101

C'est par ces mots empreints de préromantisme que commence la cinquième promenade, tirée des « Rêveries du promeneur solitaire » de Jean-Jacques Rousseau. Après la lapidation dont il fut victime à Môtiers, le philosophe genevois se réfugia en 1765 pendant six semaines sur l'île Saint-Pierre, avant d'en être chassé par le Gouvernement bernois. Plusieurs années plus tard, il se remémorera ces doux souvenirs teintés de nostalgie et les couchera sur le papier dans ce texte autobiographique resté célèbre. Cette citation donne admirablement le ton concernant une région marquée avant tout par la beauté et la diversité de son paysage, le Seeland.

pages 102 et 103 **Vue aérienne de l'île Saint-Pierre**.

Suite aux corrections des eaux du Jura, le niveau du lac baissa, ce qui transforma les deux îles initiales : l'île aux lapins et l'île Saint-Pierre en une presqu'île.
Le cloître clunisien, datant de 1127, transformé en hôtel et restaurant, possède un domaine viticole. C'est sur ces lieux que l'on peut visiter la chambre de Jean-Jacques Rousseau ainsi que sa statue témoignant de la présence de l'illustre personnage sur l'île.
L'île Saint-Pierre appartient à la commune de Douanne.

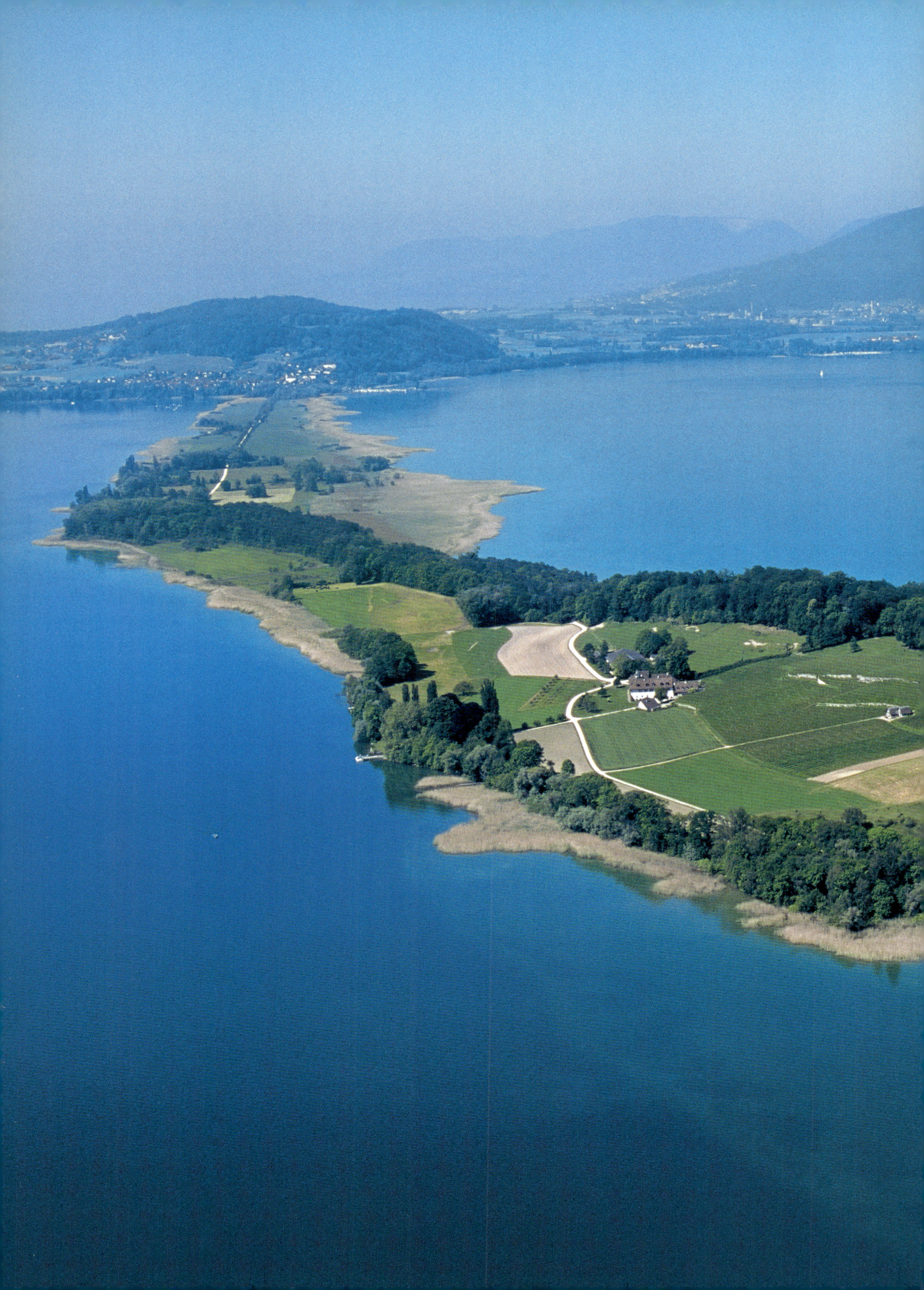

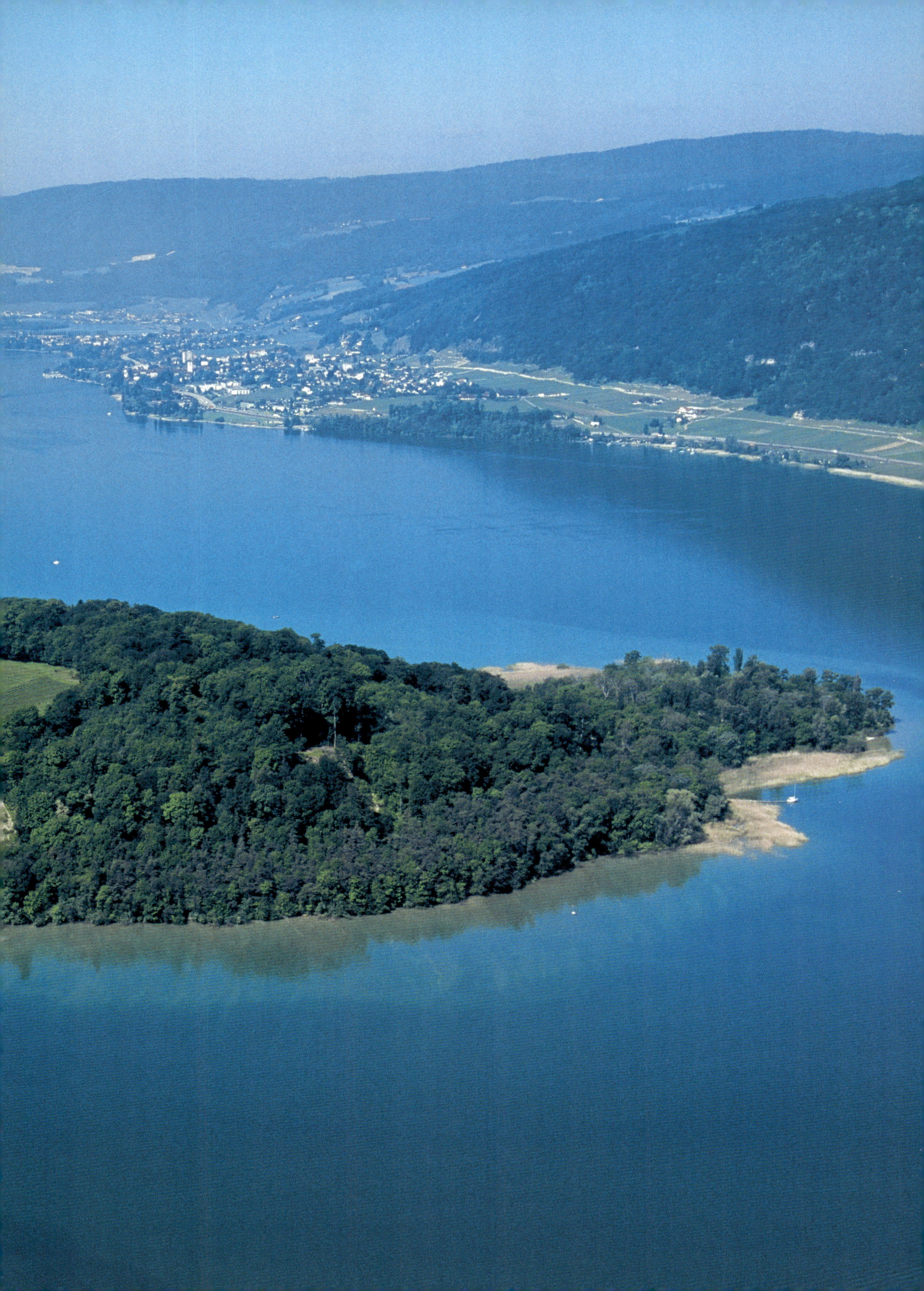

Un paysage façonné par l'homme

L'environnement naturel se modela au fur et à mesure que le paysage évolua. La dernière glaciation tout d'abord, il y a quinze mille ans, transforma le paysage de manière aiguë en charriant et en déposant sur le Moyen Pays énormément de matériau arraché aux flancs des lointaines vallées alpines. Les blocs erratiques (granites du Mont-Blanc par exemple) témoignent de ce transport millénaire. En se retirant, le glacier du Rhône laissa derrière lui des moraines de fond, latérales et frontales, aujourd'hui encore visibles au niveau de Wangen a. Aare. La flore pionnière reconquit successivement le sol pauvre et les éboulis nus pour les recouvrir d'un tapis de verdure. L'inlassable va-et-vient de la destruction et de la recolonisation aboutit une fois encore à un nouveau visage du Moyen Pays suisse.

Cependant, c'est l'homme qui bouleversa le paysage du Plateau suisse qui, sans son intervention, serait constitué presque exclusivement de forêts et de milieux humides. Les besoins accrus en surfaces agricoles entraînèrent défrichements, assèchements et irrigations de terrains. Ces activités formèrent tout d'abord un panorama complexe, richement structuré, offrant un habitat à une faune et à une flore diversifiées. Mais c'est à la fin du XIXe siècle, avec la pression constante d'une démographie en croissance, que l'agriculture vit un changement drastique de son mode d'exploitation avec l'arrivée de la mécanisation et l'intensification du rendement des terres arables. La correction des eaux du Jura représente l'avènement d'une ère où l'impact immédiat de l'homme sur l'environnement fut énorme dans le Seeland. Des terres peu productives tels que milieux humides, forêts alluviales, haies vives et vergers durent céder leur place à des prairies grasses et à des champs de céréales. Les éléments de paysage écologiquement précieux comme les bosquets, les arbres isolés, les bandes buissonnantes, les cours d'eau naturels, les talus, les collines, les rochers et les vieux murs furent sacrifiés pour former de vastes étendues de monocultures intensives. De nos jours, seules quelques bribes de ce vaste réseau hydrologique et forestier d'antan persistent çà et là dans le Seeland et offrent refuge aux ultimes populations liées aux milieux humides.

le **Seeland**_rencontres au fil de l'eau

page 104 Milieu cultivé entre Aarberg et Kallnach.

Le vignoble de La Neuveville.

Vue aérienne de l'embouchure de la Thielle dans le lac de Bienne.

Le canal de la Thielle avec des bateaux de plaisance (plage de Bienne).

pages 106 et 107 La rive sud du lac de Bienne.

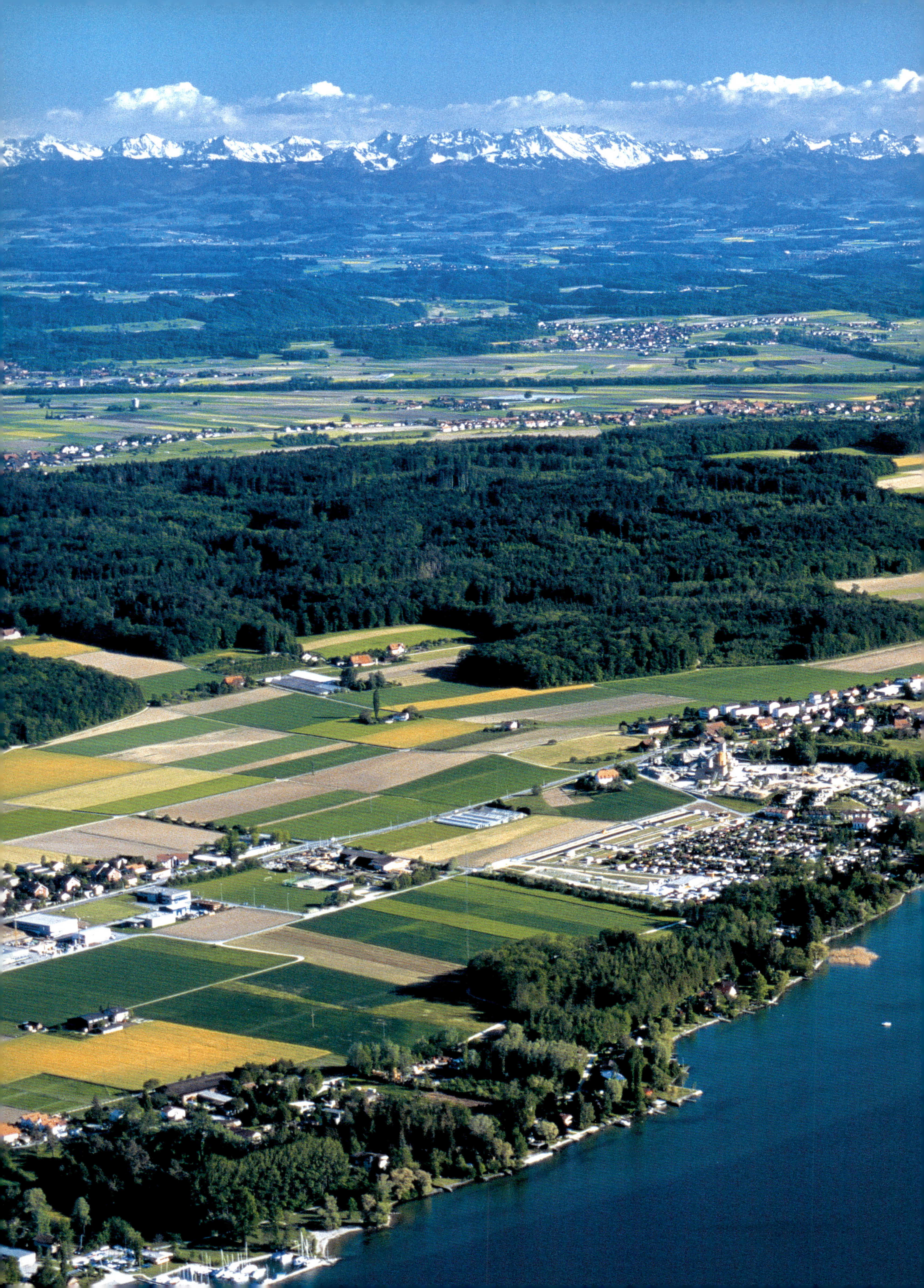

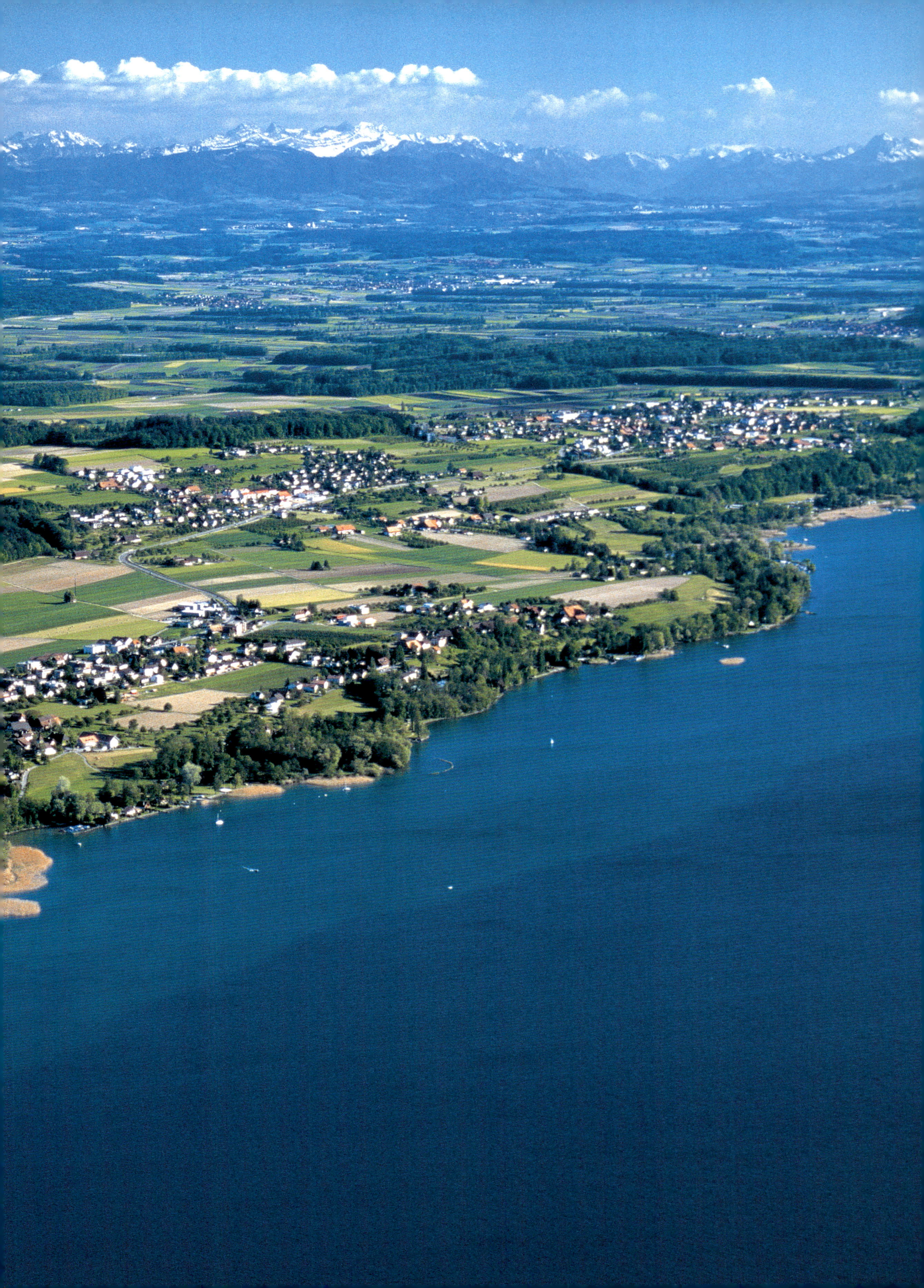

Faune et flore

Les pieds dans l'eau

Les plans d'eau, de la flaque temporaire au grand lac, sont caractérisés par des étendues d'eau à profondeur et surface très variables. Nous distinguons des mares éphémères quasiment stériles et des étangs ou lacs de plaine avec une production biologique très importante. La faune typique se compose de poissons, de mollusques, de crustacés et de plancton. Les insectes, peu nombreux en eaux libres (lac), abondent dans les mares et les étangs peu profonds. La flore peut être totalement immergée, formant la nurserie de poissons comme la perche et le brochet. Les plantes flottantes libres telles que les utriculaires (plante aquatique carnivore à fleurs jaunes) ou les lentilles d'eau sont souvent observées sur les étangs et les mares peu remués.

Une ceinture de plantes flottantes fixes tels que le nénuphar jaune, le nymphéa blanc ou encore le potamot nageant se développe près de la berge, devant les roselières. Ces formations végétales offrent de multiples microhabitats à une myriade d'insectes comme les libellules, les géris et autres moustiques.

Beaucoup de palmipèdes comme le canard souchet, la foulque ou de nombreux échassiers comme le râle d'eau et la grande aigrette se nourrissent dans ces zones peu profondes.

Les gorges de Douanne et le Twannbach.

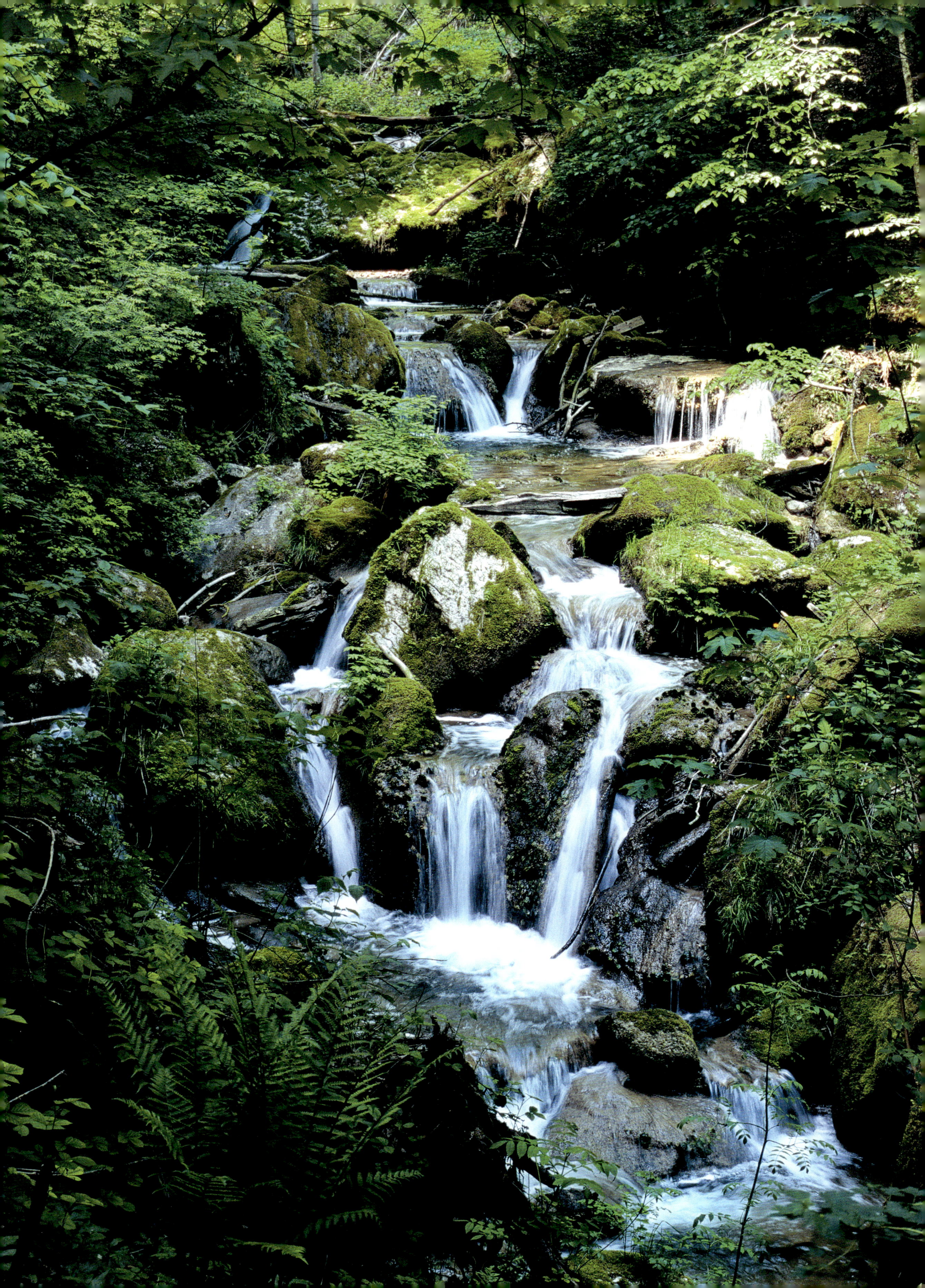

Twannbach : végétation aquatique formée principalement d'algues.

Milieu aquatique très oxygéné, habitat de la truite de rivière.

Tapis d'algues vertes.

page 111 Le lac de Bienne.

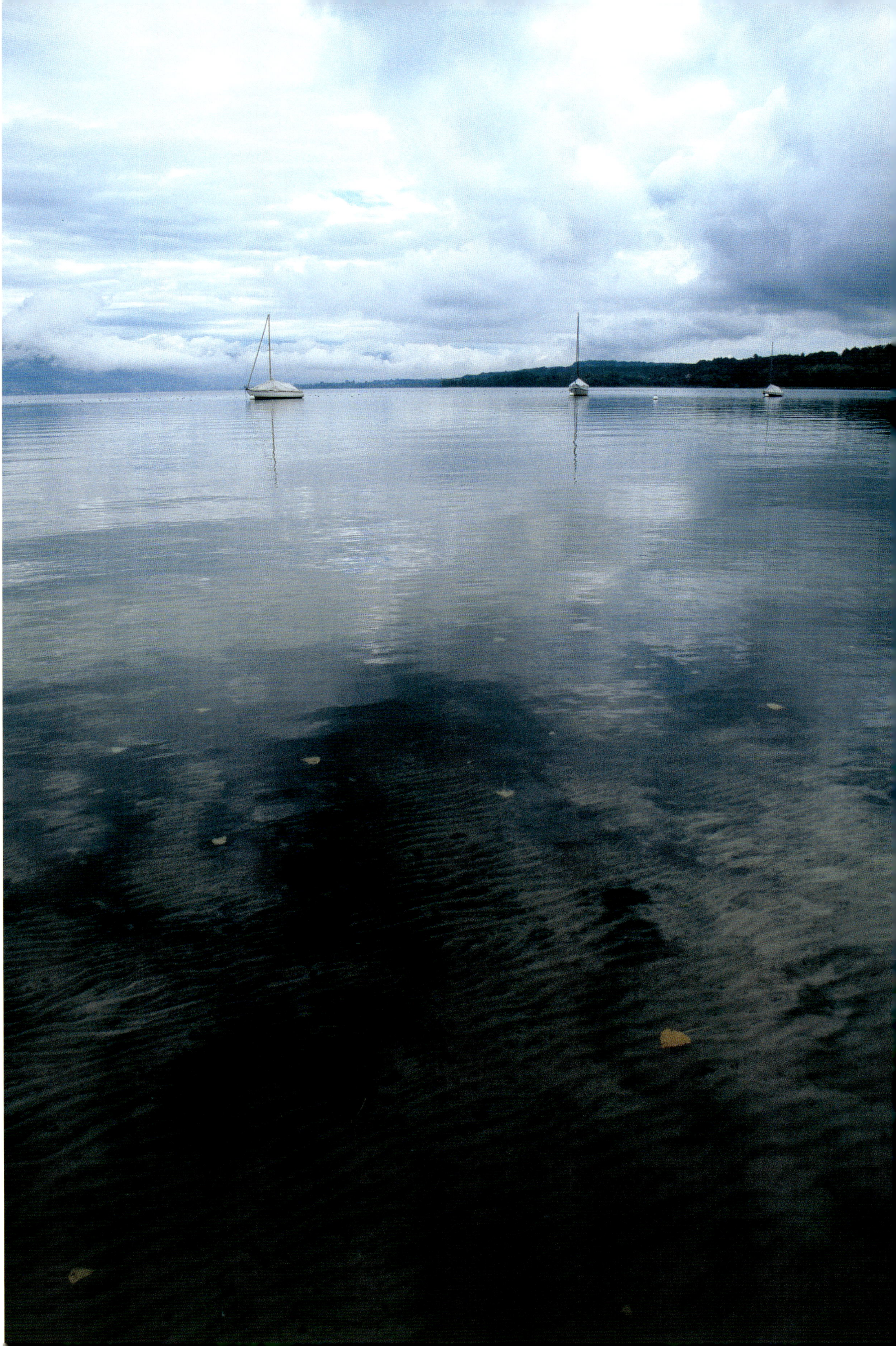

Eponge d'eau douce.

Moules zébrées bivalves importées des pays de l'Est.

L'anguille est un prédateur nocturne. Son corps fusiforme rappelle celui du serpent. L'anguille retourne à la mer pour se reproduire et remonte le Rhin jusqu'à nos lacs.

le **Seeland**_rencontres au fil de l'eau 113

La loche de rivière s'enfouit dans le sable durant la journée. Active de nuit, elle chasse les invertébrés.

Le goujon.

Le chabot est un poisson du fond des rivières à courant rapide, mais il peut être observé le long des rives du lac.

La lotte

Seule représentante en eau douce de la famille des morues, la lotte est un poisson carnivore du fond des lacs et des grandes rivières. Elle est très prolifique et s'acclimate facilement à de nombreux plans d'eau, où elle chasse de nuit le long des pentes lacustres.

le **Seeland**_rencontres au fil de l'eau   115

Jeune silure entre les blocs de rochers du bord
du lac de Bienne.

pages 118 et 119 **Silure adulte d'environ 1,8 mètre.**

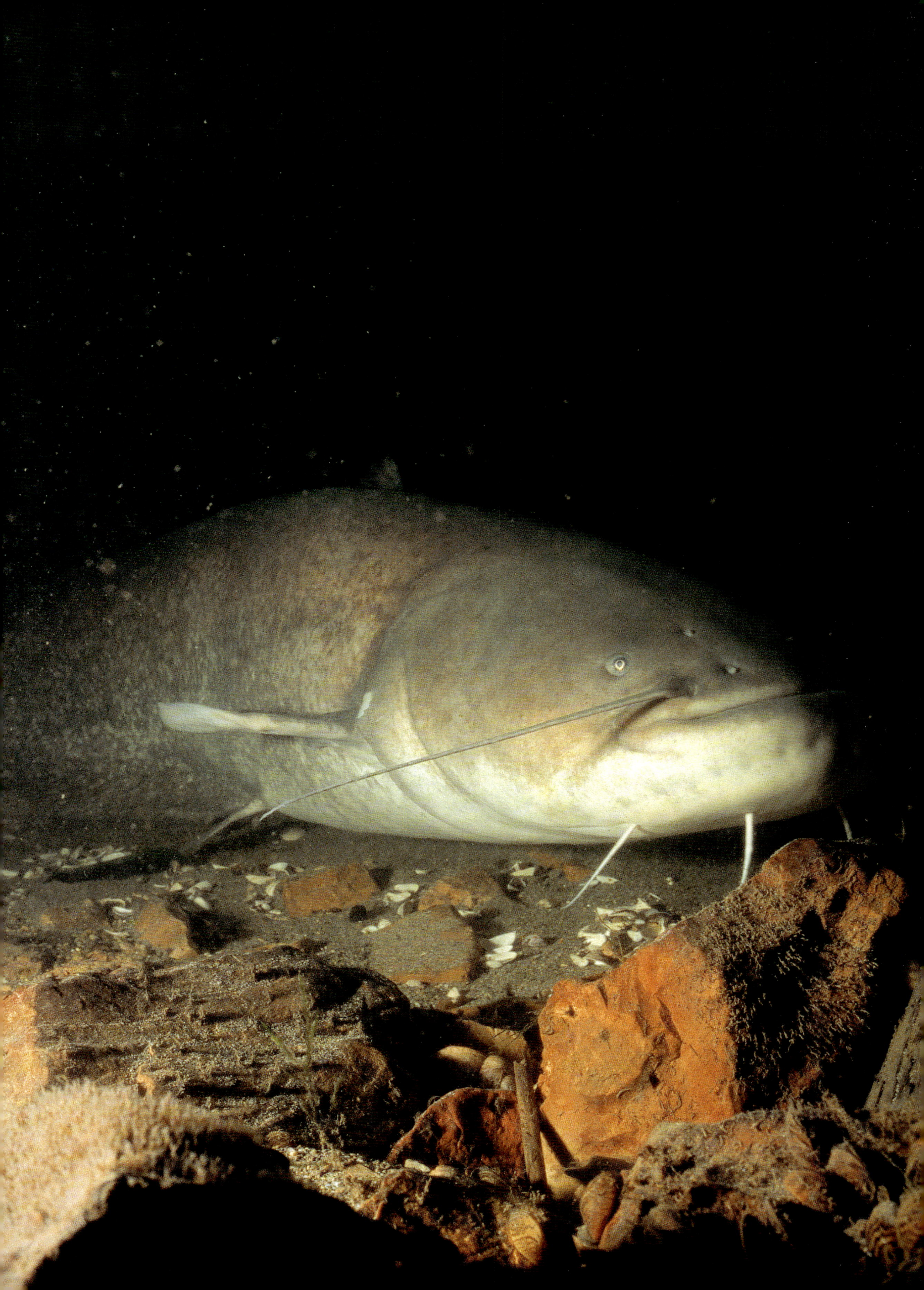

Silure glane

Le silure glane est le plus grand poisson d'eau douce de Suisse. Originaire d'Europe de l'Est (bassin du Danube et de l'Elbe), il est considéré comme une relique de l'ère interglaciaire où l'Aar et le Rhin supérieur s'écoulaient en direction du Danube. Il est abondant dans les trois lacs du pied du Jura, dans l'Aar, en aval du lac de Bienne et présent dans le lac de Constance.

Ce poisson osseux peut atteindre une taille et un poids phénoménal, dépassant souvent le mètre de long et les 30 à 60 kilos. Des tailles records jusqu'à 2,50 mètres et plus de 90 kilos sont documentées. Le silure peut atteindre l'âge respectable de plus de 80 ans. Ce poisson possède une peau sans écailles, de couleur verte à brunâtre, très glissante. Son ventre est clair, jaune ou blanc. Il existe aussi des spécimens albinos (jaunes à orangés). Sa tête est massive et plate avec une très grosse bouche pourvue de lignes de dents petites mais nombreuses. Il a six barbillons, dont deux longs mobiles sur la mâchoire supérieure et quatre courts sur la partie inférieure de la tête.

C'est un poisson carnivore nocturne habitant les profondeurs moyennes des lacs et des cours d'eau où il chasse de préférence les poissons, mais ne dédaigne pas les crustacés, les amphibiens ou même les oiseaux d'eau. Il s'aide de ses barbillons pour créer un tourbillon qui désoriente sa victime avant de l'aspirer avec son énorme gueule.

Le silure se reproduit entre la fin du printemps et le début de l'été en déposant ses œufs en amas dans un nid de plantes aquatiques dans la roselière ou un pré inondé. Le mâle surveille la ponte de manière active. Durant l'hiver, les animaux restent inertes en eau profonde en attendant l'arrivée de la belle saison.

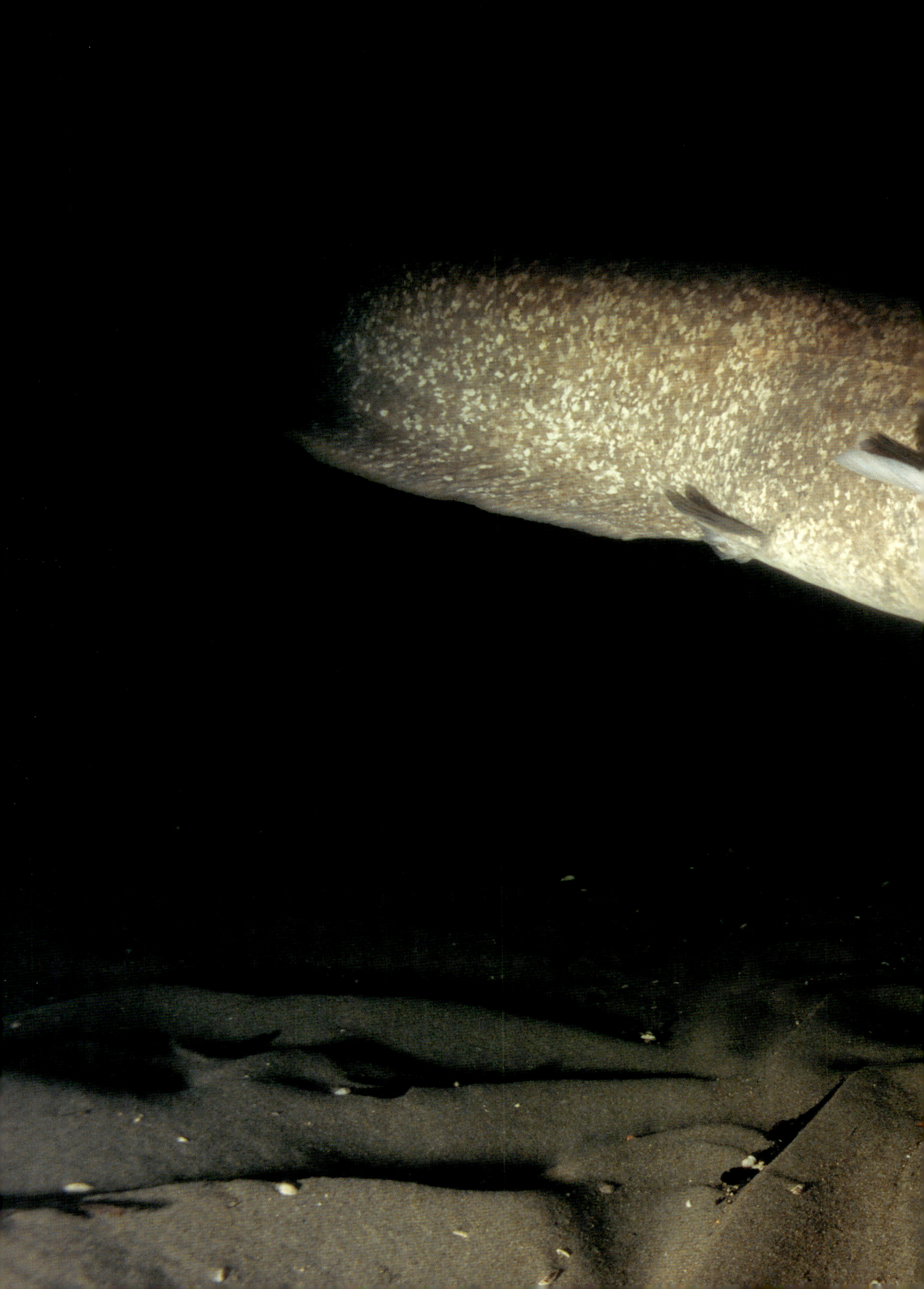

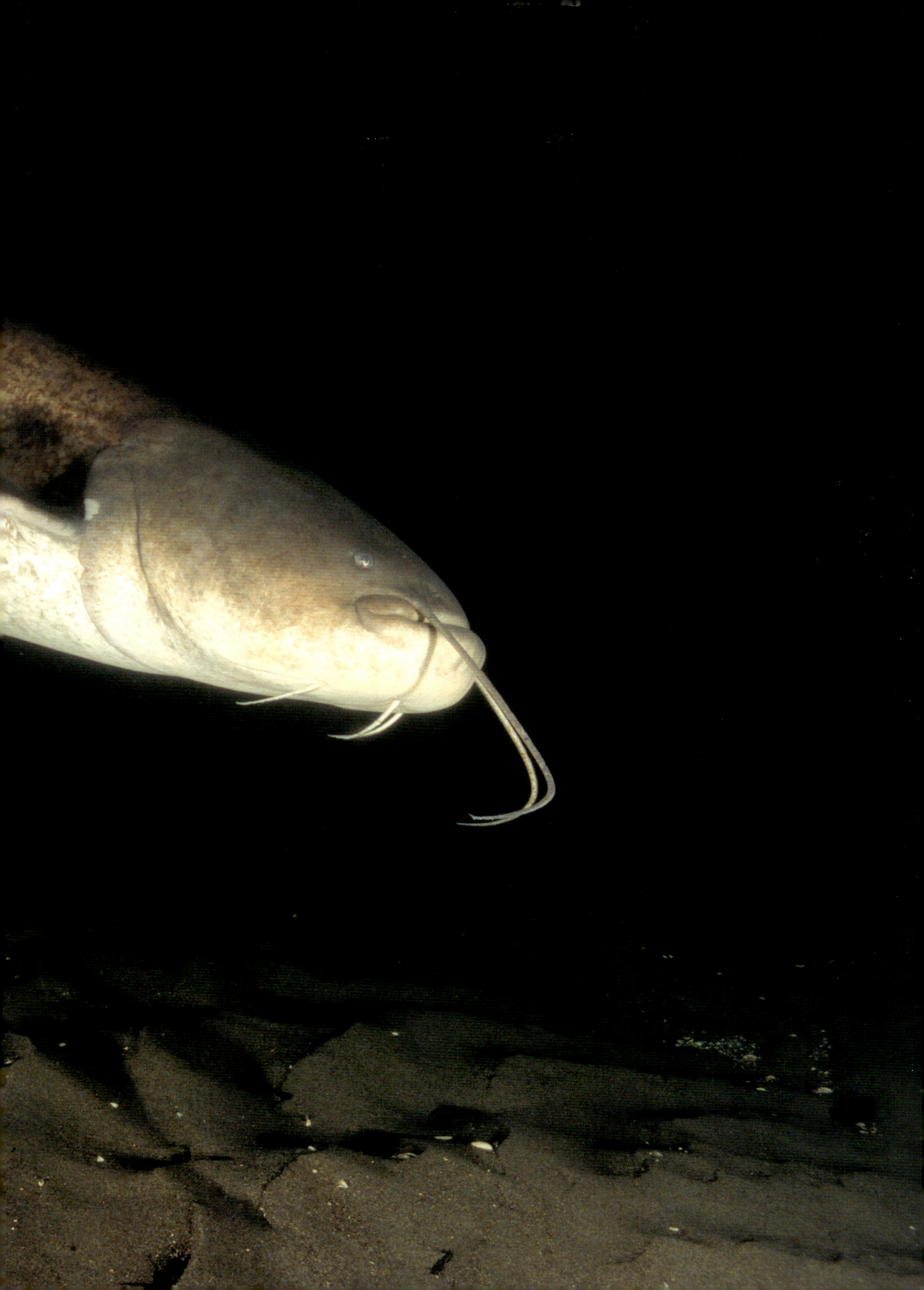

La perche
La perche est un poisson carnassier insatiable vivant souvent en banc de plusieurs dizaines d'individus. Elle peut atteindre une taille respectable de près de 50 centimètres à l'âge adulte et vit alors plutôt en solitaire.

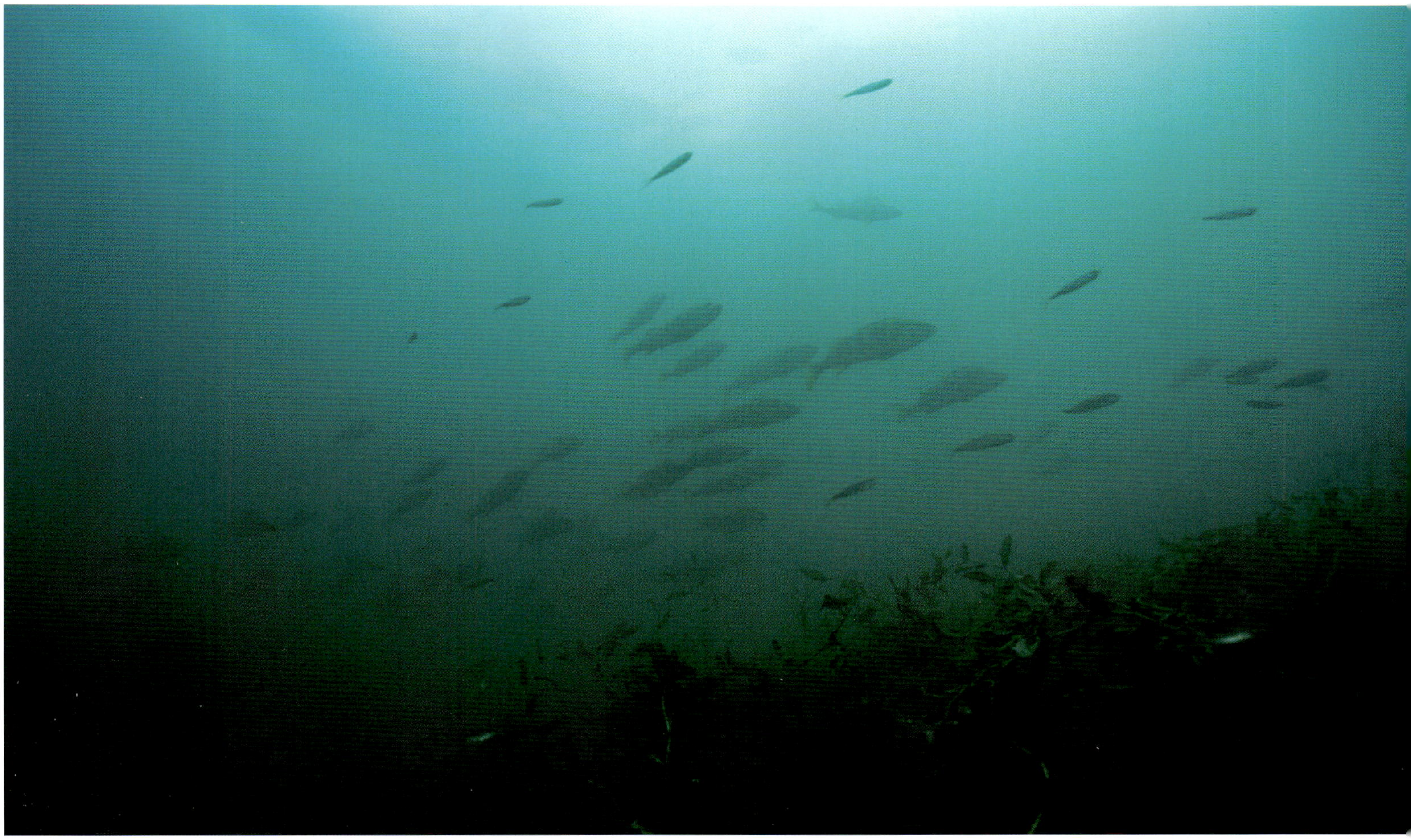

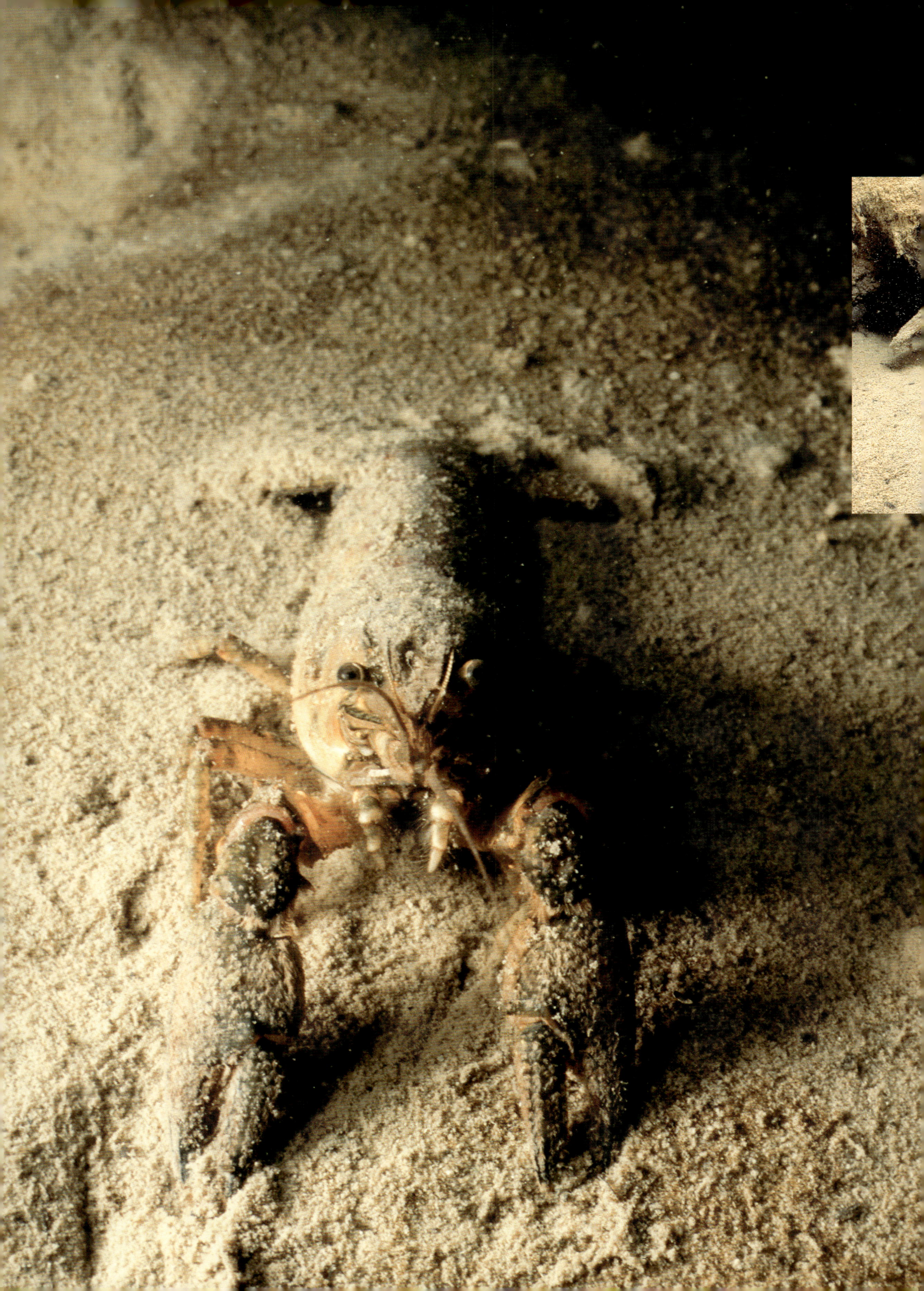

Écrevisse américaine

A la fin du XIXᵉ siècle, trois espèces peuplaient la Suisse : l'écrevisse à pattes rouges, introduite dès le Moyen Age et considérée comme indigène, l'écrevisse à pattes blanches peuplant le sud-ouest de l'Europe et l'écrevisse des torrents, cantonnée dans le bassin du Danube et celui du Rhin. Depuis, quatre nouvelles espèces apparurent, dont trois originaires d'Amérique du Nord, comme l'écrevisse américaine présente partout en Suisse, l'écrevisse signal ou californienne, l'écrevisse rouge de Louisiane ainsi qu'une espèce à pattes grêles originaire de la mer Noire appelée aussi écrevisse turque.

Cette plus grande diversité constitue une véritable catastrophe écologique, car les espèces introduites sont vecteurs de la peste de l'écrevisse alors qu'elles-mêmes y résistent. Cela n'est pas le cas des espèces indigènes dont les populations sont décimées. Cette maladie, due à un champignon, apparaît en Europe vers 1880 en même temps que les espèces américaines. L'écrevisse à pattes rouges indigène ne s'en est jamais complètement remise, notamment dans les lacs du pied du Jura où elle a été supplantée par l'écrevisse américaine depuis 1955.

Lors de la reproduction, qui débute par une parade nuptiale faite de frottements d'antennes et de secousses de la queue, la femelle se laisse retourner sur le dos par le mâle. L'accouplement peut durer plus d'une heure durant laquelle les écrevisses restent collées face à face. Le frai débute environ trois semaines plus tard, en avril. La femelle porte entre 200 et 400 œufs noirs accrochés sous sa queue. Une vingtaine de jours plus tard, elle s'occupe des petits fraîchement éclos et les défend, toutes pinces dressées, durant environ deux semaines.

Normalement accrochées à leur mère durant la nuit ou lors de dangers imminents, les petites écrevisses sont souvent lâchées pour chercher de la nourriture, jusqu'à devenir autonomes. Au début, la croissance est très rapide, mais les pertes sont nombreuses à cause du cannibalisme et de la prédation. Comme tous les arthropodes, l'écrevisse doit muer pour grandir et changer de carapace tous les ans.

L'écrevisse américaine est plutôt diurne et végétarienne, mais peut être également observée en grand nombre durant la nuit.

Cette espèce très prolifique aime les eaux calmes et profondes. Elle s'accommode d'eaux de qualité médiocre, voire polluées, et peut également résister plusieurs heures sans oxygène. Avec de telles facultés, elle colonisa facilement tous nos cours d'eau.

Outre sa petite taille, elle se reconnaît à son dos verdâtre, à son abdomen zébré de tâches marron sur le dessus et aux pointes orangées de ses pinces.

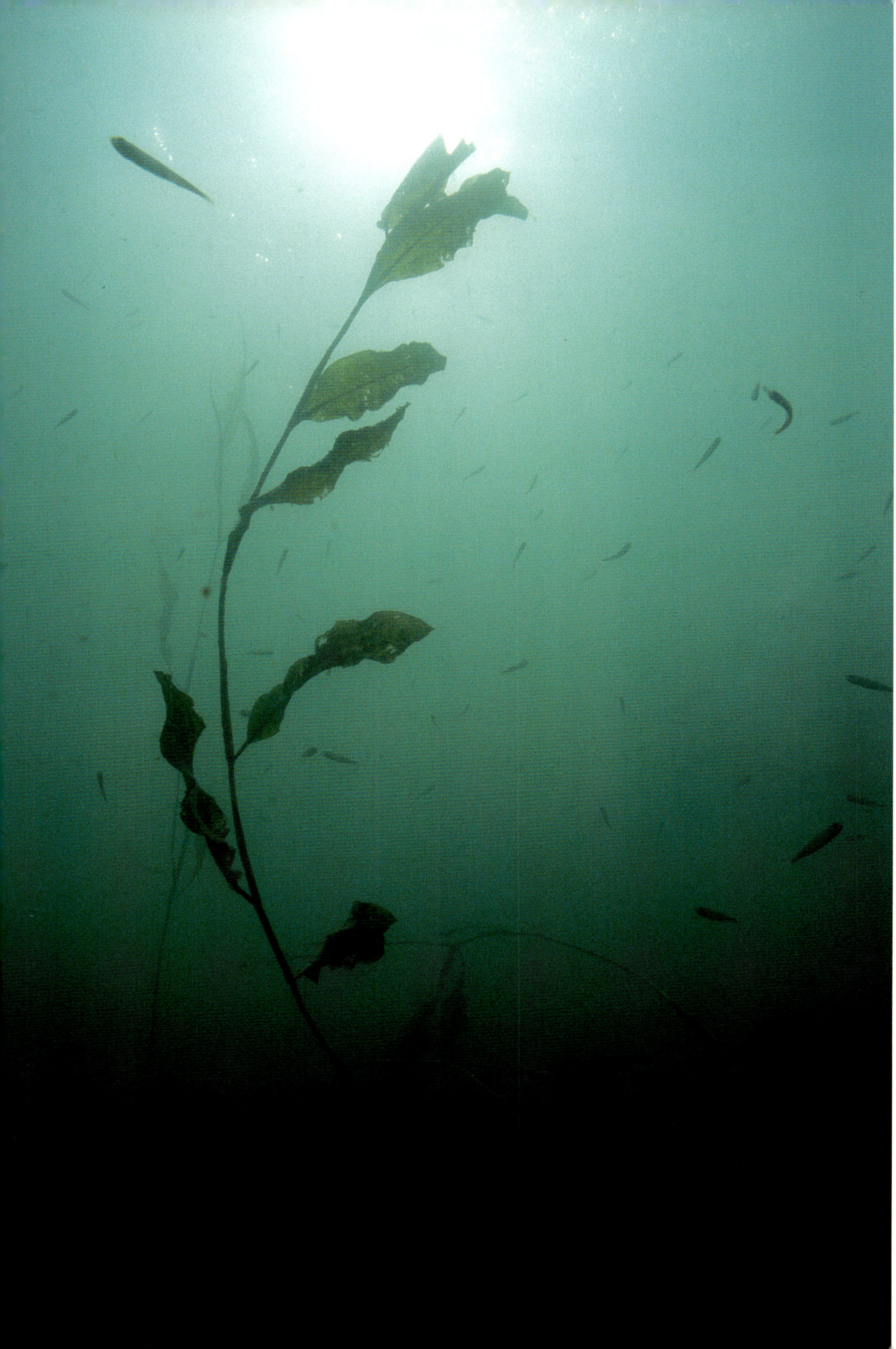

le **Seeland**_rencontres au fil de l'eau   125

Le brochet

Caché entre les potamots, ce brochet guette le passage d'une proie. Ce prédateur redoutable est doté d'une accélération formidable lui permettant de capturer les petits poissons égarés devant sa cachette. Il peut dépasser 1 mètre de longueur à l'âge adulte et représente avec le silure les plus grands poissons de nos lacs et de nos grandes rivières.

page 124 **Potamot.**

Tanche.

Brème franche.

Brème franche.

page 127 Fond d'un étang recouvert d'une dense végétation submergée.

le **Seeland**_rencontres au fil de l'eau 127

Enchevêtrement de plantes aquatiques avec l'émergence des feuilles encore rouges du nénuphar blanc (nymphéa blanc).

le **Seeland**_rencontres au fil de l'eau

Ceinture de feuilles de nénuphars vue par-dessous.
Les feuilles flottantes pourvues de poches d'air
forment de véritables radeaux pour de nombreux
petits animaux.

le **Seeland**_rencontres au fil de l'eau

Le nénuphar s'ouvre lentement
avec le lever du jour.

le **Seeland**_rencontres au fil de l'eau 131

Il se referme en fin de journée.

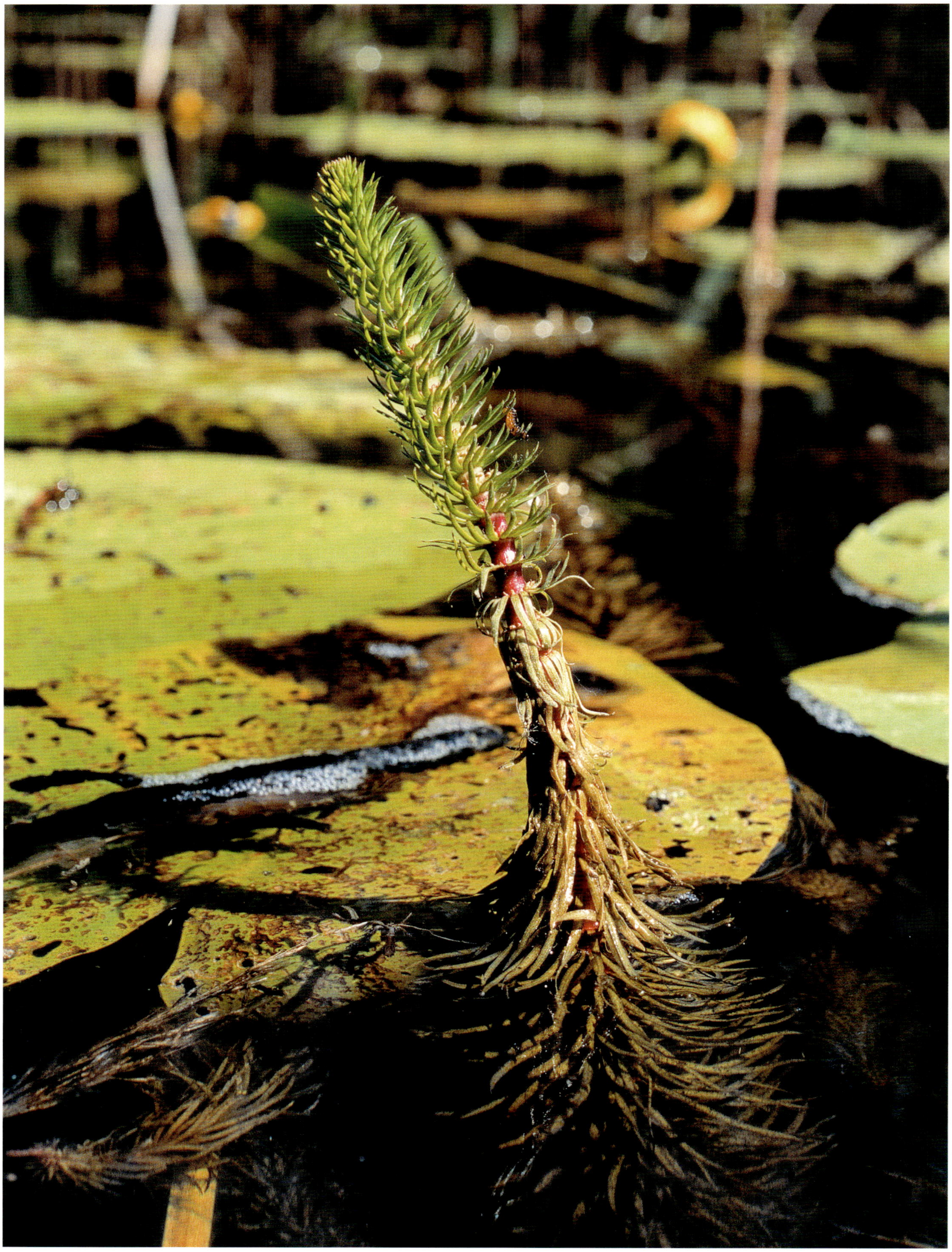

le **Seeland**_rencontres au fil de l'eau   133

page 132 **Pesse vulgaire.**

Nénuphar jaune.

pages 134 et 135 **Fanel**: roselière avec ceinture de nénuphars.

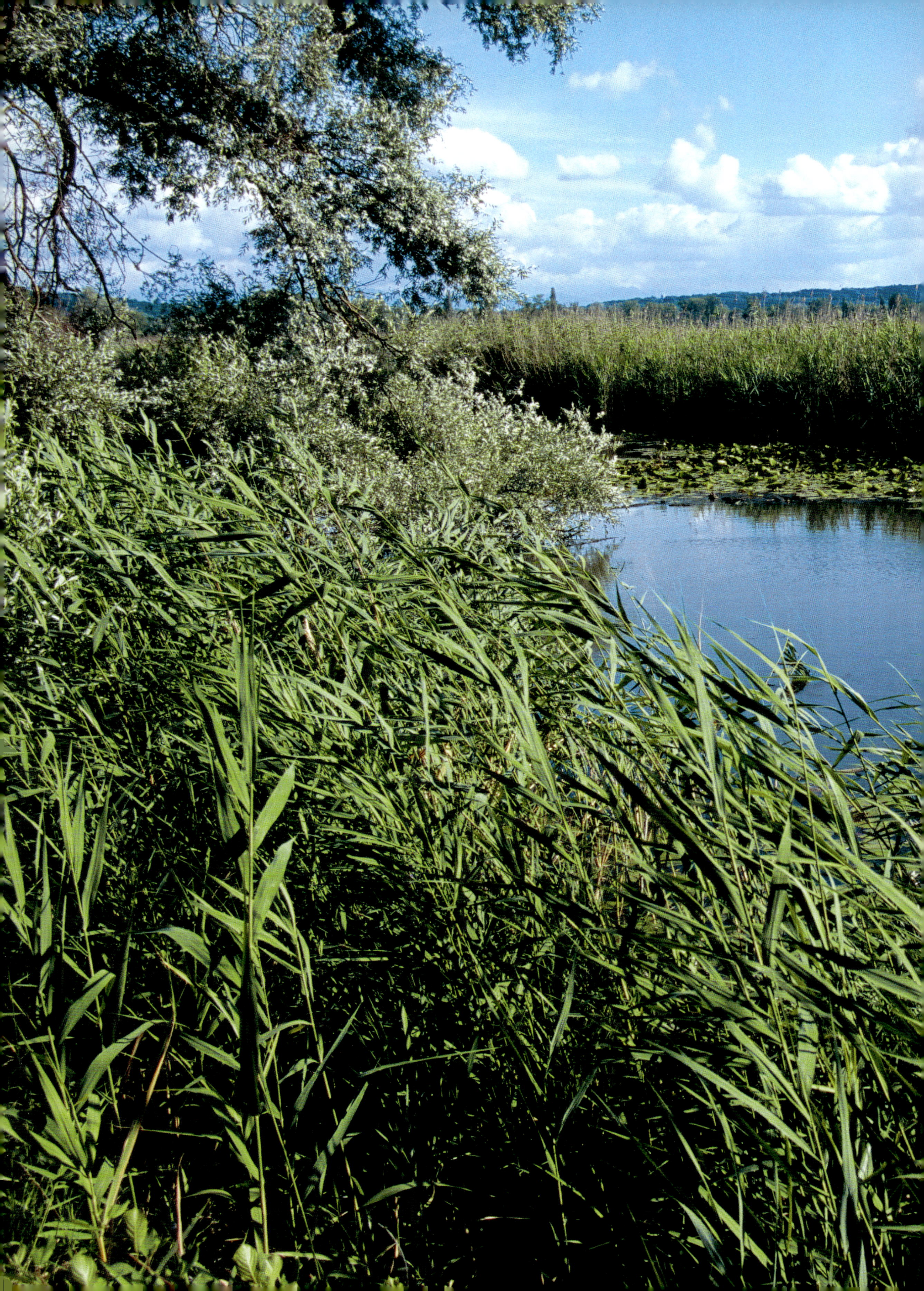

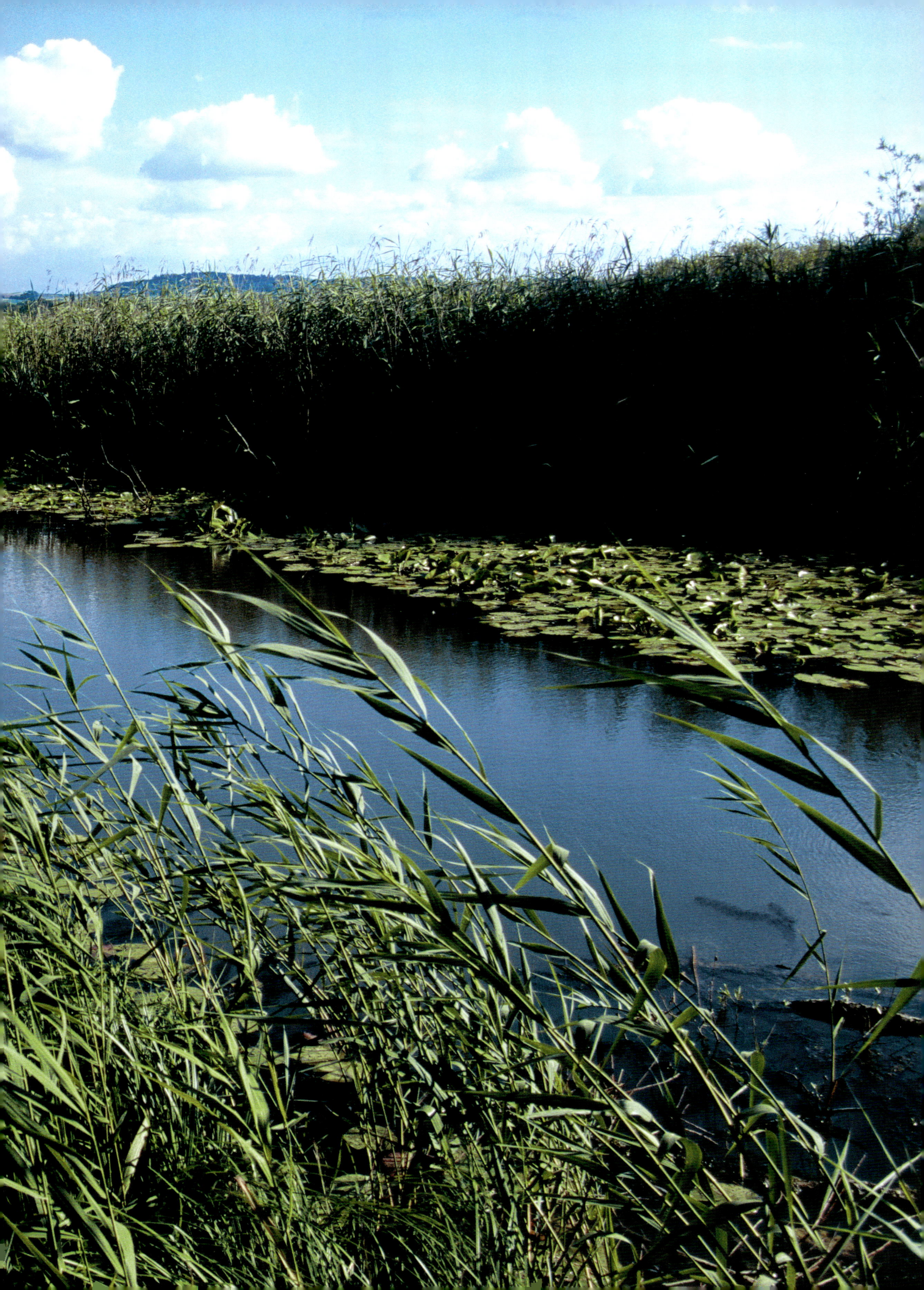

Grenouille verte entre les fleurs de l'urticulaire vulgaire. Cette plante flottante à fleurs jaunes est carnivore et ne possède pas de racines. Elle se nourrit de plancton qu'elle capture dans de petites poches et qu'elle digère par la suite.

Sonneur à ventre jaune : ce petit batracien peut s'observer dans les gouilles d'eau temporaires au printemps.

Crapaud calamite : tout comme son cousin le sonneur à ventre jaune, il préfère des milieux bruts peu colonisés par la végétation.

Le crapaud commun se rencontre en grande quantité sur les mares et les étangs au printemps durant la reproduction. Il quitte le lieu de ses noces après la ponte.

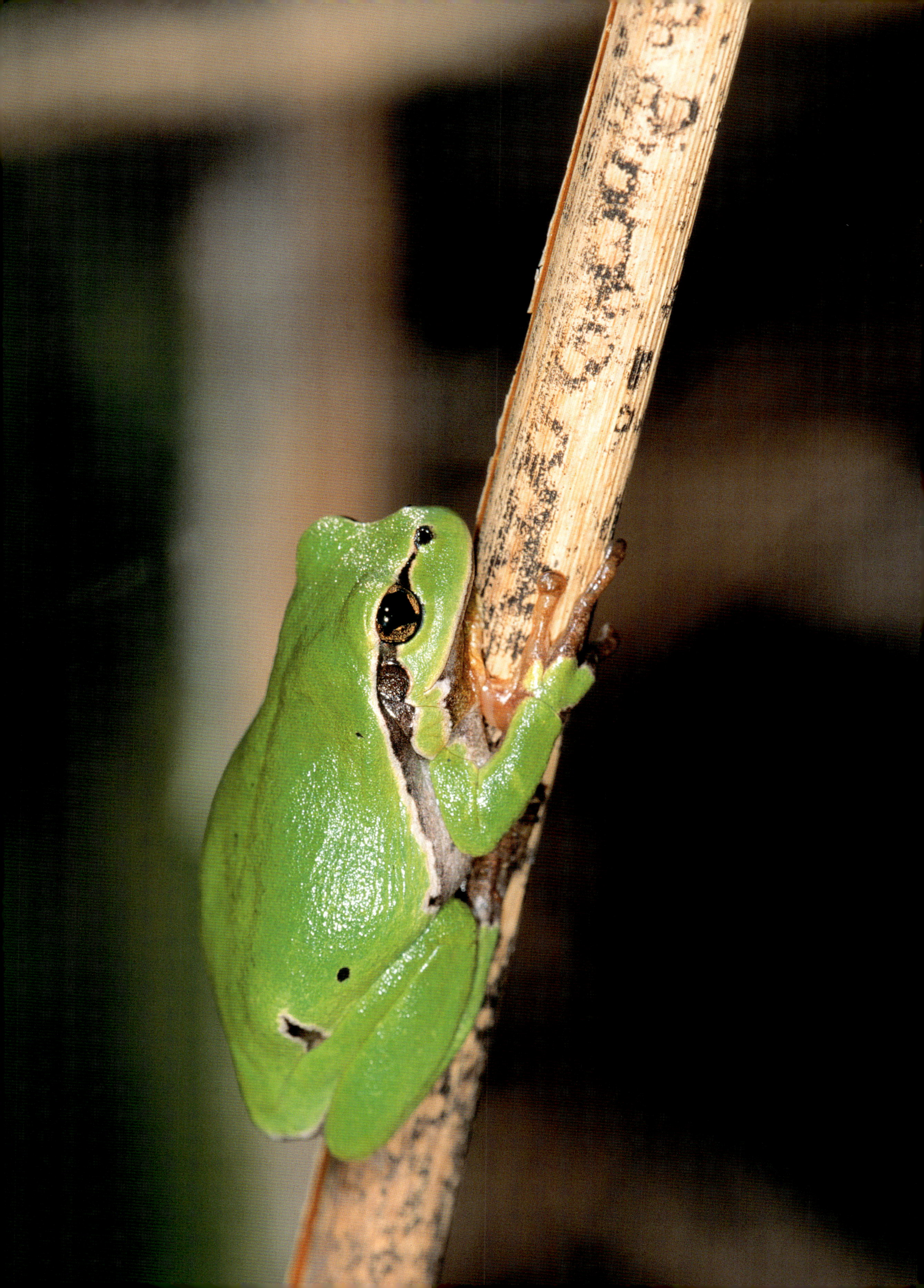

Rainette verte

Seule représentante des hylidés dans notre région et autrefois répandue du lac de Constance au Léman, la rainette verte se caractérise entre autres par des doigts aplatis terminés en disque adhésif faisant d'elle une excellente grimpeuse. Ses habitudes sont ainsi typiquement arboricoles.

La rainette verte modifie sa coloration en fonction du milieu ambiant et du support sur lequel elle se trouve. Ses couleurs varient entre le jaune-vert, le vert foncé et le bleu-vert. Elle mesure entre 3,5 et 4,5 centimètres. C'est un excellent sauteur, très adroit, aidé par ses doigts-ventouses qui lui assurent une bonne prise sur les feuilles.

L'accouplement a généralement lieu dans l'eau entre avril et juin. La femelle pond jusqu'à 1000 œufs qu'elle dépose en petits amas et que le mâle, assis sur son dos, féconde simultanément. C'est pendant cette saison que l'on peut entendre le coassement du mâle qui porte à plusieurs kilomètres. Les têtards de la rainette verte sont jaune doré et ont une queue en pointe très allongée. La métamorphose survient au bout d'environ trois mois et les petites rainettes quittent l'eau immédiatement. Une fois la ponte terminée, les adultes retournent également sur la terre ferme où ils vivent sur des arbres et dans les buissons alentours. Ces petites grenouilles se nourrissent principalement d'invertébrés comme les insectes et les araignées. En automne, elles quittent les arbres à la recherche d'une cachette à l'abri du gel pour passer l'hiver. Certaines rainettes vertes peuvent cependant hiberner dans la vase.

Triton crêté.

Triton alpestre.

Triton palmé.

page 141 Roselière de la rive sud du lac de Bienne.

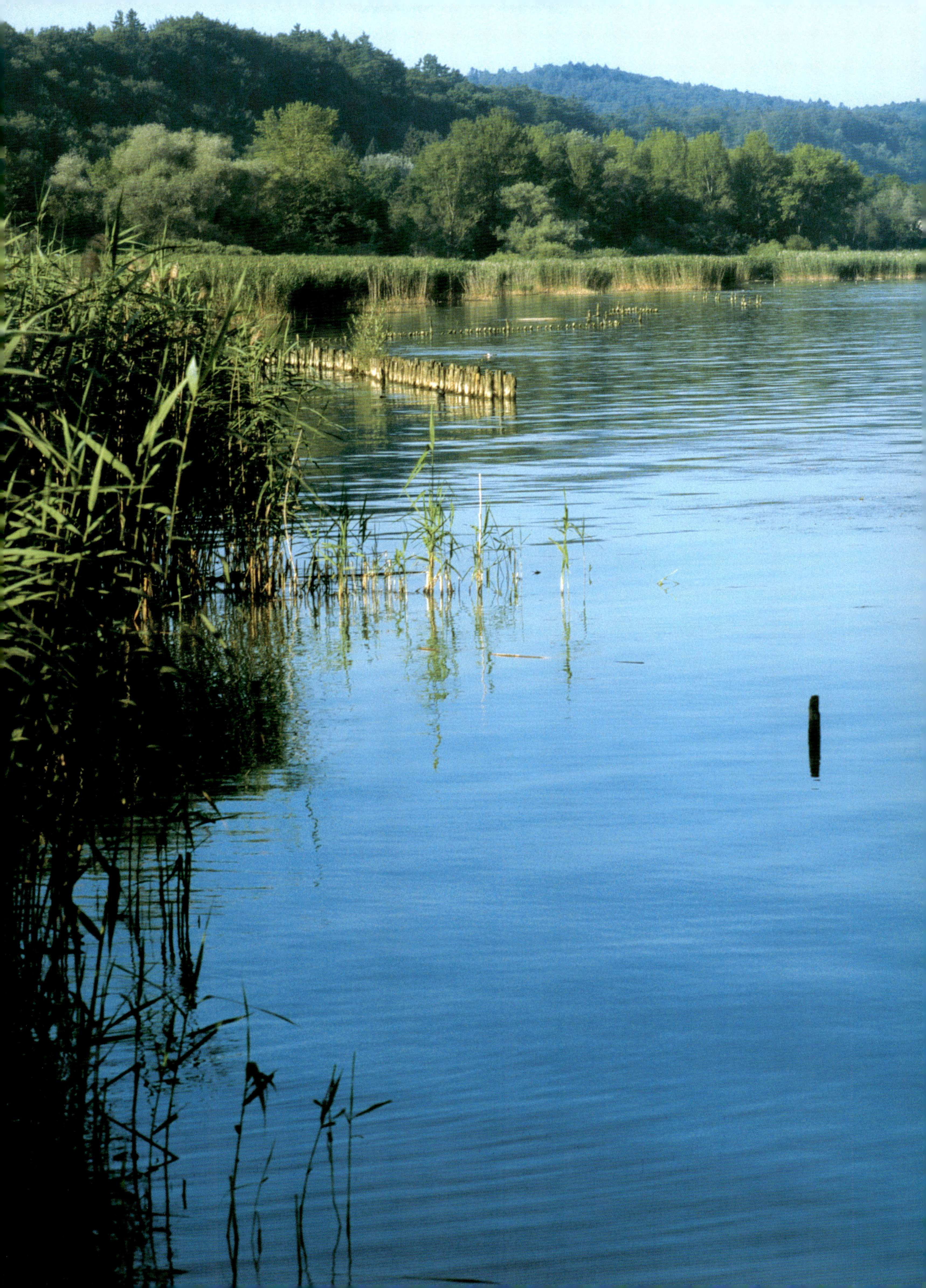

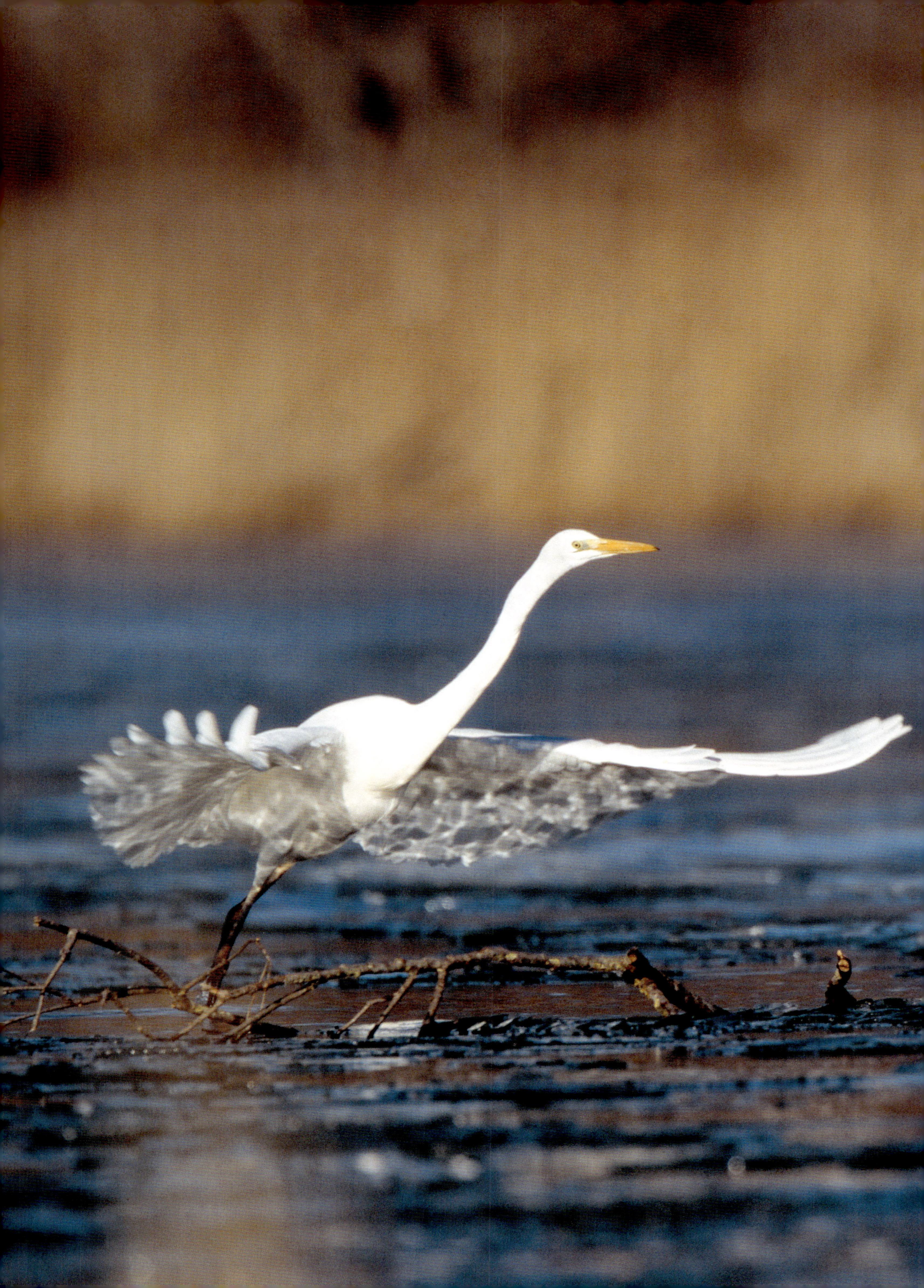

Grande aigrette

Cet échassier blanc (bec et pattes jaunâtres) est bien plus grand et bien moins répandu en Europe de l'Ouest que sa proche cousine l'aigrette garzette (à bec noir et pattes sombres). L'élément le plus frappant est la couleur du bec qui permet de l'identifier sûrement. Cette aigrette, qui se nourrit, comme la plupart des hérons, de poissons et de batraciens, ne dédaigne pas non plus les petits mammifères (rongeurs surtout).

En Suisse, les observations sont de plus en plus nombreuses depuis les années septante. Dans la Grande Cariçaie, elle est devenue un hivernant régulier depuis 1995. Elles étaient 10 en novembre 1996, puis 24 en 1997 et 44 en janvier 1999. Vous ne manquerez pas de les observer également dans le Häftli, pêchant à découvert devant la roselière, parfois dans l'eau jusqu'au ventre, solitaires ou formant de petits groupes.

La grande aigrette fut presque exterminée en Europe, convoitée par les chasseurs et les chapeliers de l'époque avides de sa somptueuse parure nuptiale. Protégées aujourd'hui, ses populations se sont rétablies à partir de sites reliques en Ukraine et dans le delta du Danube. On estime actuellement ses effectifs européens entre 2500 et 5000 couples.

Nos hivernantes arrivent normalement en novembre, mais peuvent apparaître parfois à la fin d'août déjà. La migration retour vers les sites de nidification (en Hongrie et au Neusiedlersee en Autriche) débute en mars, mais quelques individus peuvent s'attarder en Suisse jusqu'en juin. La nidification est cependant fort compromise en Suisse puisqu'il lui faut de vastes roselières, de grandes étendues d'eau et des lagunes tranquilles pour fonder une colonie; de plus, l'espèce est liée à un climat estival plus chaud que le nôtre.

Butor étoilé dans son milieu typique, la roselière.

Le héron cendré, cousin proche de l'aigrette.

Le grand cormoran est un pêcheur assidu :
il poursuit les poissons sous l'eau jusqu'à une
profondeur de 25 mètres et il est un champion de
l'apnée. Après ses plongées, le cormoran déploie
ses ailes pour sécher son plumage
non imperméable.

le **Seeland**_rencontres au fil de l'eau

Grèbe castagneux.
Danse nuptiale du grèbe huppé.
Harle bièvre femelle.

Sarcèle d'hiver mâle.
Canard souchet mâle.
Canard colvert mâle.

Gallinule poule d'eau,
cousine de la foulque macroule.

Foulque macroule.

Râle d'eau.

Limicoles:
Chevalier sylvain.
Vanneau huppé.
Chevalier cul-blanc.
Chevalier aboyeur.

le **Seeland**_rencontres au fil de l'eau

Bécassines des marais.

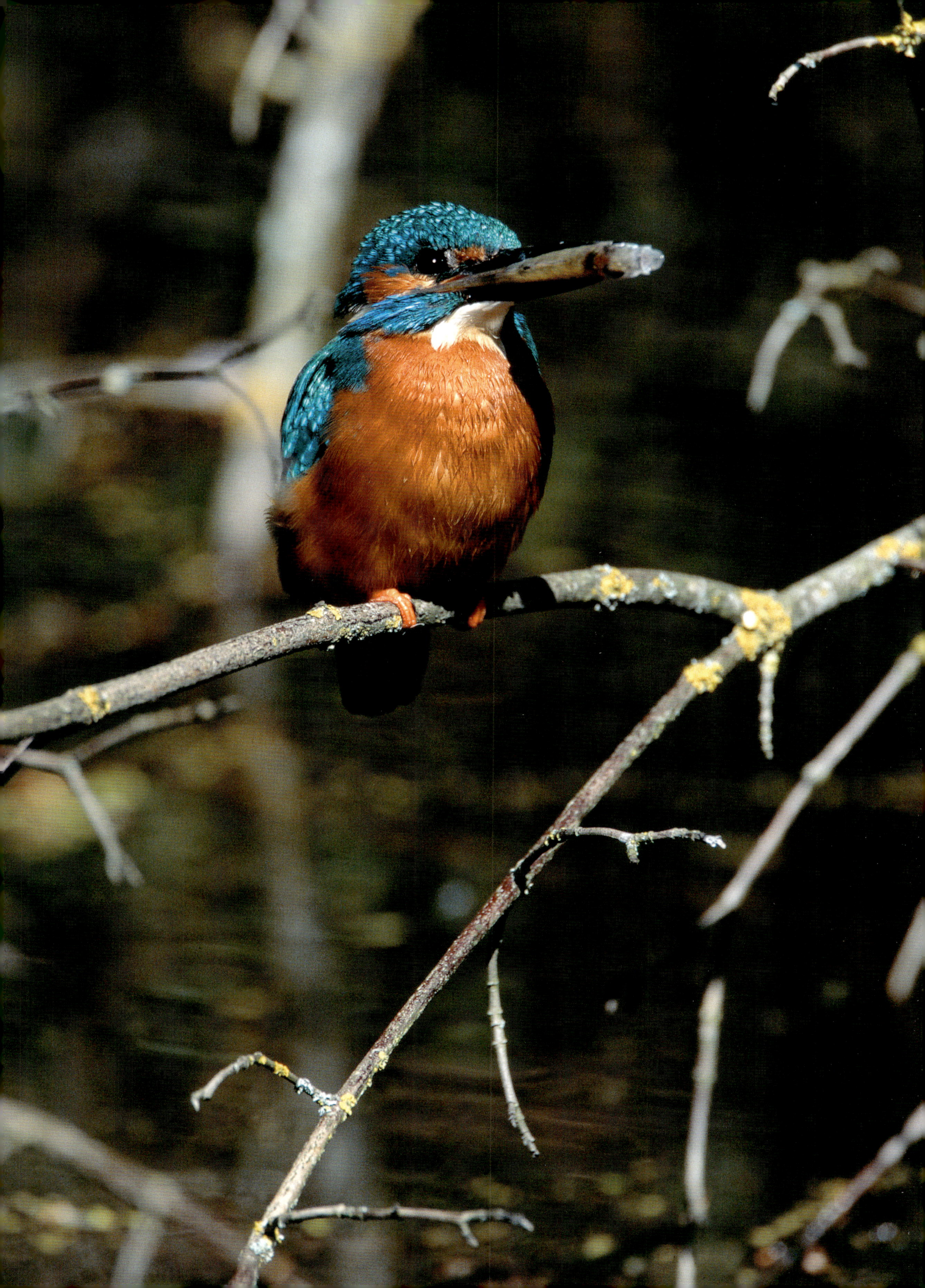

Martin-pêcheur d'Europe

Le martin-pêcheur mesure environ 25 centimètres et son plumage, d'apparence très exotique pour nos latitudes, est bleu turquoise à reflets métalliques sur le dos et orangés sur le ventre. Les pattes sont d'un rouge très vif et le bec est noir chez le mâle, alors que la mandibule inférieure est orange chez la femelle.

Le martin-pêcheur est très farouche, territorial et ne tolère aucun autre mâle de son espèce à proximité. Il a besoin d'eau claire et de rives propices à la nidification. Il peut nicher dès le mois de janvier dans les cavités des arbres ou dans des murs, mais préfère les flancs argileux surélevés des rivières qui le protègent des prédateurs.

Le martin-pêcheur se nourrit principalement de petits poissons comme les vairons, qu'il capture en plongeant verticalement dans l'eau à partir d'un affût ou alors en volant sur place avant de plonger. Il déguste aussi des invertébrés. Les restes de nourriture non digérés sont rejetés, sous forme de pelotes de déjection, à la manière des chouettes.

Lors de la parade nuptiale, il séduit sa concubine en lui offrant des proies. Le couple peut avoir plusieurs nichées par année et la femelle pond six ou sept œufs par couvée. Il peut atteindre 15 ans d'âge.

Le martin-pêcheur est menacé par les activités humaines et la réduction de son espace vital qu'elles engendrent.

Goéland leucophée.
Goéland leucophée juvénile.

le **Seeland**_rencontres au fil de l'eau

Goéland leucophée mouillé après une plongée.

Les sols détrempés

Le bas marais se forme sur des sols humides en permanence, alimentés par des nappes phréatiques plus ou moins minéralisées. La végétation apparaît homogène et majoritairement formée de plantes appelées laîches, ou carex qui donnent son nom à la cariçaie. La Grande Cariçaie (rive sud du lac de Neuchâtel) est principalement formée par des grandes laîches. Les débris végétaux ne se décomposent que lentement dans ce milieu asphyxié par l'eau et forment souvent de petites buttes (touradons) chapeautées par une touffe de laîches vivantes. La cariçaie, bien que pauvre en espèces végétales, abrite des plantes rares et représente un milieu particulièrement important pour la reproduction des amphibiens menacés (le triton crêté ou la rainette verte) et des oiseaux limicoles (la bécassine des marais) liés à des zones d'eau peu profonde.

Sans entretien par l'homme (fauche), le milieu évolue lentement vers une forêt de saules et d'aulnes noirs ou vers une roselière lorsque l'apport en nutriments est important.

Les sites humides du Plateau ne sont toutefois pas tous typés par les laîches. De nombreuses autres associations végétales peuvent être observées, notamment les zones de transition entre cariçaie et roselière.

Les bas marais ont payé un lourd tribut suite à l'intensification de l'agriculture. En Suisse, 90% des milieux humides ont été sacrifiés au nom de la productivité entre 1890 et 1950. Le drainage du Grand Marais seelandais s'inscrit dans ce contexte en offrant de nouvelles terres fertiles aux maraîchers du Plateau.

Busard saint-martin.
Pipit spioncelle.
Bergeronnette grise.
Buse variable.

le **Seeland**_rencontres au fil de l'eau

Rousserolle verderolle.
Mésange bleue.
Rouge-gorge.
Bruant des roseaux.

La gorgebleue à miroir
Rencontre exceptionnelle au nord du lac de Bienne avec un couple de gorgebleues à miroir en migration. Ce petit passereau aux couleurs exotiques est originaire du Grand-Nord.

Gorgebleue femelle.

Gorgebleue mâle.

La migration des oiseaux

La Suisse est, du fait de sa position centrale, le nombril de l'Europe et ressent des influences climatiques nordique, orientale, méditerranéenne et atlantique. Elle est délimitée par un obstacle majeur, l'arc alpin, qui détermine les voies de migration et la distribution des oiseaux. Un grand nombre d'oiseaux d'eau hivernent sur les lacs suisses et les utilisent pour l'alimentation ou la nidification. L'effectif hivernal du grèbe huppé sur le Léman est équivalent à celui de toute la France. Sur les 276 espèces observées régulièrement en Suisse, 80% sont migratrices à des degrés divers. On recense plus de 222 espèces différentes d'oiseaux au seul Fanel! Des oiseaux du Grand-Nord arctique ou de Sibérie y sont souvent observés.

Les oiseaux «long-courriers» migrant au sud en automne et revenant au printemps traversent le continent européen, la Méditerranée et le désert du Sahara (plus de 6000 km). Un cygne chanteur en migration peut atteindre jusqu'à 8500 mètres d'altitude, alors que 18 000 kilomètres peuvent être parcourus par une sterne arctique quand elle rejoint ses quartiers d'hiver, dans les mers froides de l'Antarctique. Les migrateurs nécessitent cependant, tout au long de leurs pérégrinations, des lieux d'escale favorables pour se reposer et reconstituer une partie de leurs réserves énergétiques. La préservation d'habitats diversifiés de qualité est ainsi une condition indispensable à la survie de dizaines de millions d'oiseaux nicheurs en Suisse et en Europe.

L'envol vers les sites de nidification au printemps et d'hivernage en automne est très périlleux. En plus du risque de voir ses forces s'amenuiser, l'oiseau migrateur doit affronter de multiples dangers naturels ou humains comme les rapaces et les chasseurs, les intempéries et les fils à haute tension. Chaque automne, près de cinq milliards d'oiseaux quittent l'Europe pour l'Afrique où ils passent l'hiver. Plus de deux millions d'oiseaux peuvent traverser la Suisse en une seule nuit d'automne. Les oiseaux paieront toutefois un lourd tribut durant les migrations ainsi que sur leurs lieux d'hivernage. En effet, moins de la moitié des passereaux ayant entrepris leur premier voyage automnal rejoignent à nouveau les quartiers d'été. Le taux de mortalité peut s'élever à 70% chez les jeunes hirondelles.

L'instinct migrateur est quelquefois modifié chez certaines espèces. Parfois, des espèces sédentaires deviennent migratrices et à l'inverse des espèces migratrices se sédentarisent. Les conditions hivernales d'une région peuvent évoluer de manière à modifier un comportement migratoire. Par exemple, des hivers plus doux ou l'augmentation des ressources alimentaires peuvent entraîner la perte de l'instinct migrateur. Il n'est pas rare d'observer des étourneaux sansonnets ou des mouettes passer l'hiver sous nos latitudes. A l'inverse, il a été observé que le serin cini autrefois sédentaire dans l'ouest méditerranéen a colonisé l'Europe jusqu'au nord de l'Allemagne. Des modifications rapides de notre environnement peuvent exercer une sélection forte et produire des populations entièrement migratrices ou entièrement sédentaires. L'instinct migrateur permet donc aux animaux de s'adapter aux conditions climatiques et de tirer profit des ressources à leur disposition.

le **Seeland**_rencontres au fil de l'eau   163

Vol d'oies en migration.

le **Seeland**_rencontres au fil de l'eau

Cygnes chanteurs de passage au Fanel.

Le jaseur boréal

Venant de Finlande, de Norvège ou de Russie, les jaseurs ont envahi la Suisse par centaines en hiver 2004-2005. Poussés par la faim, ils se sont abattus sur les sorbiers, les pommiers et les guis. Un pareil spectacle n'a pas été noté depuis l'hiver 1965.

Envol de fuligules morillons. Ces canards passent l'hiver sous nos latitudes avant de repartir vers leur lieu de nidification.

Le fuligule morillon
Depuis l'introduction dans nos lacs à la fin des années soixante de la moule zébrée, les canards plongeurs comme le fuligule morillon et milouin ont connu un véritable essor (plusieurs centaines de milliers d'individus). Cette abondance de nourriture appropriée permet même à certains couples de nicher sur place.

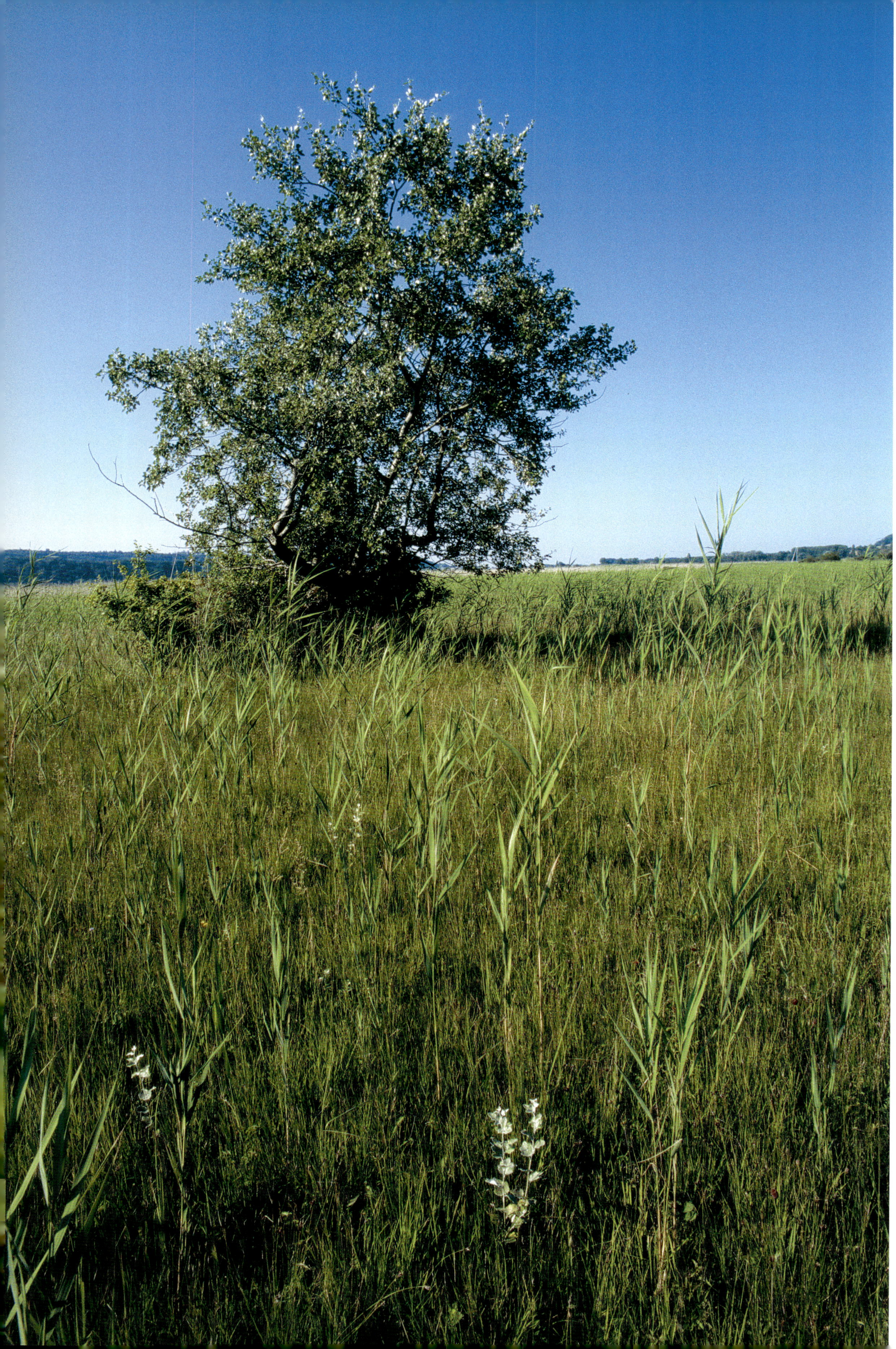

le **Seeland**_rencontres au fil de l'eau 169

page 168 Bas marais le long du chemin des Païens.

Libellule à quatre taches :
elle fréquente surtout les marais.

Agrion splendide ou caloptérix éclatant :
c'est la plus grande des demoiselles de Suisse.

Criquet.

le **Seeland**_rencontres au fil de l'eau

La couleuvre à collier est un prédateur redoutable du bord des étangs, où elle capture principalement des batraciens. Ici un spécimen juvénile.

le **Seeland**_rencontres au fil de l'eau

Argiope fasciée avec sa proie favorite, le criquet.
Cette araignée originaire du bord de la mer
Méditerranée étend son aire de répartition vers le
nord de l'Europe.
Elle se rencontre assez fréquemment dans le
Seeland, où on repère sa toile typique grâce à sa
nervure centrale en zigzag.

Consoude officinale (spécimen blanc).
Menthe aquatique.
Populage des marais.
Graminée.
Orchis des marais.

le **Seeland**_rencontres au fil de l'eau 173

Iris faux acore.
Salicaire commune.
Euphorbe verruqueuse.
Brunelle vulgaire.
Reine-des-prés.

le **Seeland**_rencontres au fil de l'eau

Etang de compensation dans le Grand Marais, Monsmier.

le **Seeland**_rencontres au fil de l'eau

Les prairies grasses

Les prairies grasses, nées de l'agriculture, occupent les sols fertiles de la plaine cultivée du Seeland et sont caractérisées par une surface uniforme à prédominance de graminées à haute productivité. Elles étaient souvent associées par le passé à des éléments structurants comme des haies, des arbres fruitiers ou des arbres isolés. Ce milieu connaît un net déclin sur le Plateau suisse dans les zones à agriculture intensive. Les fauches trop fréquentes réduisent la biodiversité et transforment ces entités en herbages sans aucune valeur écologique.

le **Seeland**_rencontres au fil de l'eau 177

Faon.
Un chevreuil et une chevrette.
Harde de chevreuils.

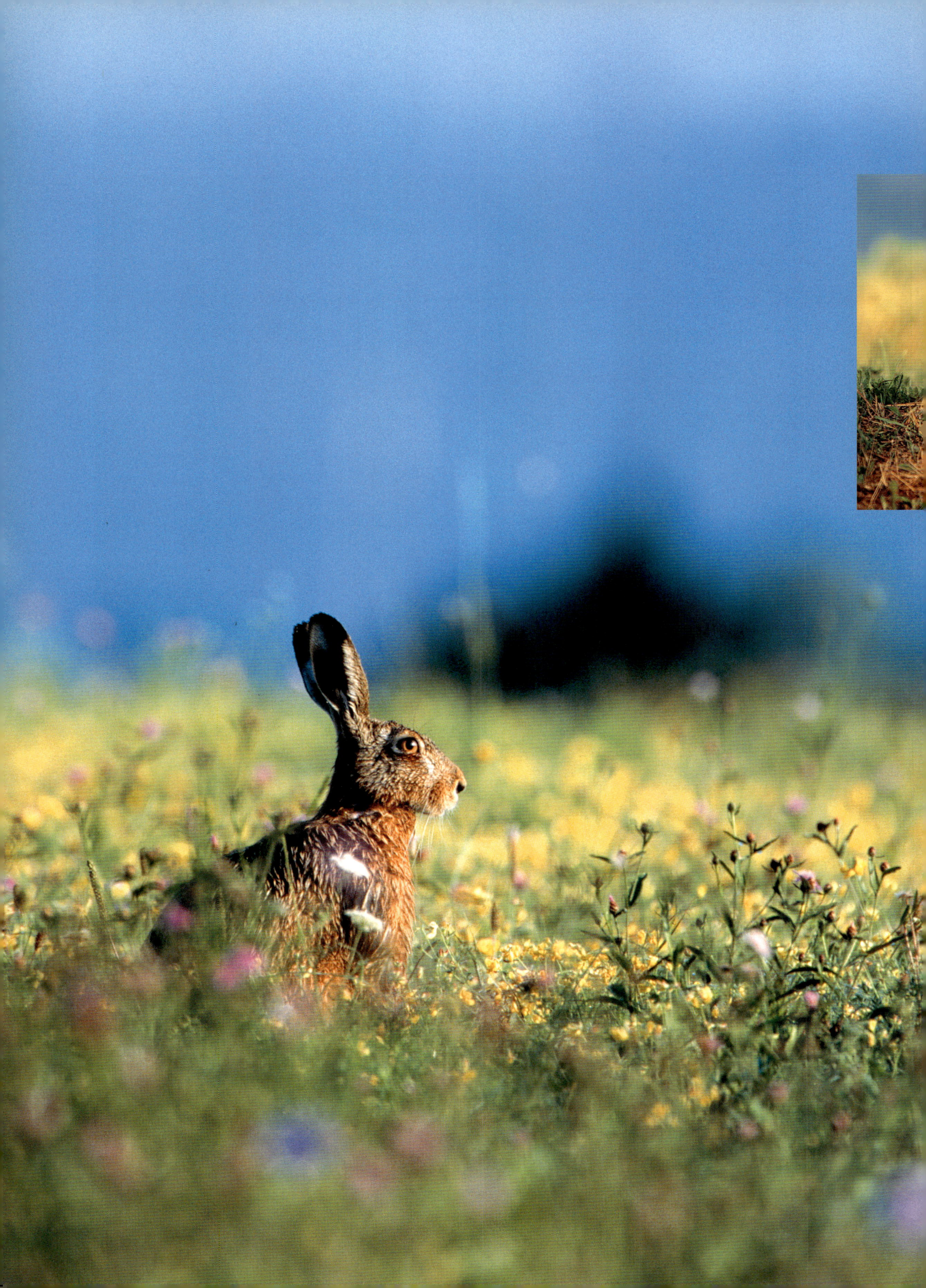

Lièvre brun

Mammifère de taille moyenne très facilement reconnaissable à ses longues oreilles et à ses pattes postérieures très développées spécialement adaptées au saut. Le lièvre adulte pèse 3 à 5 kilos et mesure entre 45 et 65 centimètres de longueur. Les oreilles, signe distinctif majeur, mesurent environ 10 centimètres de longueur. La fourrure soyeuse est gris-brun et plus claire sur la partie ventrale. Le lièvre brun, cousin du lièvre variable confiné en altitude, mue deux fois par an et cela sans changer de couleur.

Le lièvre brun est présent en Suisse en basse et moyenne altitude.

Le mâle (le bouquin) et la femelle (la hase) se livrent au rut principal entre décembre et mars, mais il est possible qu'il dure presque toute l'année. La hase met bas plusieurs fois dans l'année deux à quatre petits (levrauts) et peut être fécondée même en état de gestation.

Le lièvre brun s'alimente principalement de végétaux.

Très répandu au début du XXe siècle, le lièvre brun s'est fortement raréfié en Suisse depuis les années septante. Ce sont surtout les transformations des méthodes agricoles qui sont à l'origine de ce recul important. Notons aussi que le lièvre brun est un animal aimant les surfaces ouvertes plutôt steppiques ; c'est ainsi qu'il avait fortement profité des défrichements de grandes zones d'Europe autrefois recouvertes de forêts.

Lancé en 1991, le projet « lièvre suisse » recense les lièvres bruns dans toute la Suisse pour comprendre les raisons de son déclin. Les premiers résultats montrent que la région de prédilection du léporidé est celle du Grand Marais. Cette région recèle en moyenne vingt individus par kilomètre carré. La situation générale du lièvre tend à s'améliorer depuis 1997, avec une progression moyenne de l'ordre de 8% par an. Il est ainsi possible de spéculer sur les premiers effets favorables de la nouvelle politique agricole, notamment les surfaces de compensation écologique. Il faudra néanmoins attendre encore quelques années avant de pouvoir prétendre que le lièvre brun est hors de danger en Suisse.

Machaon.

Belle-dame, présent dans presque tous les milieux.

page 181 Jachère de compensation écologique. De plus en plus, les paysans ont recours aux semis de jachères florales. Ces surfaces ensemencées offrent un milieu idéal pour les petits mammifères et les oiseaux nichant au sol.

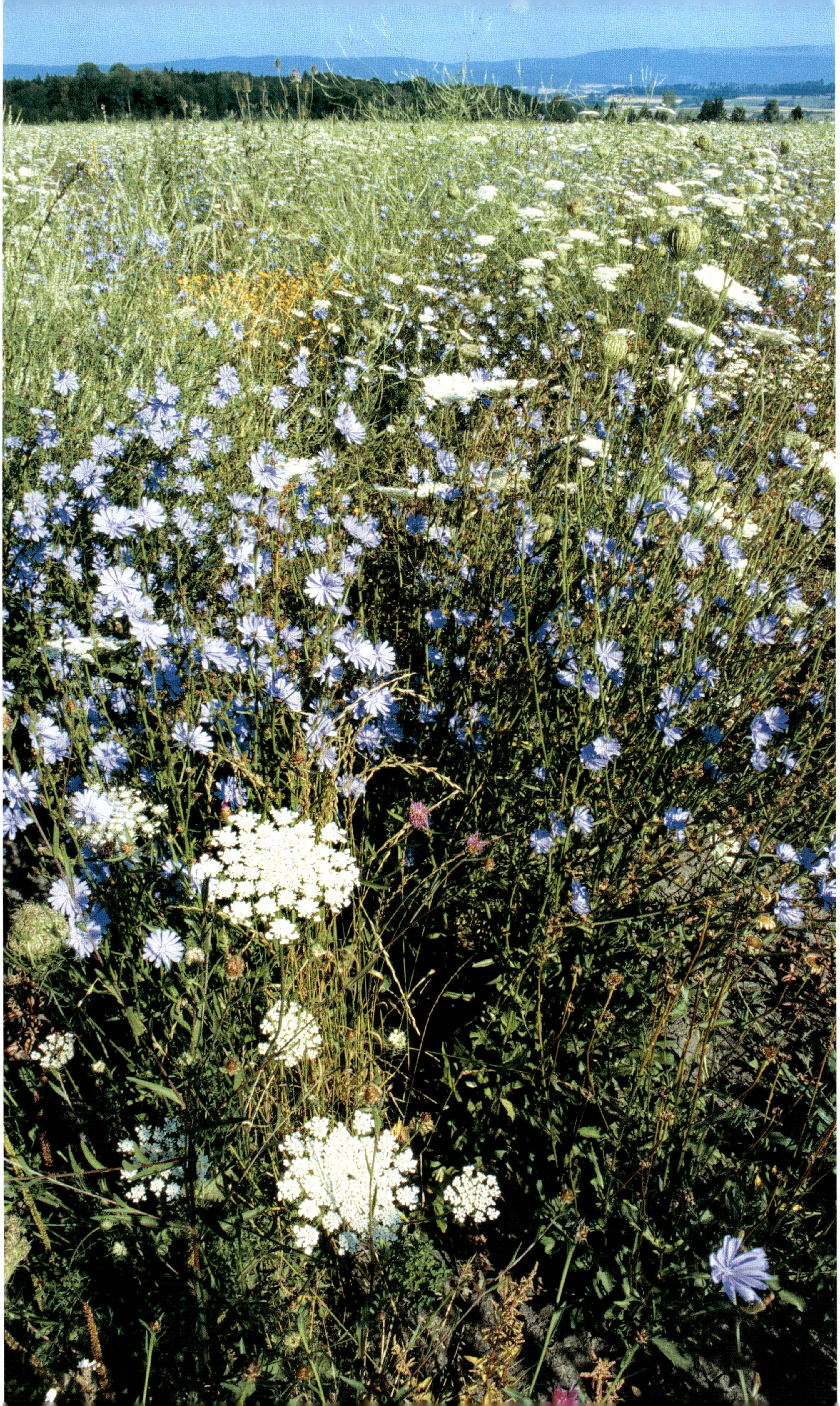

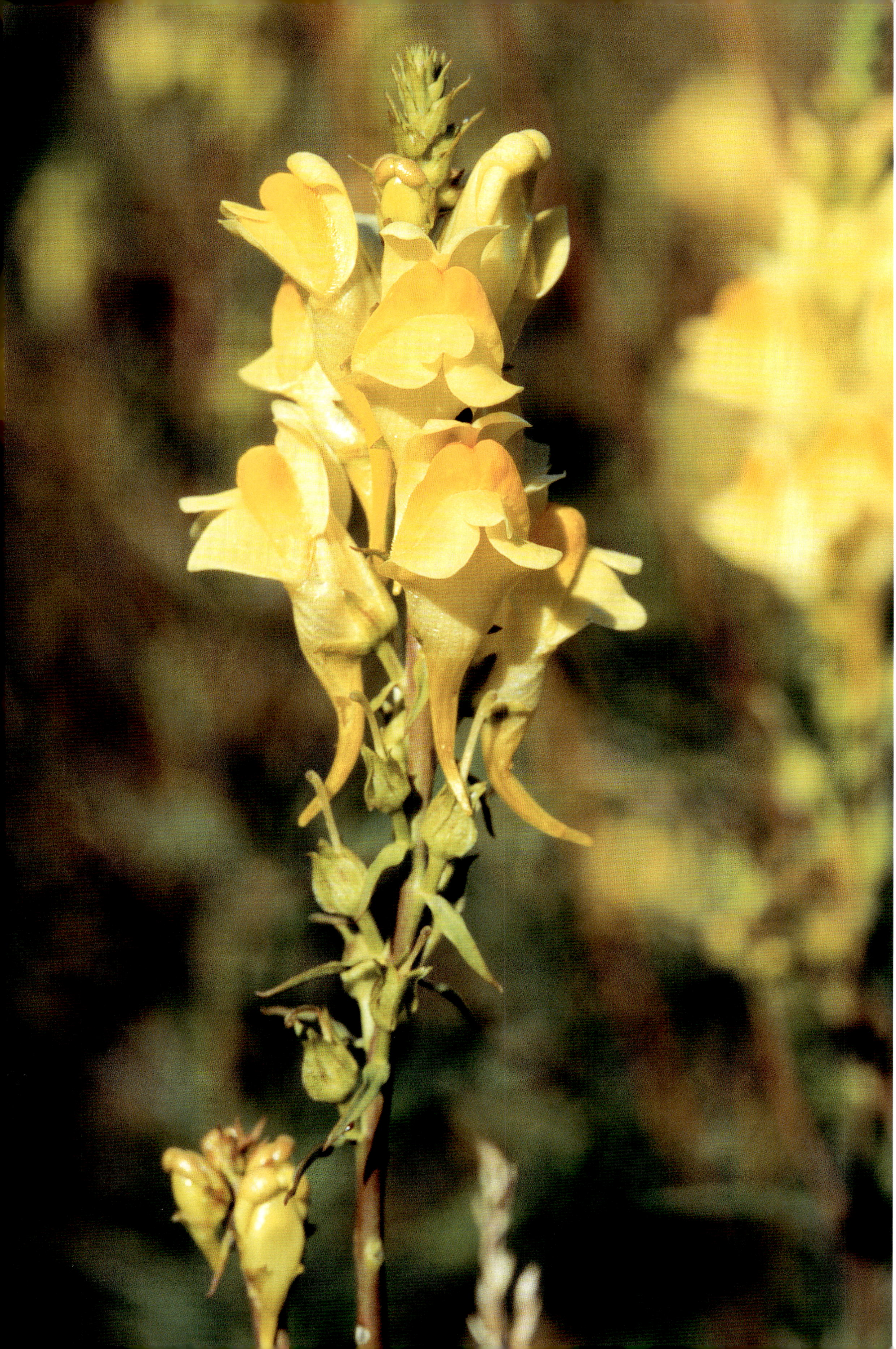

le **Seeland**_rencontres au fil de l'eau

page 182 **Linaire commune.**
Géranium des prés.
Sauge des prés.
Lychnis fleur de coucou.

La terre au service de l'homme

Les champs, les cultures maraîchères et les jardins familiaux sont régulièrement labourés et ne permettent pas le développement de plantes vivaces. Le caractère annuel des plantes est important et marque l'évolution d'un sol nu jusqu'à une végétation dense en fin de saison de culture. L'aspect du milieu dépend largement de la plante cultivée et de la date du semis. La flore accompagnatrice naturelle des cultures est communément classée sous le terme de « mauvaise herbe » et contribue largement à la diversification de la structure monotone du milieu. C'est cette flore adventice qui permet aux rares espèces animales de survivre dans cet espace artificiel hostile. Les quelques haies, bosquets et milieux humides jouxtant les cultures offrent un refuge aux espèces animales et végétales menacées.

le **Seeland**_rencontres au fil de l'eau 185

Héron cendré, fréquent sur les champs fauchés où il chasse les souris.
Pie-grièche écorcheur femelle avec sa proie.
Moineau friquet.
Faucon crécerelle femelle au repos sur un poteau.
Alouette des champs.

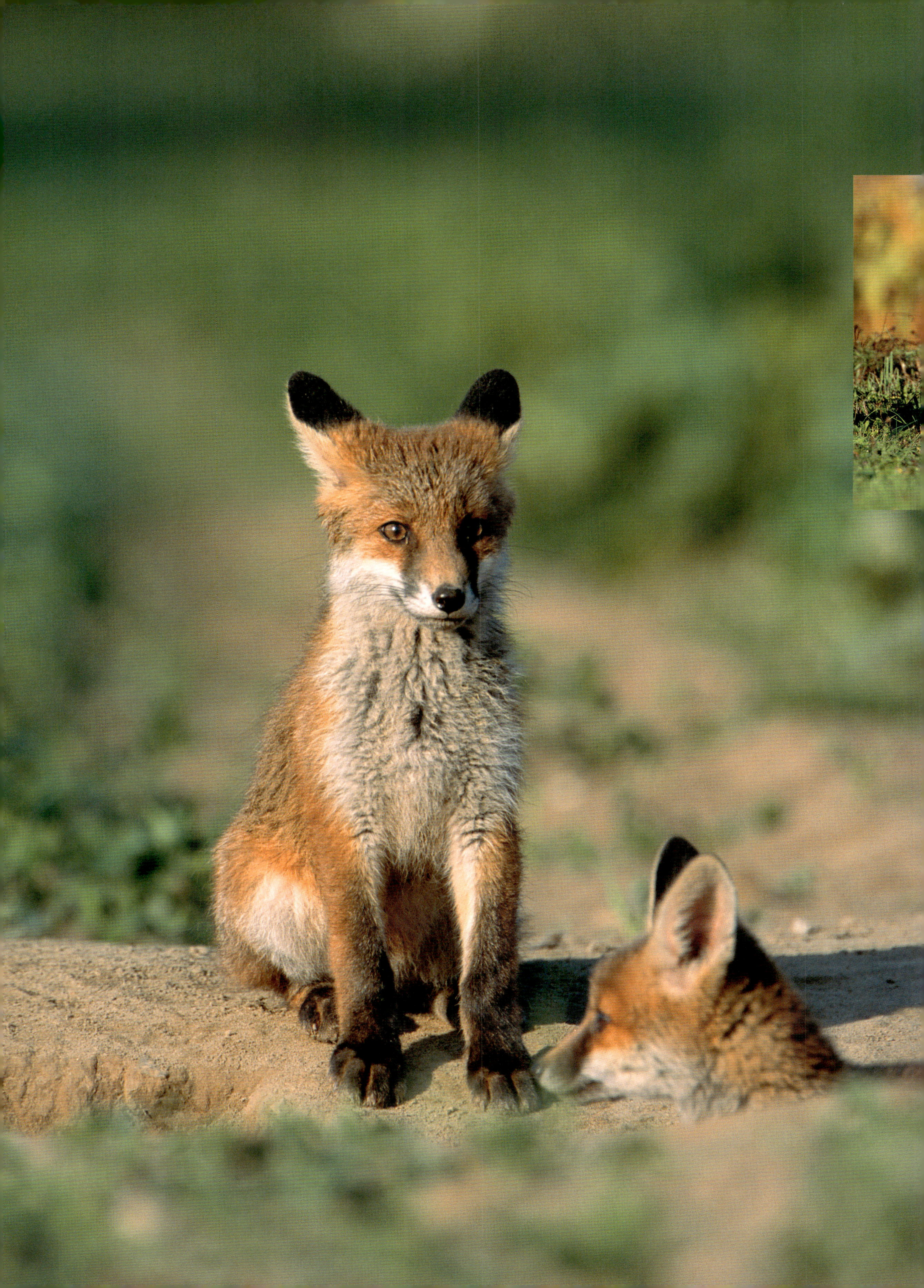

Renard commun

C'est une espèce carnivore très polyvalente répandue en Eurasie, en Amérique du Nord, en Afrique du Nord et même en Australie. Il mesure 70 à 80 centimètres de long, sans compter une queue d'environ 40 centimètres, pour un poids variant entre 6 et 12 kilos.

Son pelage est en général roux. Il habite principalement dans des terriers creusés par les blaireaux ou les lapins. Il est omnivore, mais se nourrit essentiellement de rongeurs (campagnols), de lièvres, de poissons, d'amphibiens, de fruits et de charognes. Il cache le surplus de ses prises en les enterrant.

L'empreinte d'un renard laisse apparaître seulement quatre des cinq doigts dont il est pourvu aux pattes avant (présence d'un ergot). Quand il marche, le renard pose ses pattes arrière dans les traces de ses pattes avant, formant ainsi une ligne continue. Il peut courir à 50 km/h.

On sait que les renards peuvent vivre en groupes sociaux dirigés par un couple dominant. La taille du territoire dépend des ressources et de l'habitat.

Sur chaque territoire appartenant à un mâle vivent plusieurs femelles, la plupart du temps en groupe de trois ou quatre individus. Elles ne vivent pas réellement ensemble mais sont en contact permanent. La communication n'est pas seulement olfactive mais aussi vocale. Le long glapissement est plus fréquent chez la femelle, mais le renard peut également aboyer. Sexuellement mature vers dix mois, la femelle n'est féconde qu'une fois par an pendant trois jours. L'hiver est la période du rut. Le mâle dominant porte alors une grande attention à sa partenaire. Il assure une sorte de protection rapprochée, car il n'est pas question de s'occuper des rejetons d'un autre. Il est vrai que le mâle s'investit beaucoup pour nourrir sa femelle et les petits. Après une gestation d'environ cinquante-deux jours, la mère met au monde quatre ou six renardeaux restant aveugles pendant douze jours. A un mois environ, les jeunes sortent de leur abri avec prudence. C'est à trois mois que leur vie d'adulte commence.

Son principal prédateur est l'homme, qui le chasse pour sa fourrure, pour le plaisir ou pour endiguer la rage, dont le renard est un vecteur important. Une campagne de vaccination antirabique permit rapidement d'éradiquer la rage d'Europe de l'Ouest. Le lynx est un prédateur naturel du petit canidé.

Pavot coquelicot.

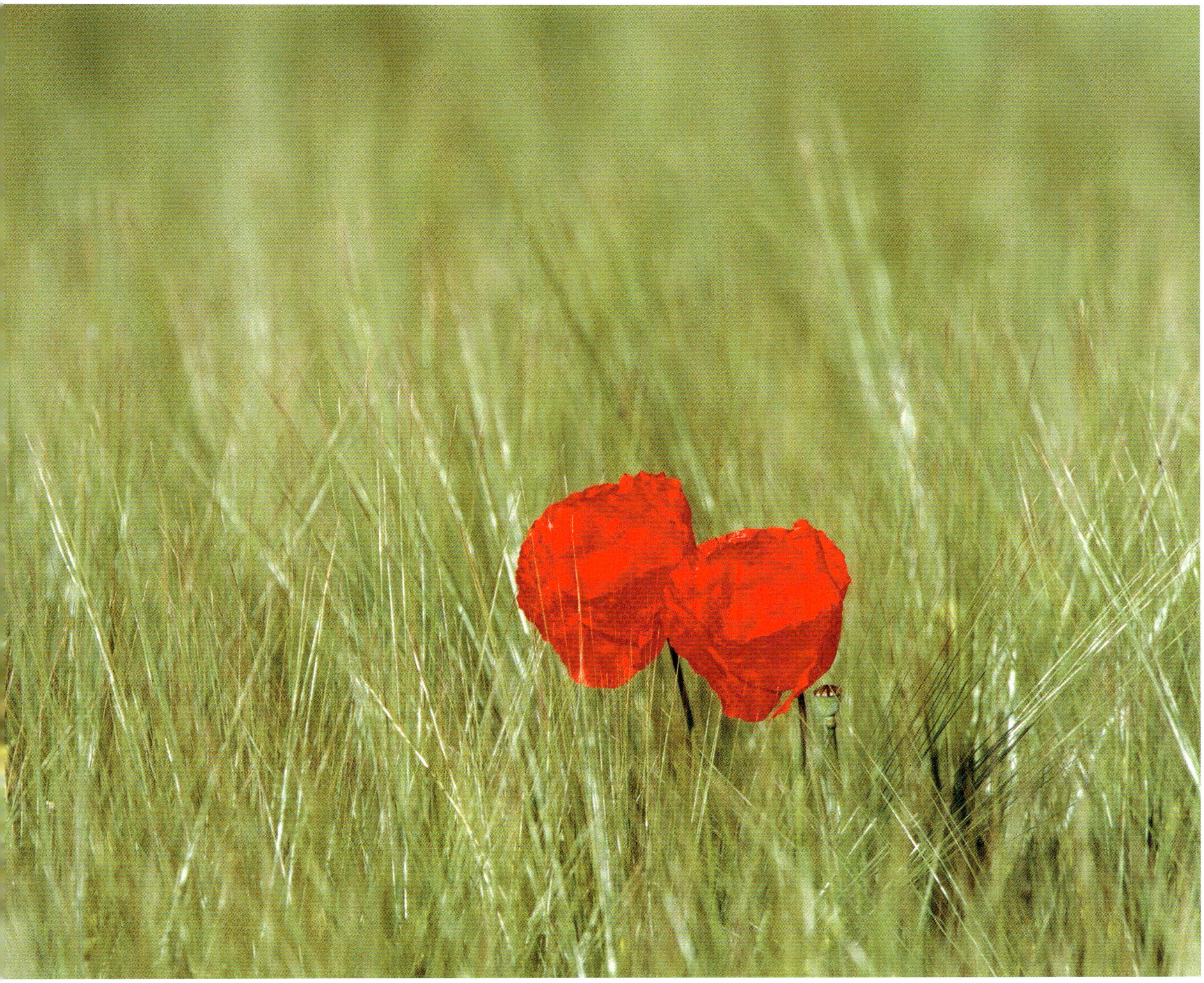

Ombres et lumières

Depuis le début du XXᵉ siècle, la forêt recouvre un quart de la surface du sol helvétique et est protégée par la loi fédérale sur les forêts de 1902. La majeure partie est exploitée et ne correspond plus, par sa composition en essences et sa structure d'âge, à une forêt primaire. Les sylves proches de l'état naturel ne représentent plus que 13,8% de la surface actuelle, soit 40 000 hectares. La hêtraie constitue le noyau des forêts du Plateau suisse. Sa structure dépend très fortement de son mode d'exploitation. Nous constatons aujourd'hui une prépondérance artificielle de résineux favorisés pour leur croissance rapide et leur rentabilité sylvicole. Le déséquilibre des essences, les plantations en monoculture et les moyens industriels d'exploitation forestière ont conduit à une paupérisation de la faune et de la flore forestière du Moyen Pays.

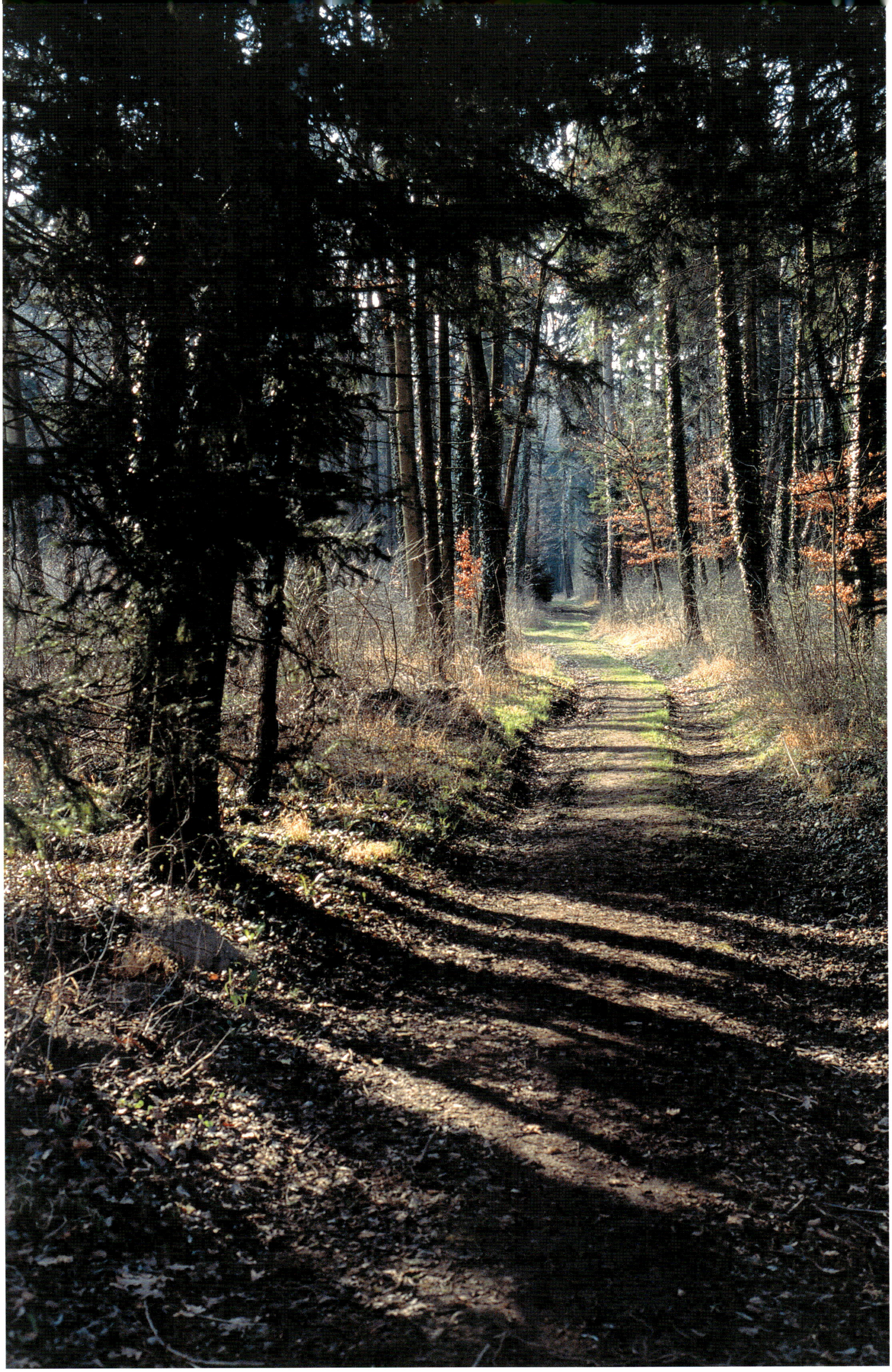

La parisette à quatre feuilles.

L'ourlet herbacé et le manteau buissonnant d'une lisière de forêt offrent des refuges privilégiés à d'innombrables arthropodes, oiseaux, reptiles et petits mammifères. Les pratiques sylvicoles et agricoles modernes engendrent cependant l'élimination des lisières bien structurées, et seuls 38% des marges forestières du Moyen Pays peuvent être considérées encore comme proches de l'état naturel. Nous parlons pour le Seeland d'une hêtraie de basse altitude avec formation de tapis d'ail d'ours dans les sous-bois humides au printemps. La flore est assez diversifiée mais ne comprend que des espèces communes comme l'anémone des bois, la ficaire, le gaillet odorant ou la parisette à quatre feuilles par exemple.

Eranthe d'hiver.
Ail des ours.
Anémone des bois.
La flore printanière se hâte de fleurir avant l'apparition des feuilles des arbres la privant rapidement de l'ensoleillement.

Sangliers. Ici, une laie avec ses marcassins.

le **Seeland**_rencontres au fil de l'eau   195

Ecureuil roux s'abreuvant.

Sittelle torchepot.
Pigeon ramier.
Verdier d'Europe.

Mésange nonnette.
Mésange charbonnière.
Pic épeiche.

Relique d'une forêt alluviale. L'influence de l'eau
diminue et la forêt vieillit.

le **Seeland**_rencontres au fil de l'eau

Majestueux milan noir. Ce splendide rapace rejoint
la plaine seelandaise avec l'arrivée du printemps.

le **Seeland**_rencontres au fil de l'eau

le **Seeland**_rencontres au fil de l'eau

Aridité

Les sites dits « séchards » se formèrent sur les flancs des collines et des montagnes exposés au sud. La richesse floristique de cet écosystème à l'état naturel est considérable avec jusqu'à 60 espèces de plantes vasculaires sur 100 m^2 et la présence de nombreuses orchidées et liliacées fournissant un milieu vital à divers animaux menacés. Les coteaux viticoles avec leurs vieux murs présentent souvent un milieu de remplacement pour cette faune et flore spécialisées.

Escargot de Bourgogne.

Lézard des murailles.

Vipère aspic.

L'adaptation parfaite de la joubarbe aux milieux secs lui permet de survivre sur des rochers, voire même sur des toits de maisons.

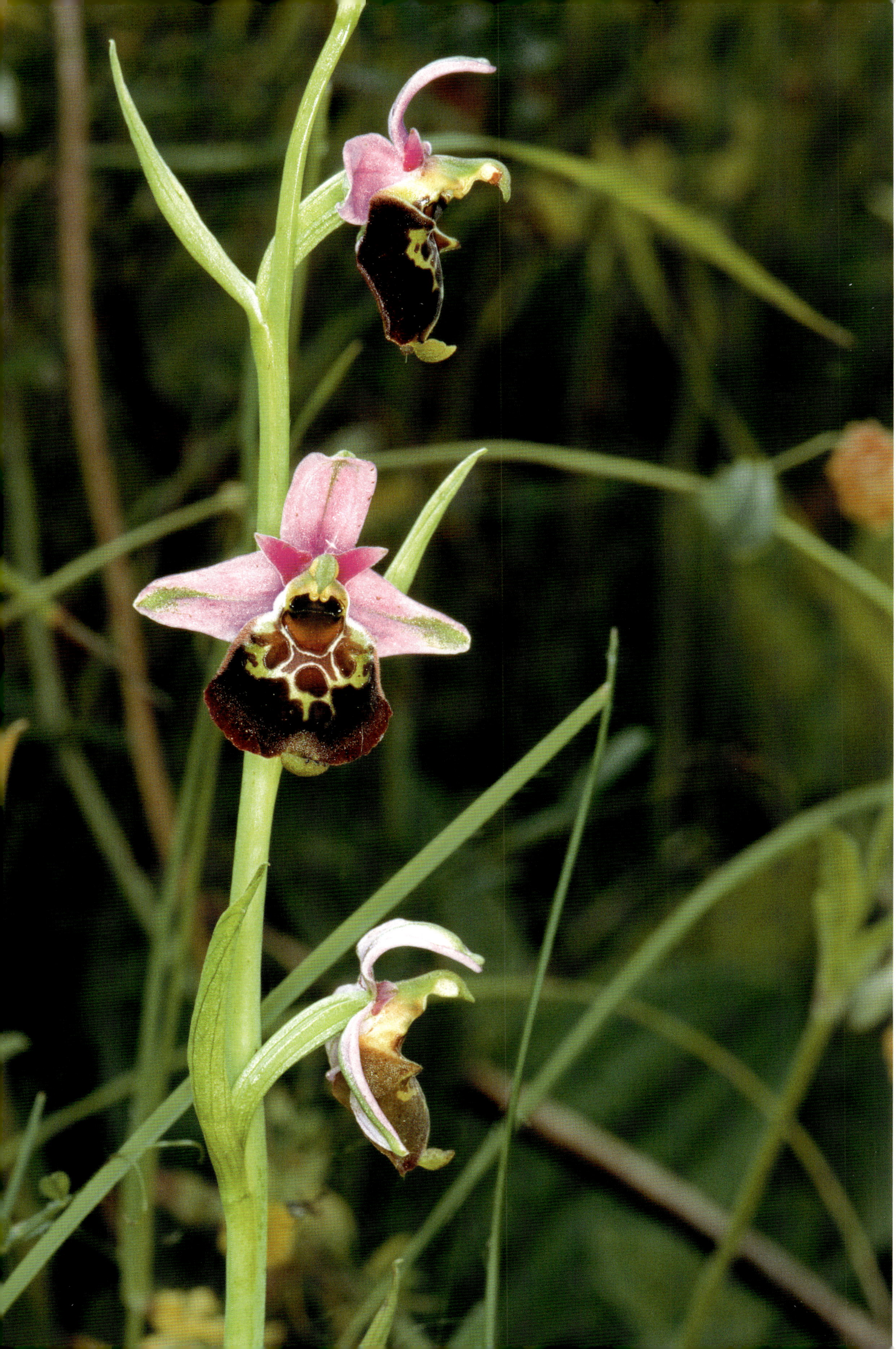

le **Seeland**_rencontres au fil de l'eau

page 204 **Ophrys bourdon.**
Anthéricum à fleur de lis.
Mélampyre des champs.

Les fruits de la nature

La vigne

Peu connus en dehors de notre région, les vins du lac de Bienne, d'ailleurs protégés par une appellation d'origine contrôlée (AOC), mériteraient beaucoup plus d'attention et de curiosité. Le vignoble situé sur le flanc sud du Jura, face au soleil, offre une grande diversité de cépages qui savent satisfaire les palais les plus exigeants.

C'est grâce à une tradition ancestrale, à beaucoup d'amour et de patience que les vins locaux atteignent aujourd'hui des résultats tout à fait dignes d'intérêt.

La vigne y fut introduite par les Romains il y a quelque deux mille ans. L'influence de la viticulture romaine est manifeste partout en Suisse. Lorsque les envahisseurs venus du sud s'y installent, ils amènent avec eux leurs habitudes alimentaires, ainsi que leurs connaissances de la culture de la vigne. Des noms d'origine latine qui attestent de cette influence, par exemple pour d'anciennes variétés valaisannes comme l'Amigne, l'Arvine ou l'Humagne, ou encore dans des noms plus communs comme vin *(vinum)* ou moût *(mustum)*...

L'histoire de la vigne prend une tournure différente dès le Moyen Age. Le développement du christianisme donne au vin un rôle nouveau, celui d'être avec le pain un élément fondamental de la pratique religieuse. L'église, les couvents et les abbayes deviennent ainsi des lieux privilégiés du développement de la viticulture et des techniques vitivinicoles. A titre d'exemple, on peut signaler quelques cas où l'on retrouve cette mainmise du clergé sur la production locale : à cette époque, les moines du couvent de Bellelay produisent du vin ; dans la région de Vigneules (Vingelz), la production de vin est destinée aux couvents de Gottstatt, à Orpond, et de Saint-Urbain (St. Urban), à Pfaffnau, dans le canton de Lucerne. Cependant, une petite partie des vignes est aussi la propriété des seigneurs du lieu. Dès le XVIe siècle, la Réforme se répand dans nos contrées, ce qui contraint les couvents à mettre la clé sous le paillasson. Les vignobles passent alors aux mains de l'Etat et des riches patriciens de Berne et de Bienne. Aujourd'hui encore, certains domaines vinicoles leur appartiennent, comme celui de la Cave de Berne, à La Neuveville, ou encore ceux de la commune de Cerlier ou de Bienne. Petit à petit, cependant, ces grands domaines sont morcelés et cultivés par des vignerons locaux. Si les propriétaires changent, ceux qui cultivent la vigne restent les mêmes, ce qui permet à un savoir-faire ancestral de se transmettre de génération en génération.

Chasselas.

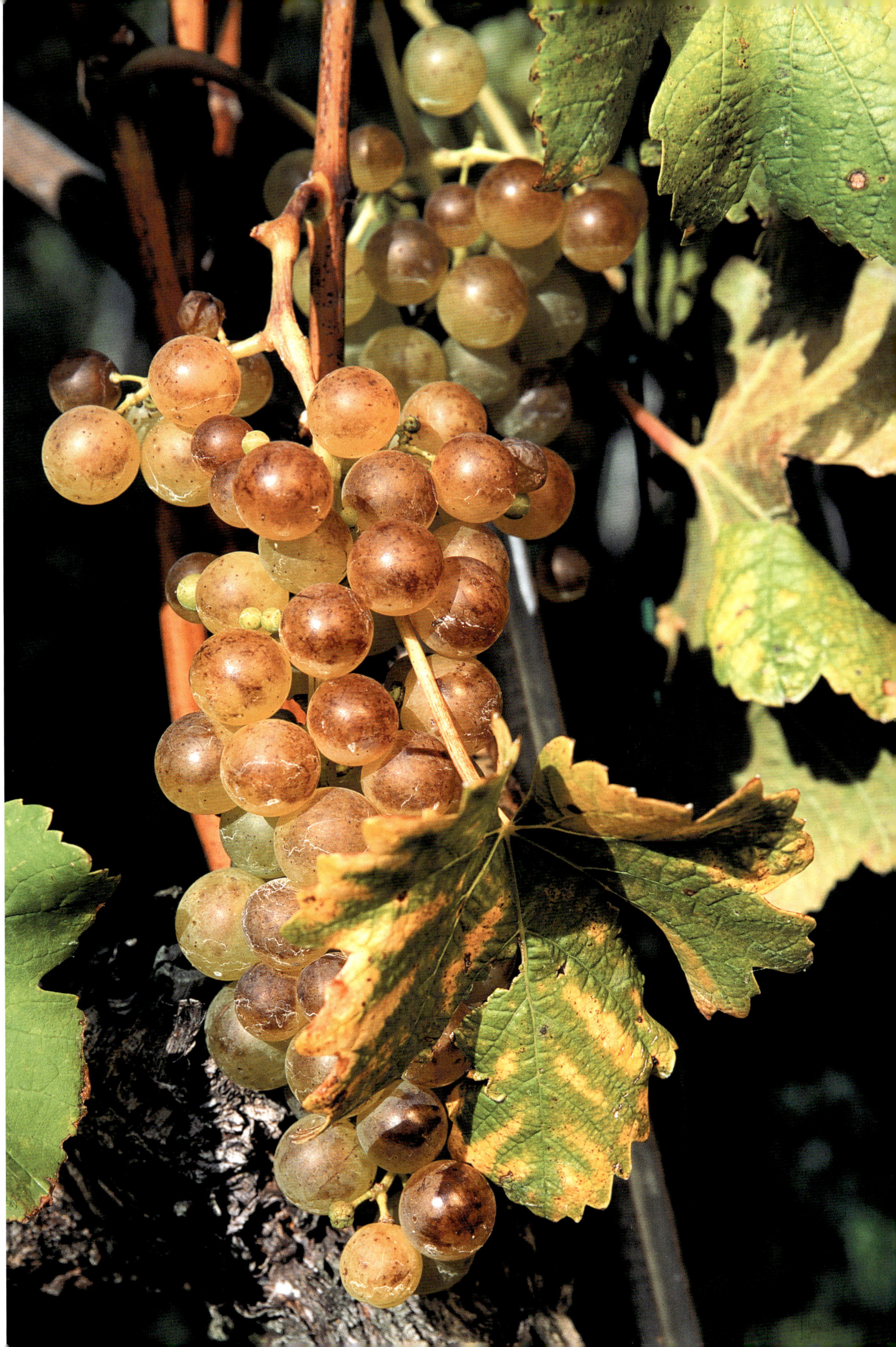

La région viticole autour du lac de Bienne s'étend sur plusieurs communes depuis le Jolimont jusqu'à Bienne, île Saint-Pierre incluse. Elle comprend un nombre important de domaines, une bonne septantaine en tout, situés dans différents bourgs comme La Neuveville, Gléresse, Douanne ou Daucher (Tüscherz), mais aussi dans des hameaux comme Chavannes (hameau de La Neuveville), plus connu sous sa dénomination allemande de Schafis. Avec environ 85 hectares, la commune de La Neuveville est la plus grande commune viticole du canton de Berne.

Dans les coteaux de Douanne en automne, filet de protection sur les ceps; l'île Saint-Pierre en arrière-plan.

le **Seeland**_rencontres au fil de l'eau

Coteau entre Chavannes et La Neuveville.
Village de Douanne en automne.
Cep en hiver.
pages 210 et 211 **Eglise de Gléresse.**

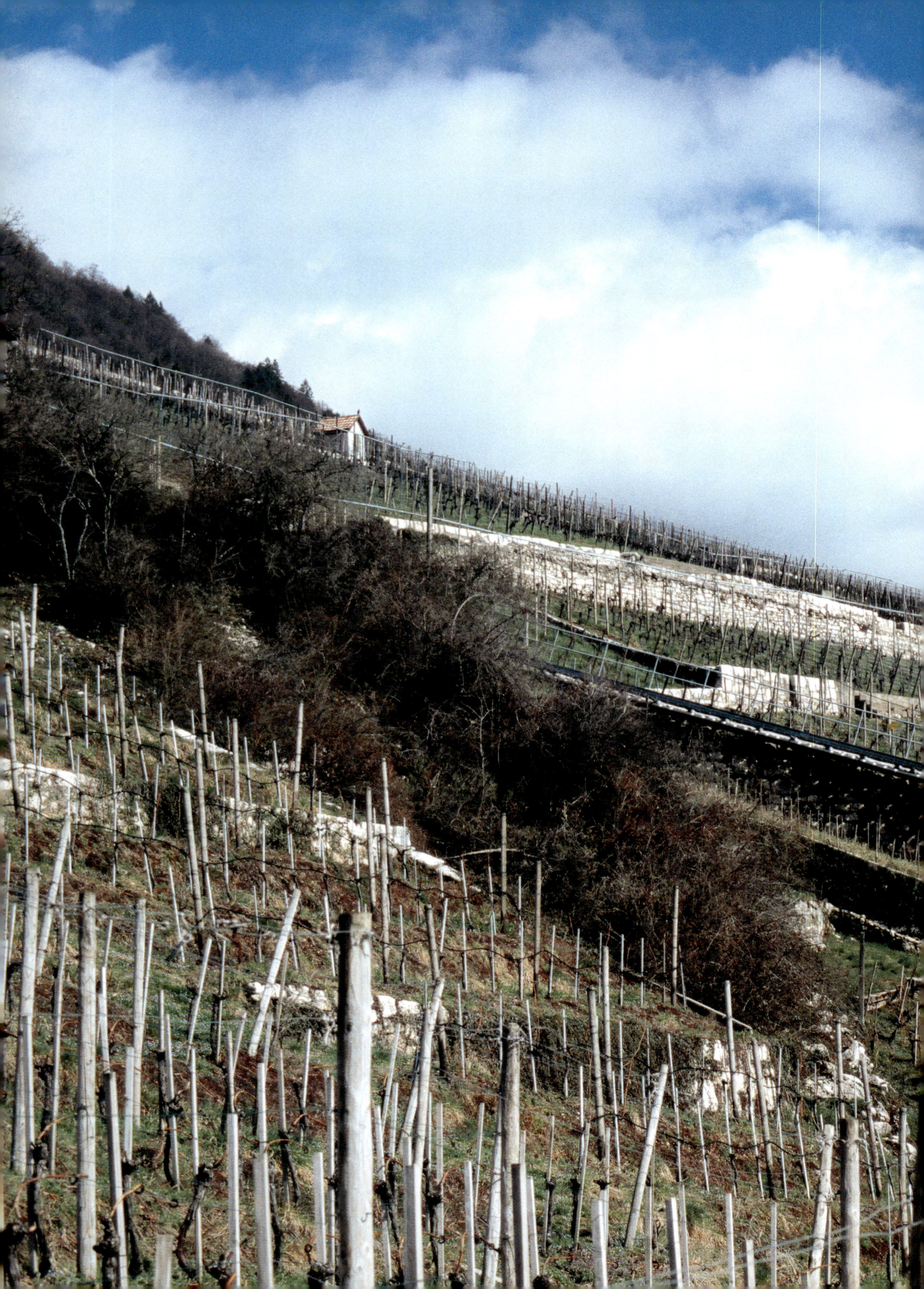

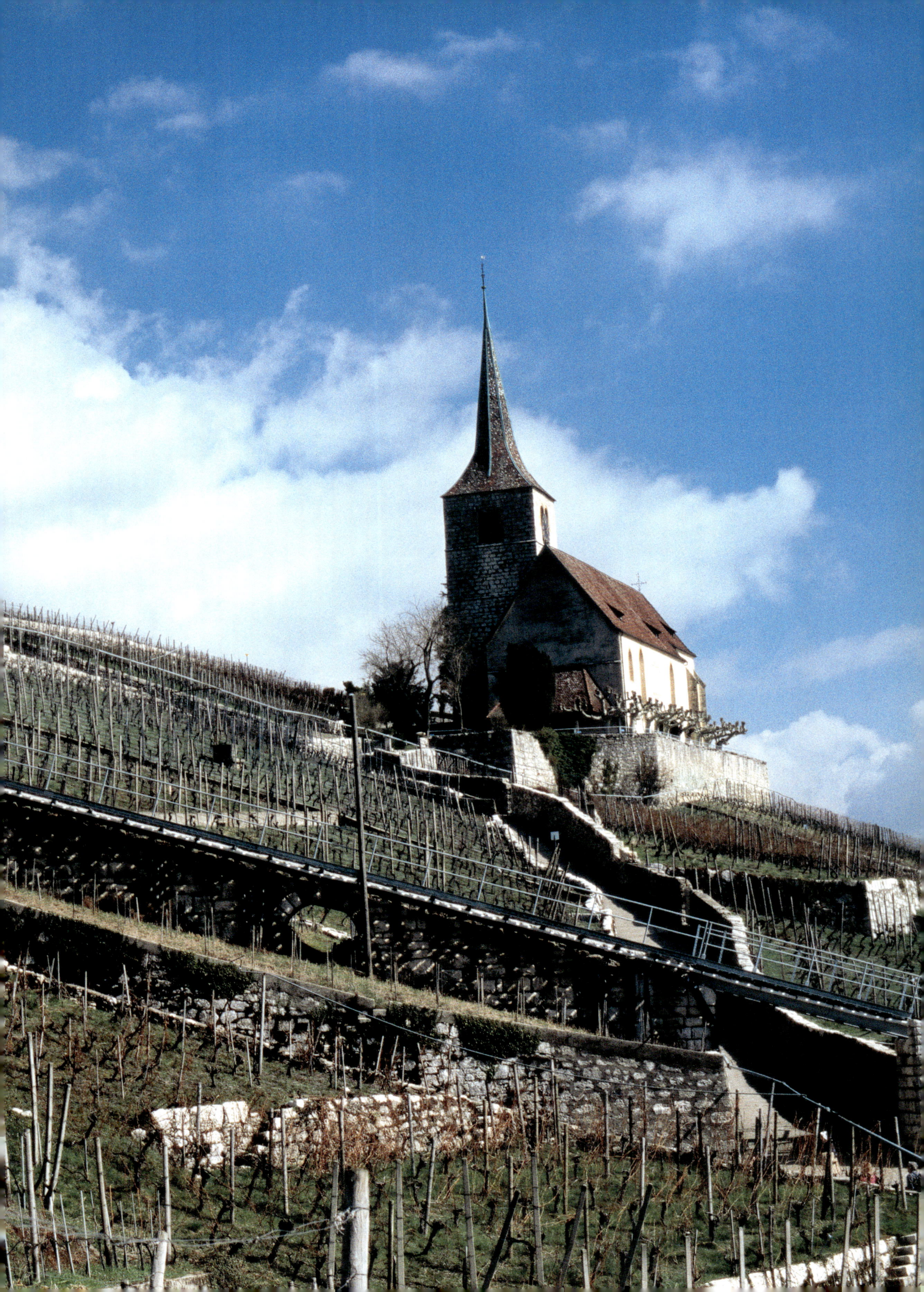

Au XIXe siècle, l'apparition de parasites tels que l'oïdium, le mildiou (champignons) et surtout le phylloxéra (insecte), échappés des Etats-Unis, portent de cruelles atteintes à la vigne. Ces catastrophes successives entraînent une transformation importante des techniques viticoles. Pour lutter contre le phylloxéra, le vigneron procède au greffage de la vigne sur des racines de vignes américaines résistant à cet insecte. Le mildiou est combattu par la bouillie bordelaise, mélange de chaux et de sulfate de cuivre. Quant à l'oïdium, c'est le soufrage qui en vient à bout. Aujourd'hui encore, nos vignes sont menacées par ces parasites, mais aussi par d'autres (le rougeot, la pourriture grise ou encore par l'acariose et autres vers de la grappe), sans oublier bien sûr les dégâts engendrés par la grêle, le gel ou la sécheresse ainsi que par les oiseaux, véritables fléaux pour le vigneron. En réalité, la vigne est une culture excessivement sensible qui ne peut pas se développer et résister sans traitements.

Cep au printemps.

le **Seeland**_rencontres au fil de l'eau 213

Traitement de la vigne à l'atomiseur à dos.
Traitement de la vigne avec l'hélicoptère.
Un vigneron cisaille le haut des rameaux.

On compte une trentaine de cépages cultivés localement, dont les plus importants sont le chasselas, le pinot noir, avec actuellement respectivement 48% et 40%, le chardonnay, le pinot gris, le sauvignon blanc, ou encore le riesling-sylvaner. La région voit aussi mûrir quelques raretés comme des gewürztraminer, syrah, freisamer, muscat et autres…

Le chasselas passe pour être le plus vieux cépage cultivé du monde. On trouve sa trace en Egypte il y a cinq mille ans déjà. Il convient particulièrement à notre région, car il préfère les climats tempérés ainsi qu'un sol calcaire. Il est devenu l'emblème de la production locale. C'est avant tout un vin d'apéritif, mais qui convient aussi à l'accompagnement de poissons et de fromages.

Le pinot noir nous arrive de Bourgogne. Il a besoin d'une exposition bien ensoleillée et de sols suffisamment légers, car il est sensible à la pourriture. C'est un cépage rouge qui permet aussi la vinification d'un vin rosé, après un court cuvage, qui répond à l'appellation Œil-de-Perdrix. Le pinot noir produit un jus blanc. C'est en fait sa pellicule qui lui confère sa couleur rouge.

Pinot gris.

Le chardonnay, originaire de Bourgogne, fut introduit sur nos coteaux il y a quelque vingt-cinq ans.
Le pinot gris est en fait une mutation du pinot noir et par conséquent, à part sa couleur, assez similaire. Il produit des vins blancs corsés et généreux.
Le sauvignon blanc est issu de la vallée de la Loire et du Bordelais. Il vient d'être introduit sur nos terrasses et il montre déjà de belles dispositions. Son arôme caractéristique est celui du cassis et de la fleur de sureau.
Le sylvaner est un cépage qu'on cultive depuis longtemps sous nos latitudes. Il est légèrement plus tardif que le chasselas et doit donc être cultivé sur des parchets plus exposés.

Chasselas.
Pinot noir.

La diversité de la vigne se comprend peut-être le mieux à travers les saisons et les travaux qui jalonnent la vie quotidienne des vignerons. La présence de lacs dans la région permet un adoucissement du climat et les terrains en pente garantissent un ensoleillement maximal. Quant au sol, très calcaire, il ne permet pas un rendement très élevé, comme celui d'un sol lourd et argileux, mais donne par contre des vins très fruités, frais, pétillants et élégants. Au printemps, alors que le renouveau de la nature pare la région de vives couleurs, le vigneron monte à sa vigne pour planter les piquets et tendre les fils de fer dans les plantations de deux ans. Au moment où apparaissent les premières jeunes feuilles, il ébourgeonne délicatement les ceps, élimine les pousses superflues et passe les rameaux dans les fils de fer. C'est aussi à cette période-là de l'année qu'il bêche un rang de vigne sur deux, afin d'oxygéner le sol, ou qu'il plante de jeunes ceps. Mais on ne chôme pas non plus en cave ; le viticulteur prépare la mise en bouteilles de la dernière pressée.
Dès que les journées deviennent chaudes, en juin, le vigneron procède aux traitements antimildiou et anti-oïdium. Il fauche aussi l'herbe entre les rangs de vigne, qui contribue à la multiplication des insectes prédateurs telles certaines araignées qui aident à combattre

Ceps au printemps.
Sortie des feuilles et apparition des grappes rudimentaires.
Floraison de la vigne au mois de juin.
Johannes Louis, de Chavannes, analyse les degrés Oechslé à l'aide du réfractomètre.

Markus Badertscher pendant les vendanges.

Les vendanges, une affaire de famille chez les Andrey, de Chavannes (Arielle Andrey).

Un vigneron enlève les filets de protection à la fin des vendanges.

Feuilles de vigne en automne.

les parasites de façon naturelle. Le vigneron cisaille aussi les bouts de rameaux en haut des fils (rognage, écimage) et effeuille la zone des grappes, afin que le raisin puisse obtenir un ensoleillement maximal. La floraison n'a lieu qu'en juin. Elle est donc beaucoup plus tardive que pour les arbres fruitiers et est quasi invisible. Une règle ancestrale, certes approximative, dit que cent jours après le début de la floraison commence la vendange. A partir d'août, il devient important de régulariser la future récolte en éliminant le raisin en surplus qui gâterait une bonne qualité en sucre, en arômes et en acidité.

A partir de septembre, la nature commence à se parer de mille couleurs automnales, alors que le raisin finit sa maturation. Il faut avant tout le protéger des oiseaux en couvrant la vigne de filets de protection. Au moyen d'un réfractomètre, le vigneron détermine la maturité du raisin en mesurant la teneur en sucre de la grappe. Cette valeur permet de définir la date des vendanges. Vers la fin du mois, en fonction des conditions climatiques de l'année écoulée, on commence les vendanges pour les cépages précoces, alors que les spécialités comme le syrah ou le riesling arriveront à maturité plus tardivement. C'est une période de pleine effervescence sur nos coteaux et dans nos caves.

le **Seeland**_rencontres au fil de l'eau

Les pressoirs tournent alors à plein rendement. L'odeur si particulière de la fermentation emplit nos narines.

Une fois la vendange terminée, le vin nouveau est transvasé et soutiré des lies. Il est placé soit dans des cuves de métal, soit dans des fûts de chêne ou dans des barriques.

Dans notre région, le rendement se situe en moyenne entre 0,5 et 1 kilo de raisin par mètre carré. Il faut grosso modo 1 kilo de raisin pour une bouteille de 7 décilitres.

Le rouge est pratiquement exclusivement du pinot noir. Dans une première phase, le vigneron l'égrappe et le foule, puis il ajoute des levures à cette vendange foulée afin d'induire la fermentation alcoolique. Vient ensuite la phase de macération, dont le but est d'extraire la couleur, le tanin et les arômes. Pour ce faire, on pompe le jus depuis le bas de la cuve et on arrose le chapeau de marc qui flotte sur le jus. Cette opération se répète deux à trois fois par jour, cela durant toute la fermentation qui prend entre cinq

Un des derniers pressoirs à main chez Kurt Roman.

Filtre.

Mise en bouteilles.

Fûts de chêne dans la cave du Schlössli, à Chavannes.

pages 220 et 221 **Chavannes**.

et dix jours. Puis suivent le pressurage et le transfert du vin dans des fûts ou des cuves. Après le processus de maturation, le vin est filtré puis mis en bouteilles.

Le rosé est vinifié à partir de raisin rouge qui n'est cuvé que pendant une période très courte d'environ six à douze heures afin de n'extraire qu'une petite partie de la couleur. Un petit pourcentage de la production n'est pas vinifié, mais transformé en jus de raisin. Quant aux produits dérivés, on les distille pour fabriquer l'eau-de-vie de lie, issue du dépôt de levure qui se forme au fond du tonneau après la fermentation alcoolique, ou de marc – c'est tout ce qui reste dans le pressoir après le pressurage – ou encore de vin (cognac).

Puis l'hiver redonne un semblant de calme à nos coteaux. La vigne entre en sommeil. Pourtant, le vigneron, lui, s'active toujours. Il arrache les vieux ceps, laboure le sol et taille sa vigne et, dans sa cave, il soigne ses jeunes vins.

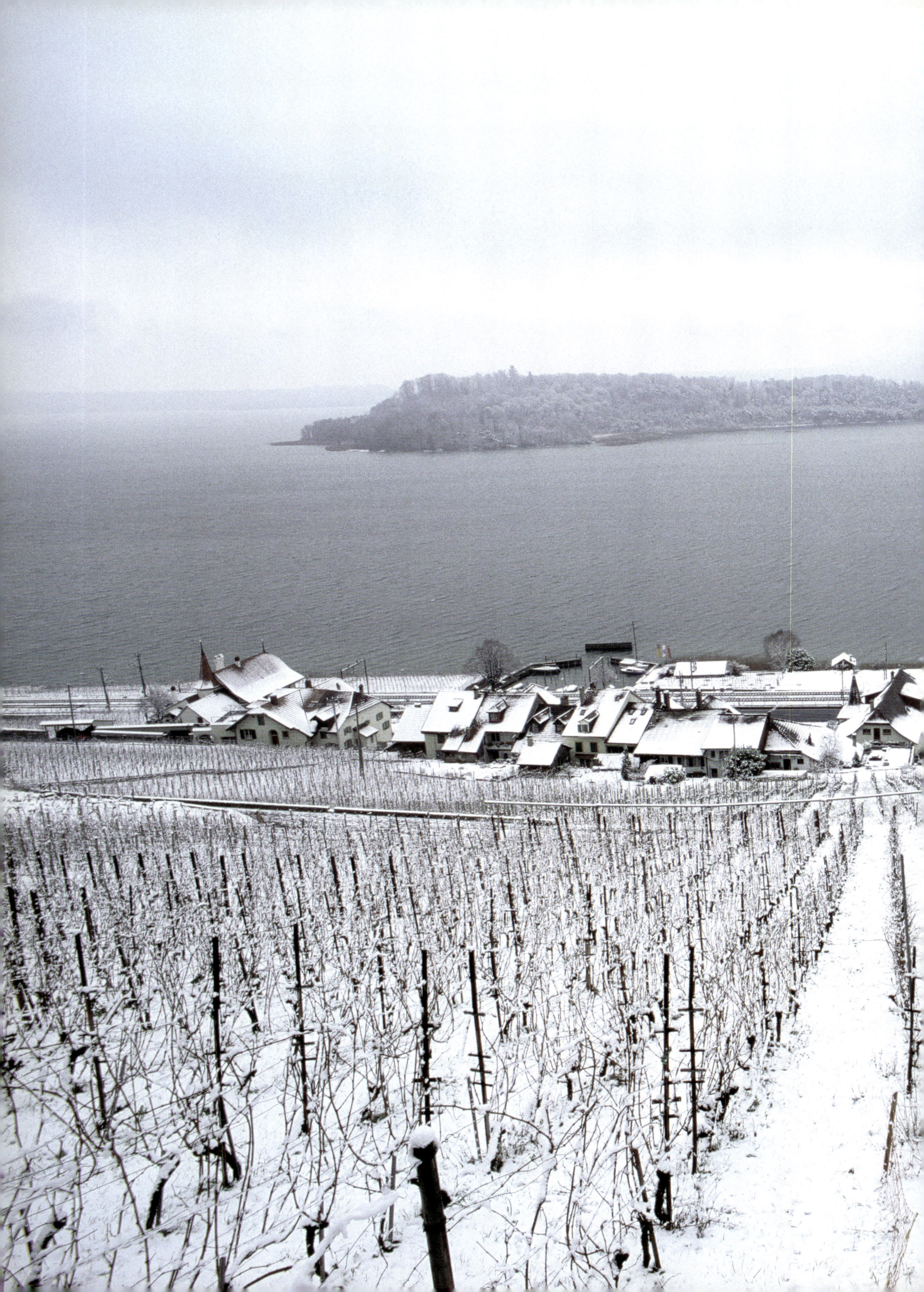

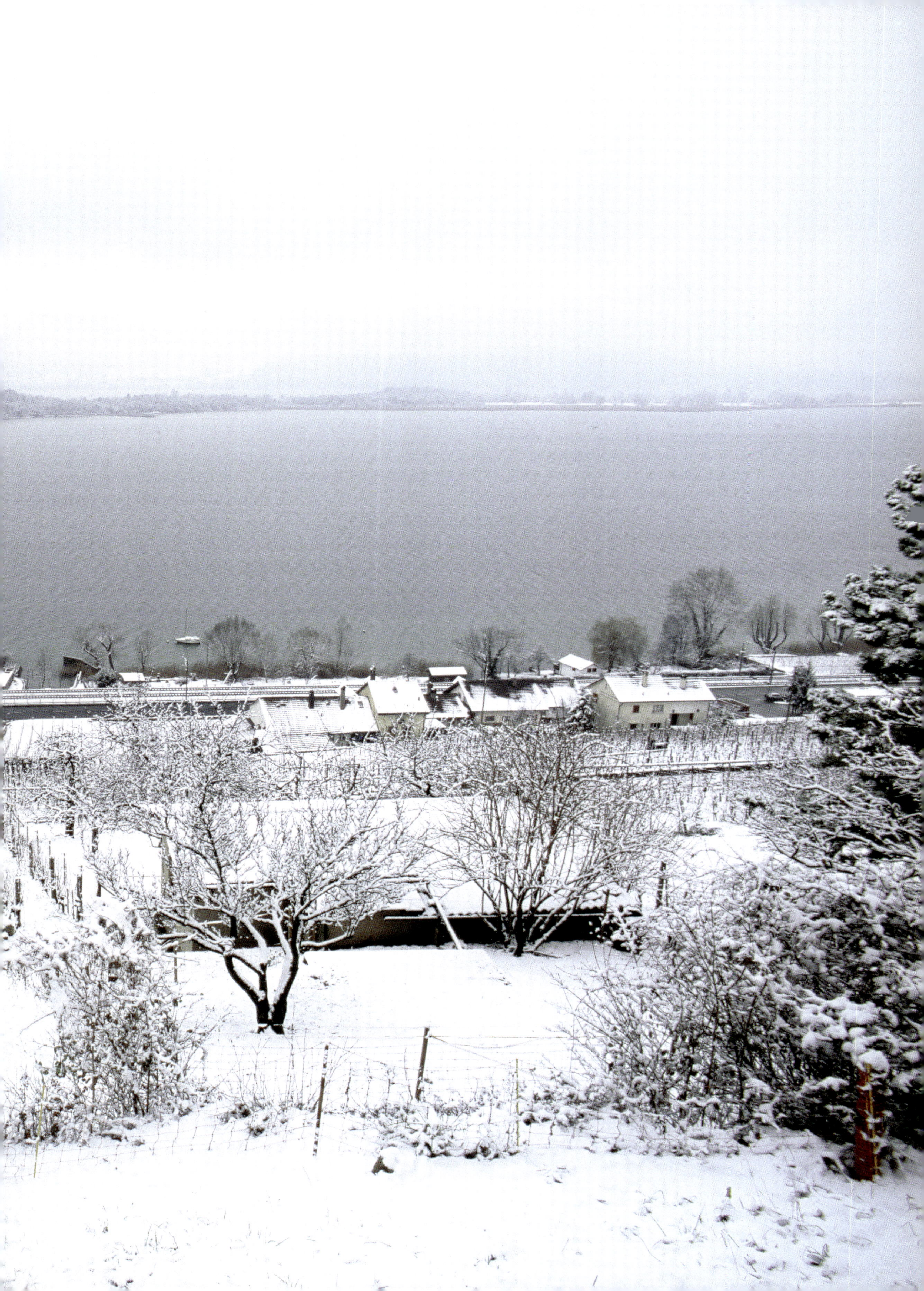

Qui dit vin dit aussi plaisirs de la dégustation, du partage et de la convivialité. Dans ce contexte, le vigneron sait célébrer son vin de la plus belle des manières, c'est-à-dire en lui dédiant des fêtes ou en le mariant, dans des carnotzets et autres caveaux, à la saucisse au marc, spécialité gustative de la région. Dès l'automne, de nombreuses fêtes vigneronnes et les « dimanches des vendanges » sont organisés le long des rives du lac pour le plus grand plaisir de toute la population locale. L'ouverture des feux commence avec la traditionnelle Fête du vin, le deuxième week-end de septembre, à La Neuveville. Puis à la fin de septembre et au début d'octobre, ce sont Gléresse et Cerlier qui convient les badauds à leur *Läsetsunntig* (dimanche de vendanges). En octobre, c'est au tour de Douanne de célébrer ses vignes, en particulier avec sa fameuse *Trüelete*.

Dégustation de vins à la Wyprob, à Chavannes, dans la cave de Heinz Teutsch (Schlössli).

Trüelete à Douanne.

Le duo Fürchterlich met de l'ambiance lors des fêtes viticoles.

Saucisses au marc sortant de l'alambic dans la cave de Heinz Teutsch.

Pour fêter l'arrivée d'un nouveau millésime, les vignerons organisent aussi des dégustations de vin au printemps, comme la Wyprob à Chavannes, où ils ouvrent leurs caves au public invité à venir déguster les nouveaux crus.

La fête peut encore prendre un caractère plus convivial, pendant les mois de janvier et de février, dans l'intimité d'un caveau, lorsque le vigneron vous invite à déguster une exclusivité régionale : la saucisse au marc, mijotée dans la vapeur de distillation du marc, accompagnée d'une salade de pommes de terre, d'un gratin ou simplement d'un morceau de pain, ainsi que d'un vin de la région et d'une eau-de-vie de marc. De quoi vous mettre l'eau à la bouche.

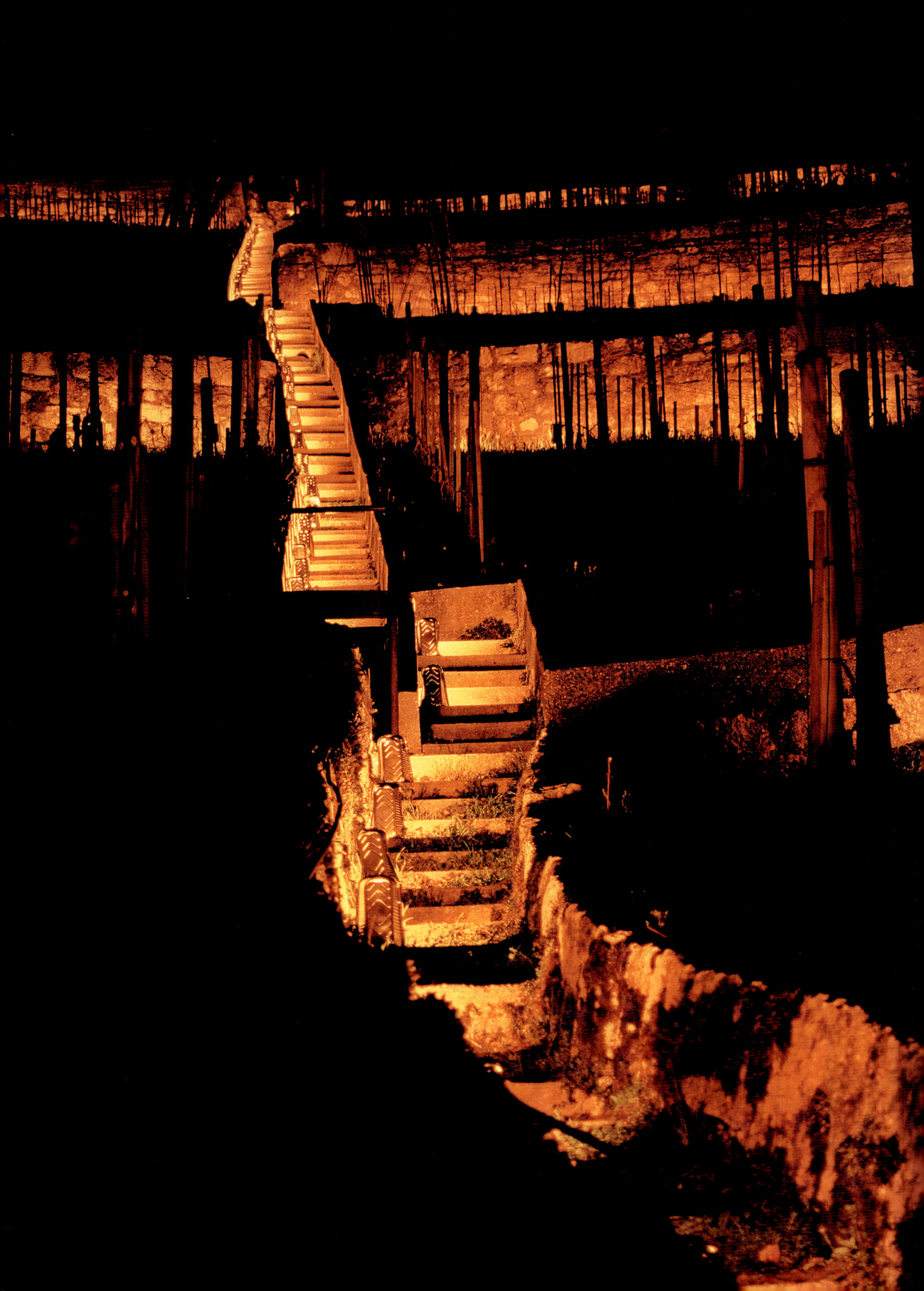

le **Seeland**_rencontres au fil de l'eau

Dans la nuit du 21 au 22 avril 2000,
40 000 personnes se sont promenées le long des
15 kilomètres séparant Vigneules de
La Neuveville à la lueur de 25 000 lanternes
artisanales. Un événement artistique unique
imaginé par Ulrich Studer et réalisé par
150 bénévoles. Un moment de magie intense
sur les sentiers viticoles du lac de Bienne.

La pêche professionnelle

Le lac de Bienne est considéré comme une étendue d'eau très poissonneuse, mais les espèces qui y vivent varièrent beaucoup au fil des millénaires, en particulier pour deux raisons majeures: la modification de leur base alimentaire et la correction des eaux du Jura. Le lac de Bienne produit environ 150 tonnes de poissons par année.

Anciennement, la quantité de nourriture dans le lac était plus pauvre, mais, paradoxalement, les espèces de poissons y étaient plus nombreuses. On y trouvait par exemple des saumons, des aloses et des lamproies de rivière aujourd'hui totalement disparus. Ces poissons avaient remonté le Rhin et ses affluents jusqu'aux lacs subjurassiens, mais les modifications morphologiques des cours d'eau, par exemple à travers l'aménagement de barrages infranchissables, furent responsables de la disparition de ces espèces. Par la suite, la nature de l'alimentation changea ; dès le milieu des années soixante, le lac se chargea de phosphate et d'azote, entraînant une modification de la faune aquatique qui diminua en espèces mais s'agrandit dans sa masse globale, c'est-à-dire en nombre effectif de poissons. D'un lac riche en cyprinidés (carpe, poissons blancs, brème, tanche…), il se transforma en un lac où dominent des salmonidés comme le corégone (bondelle, palée), des percidés (perches) et des ésocidés (le brochet). De nouvelles espèces firent leur

Aldo Solcà avec un brochet extrait de la nasse.

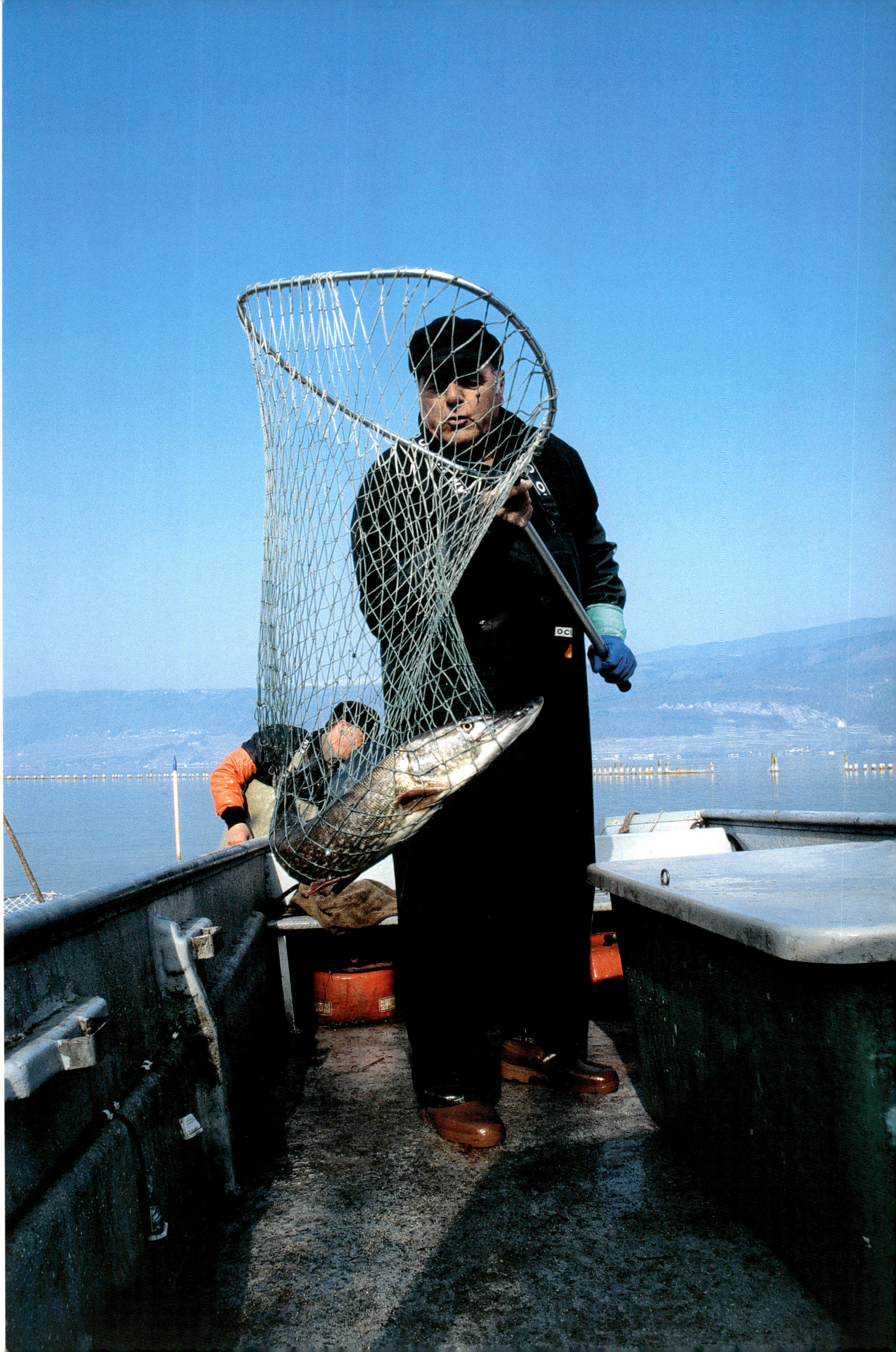

apparition, tel le sandre qui fut introduit dès 1880 dans le bassin du Rhin et qui, dans les années soixante, arrive par hasard dans le lac de Bienne suite aux débordements du lac de Schiffenen.

La correction des eaux du Jura eut pour effet un abaissement de la nappe phréatique ainsi qu'une régulation du niveau des trois lacs, évitant ainsi les inondations dans la région. Mais les frayères, lieux où les poissons se reproduisent, souffrirent des fortes variations du niveau des eaux, en particulier pour les espèces dont les zones de frai se situaient aux abords des rives et dans les roselières. Ce fut le cas par exemple pour le brochet ou la carpe. Selon les conditions météorologiques, les alevins se retrouvaient parfois à sec. Afin de compenser cette perturbation et pour maintenir une population suffisante, il fallut introduire des poissons à grande échelle dans nos lacs et nos rivières. D'autres éléments s'ajoutèrent à ceux existants et modifièrent la qualité de l'eau à travers les activités humaines. Quant aux prédateurs naturels comme le cormoran, ils ont une influence négligeable sur la diminution du poisson dans le lac. Par contre, ils engendrent d'importants dommages dans les filets des pêcheurs professionnels.

Autrefois, les pêcheurs étaient généralement des paysans ou des vignerons pratiquant la pêche au filet à côté de leur activité rurale. Il y avait également quelques restaurateurs qui attrapaient leurs propres poissons. Aujourd'hui, celui qui veut devenir pêcheur professionnel doit suivre un apprentissage de trois ans, dont environ quarante-deux semaines de formation théorique à Starnberg, en Allemagne, où l'apprenti acquiert des connaissances dans les domaines de la protection des eaux, de l'utilisation des engins de pêche, de la préparation du poisson, de la pisciculture et de la biologie piscicole. En ce

Pose d'une nasse par Christian Dubler, toujours à proximité de la roselière.

Beau sandre.

début de XXIᵉ siècle, il reste douze pêcheurs professionnels en activité sur les rives du lac de Bienne, contre quinze dans les années septante.

Aujourd'hui, le professionnel de la pêche travaille avec des filets ou des nasses. Jadis, il tissait son filet en coton, lourd, d'un entretien difficile et putrescible. Mais à partir de la Seconde Guerre mondiale, le nylon remplaça le coton.

Selon le type de poisson à pêcher, la profondeur à laquelle il se trouve, sa grandeur, la technique de capture varie beaucoup. Tous les filets sont signalés à la surface par des flotteurs bleus et blancs. Les pêcheurs professionnels du lac de Bienne pêchent grâce à deux types de filets : les filets de fond ou dormants qui coulent sous le poids du lest, qui reposent sur le fond du lac et qui sont maintenus dressés grâce à la poussée des flotteurs ; ou les filets de lève, appelés aussi dérivants ou flottants, qui vont au gré du courant sur quelques mètres mais qui sont amarrés au fond du lac. Ils sont maintenus à la surface par de petits flotteurs. La longueur est généralement de 100 mètres par filet et les pêcheurs ont la possibilité de la prolonger en plaçant plusieurs filets à la suite. Avec ces deux techniques de pêche, on capture généralement de la bondelle ou de la palée, de la perche, de la truite de lac ou encore de la lotte. Le filet est invisible sous l'eau pour le poisson, pour autant qu'il ne soit pas sali par des particules en suspension. La grandeur des mailles des filets détermine la sélection de la taille du poisson à capturer, afin d'éviter au maximum la prise de poissons trop jeunes n'ayant pas encore pu se reproduire.

Quant aux nasses, il en existe aussi deux sortes : le grand casier en acier inoxydable avec une sorte d'embouchure en forme d'entonnoir sur un des côtés qui permet au poisson de rentrer mais pas de ressortir. Cette technique est surtout utilisée en été pour attraper

le **Seeland**_rencontres au fil de l'eau

Perches dans les mailles du filet.
Levée d'un filet par un pêcheur.
Bondelles.

Rolf Schneider prélève les œufs de brochet à la pisciculture de Gléresse.

Prélèvement des œufs de bondelles.

Bouteilles d'incubation.

Jürg Ramseyer capture des truitelles de lac dans un ruisseau pépinière à l'aide d'un appareil de pêche à l'électricité.

les perches. Le deuxième type de nasse est constitué d'un filet tendu à la manière d'une barrière, fixé à la rive généralement entre les roseaux, et qui se prolonge sur quelques mètres pour finir dans une sorte de grand panier avec, comme pour le casier inoxydable, une entrée sous forme d'entonnoir où le poisson une fois entré est pris au piège. Il est utilisé surtout au printemps pour attraper des brochets reproducteurs destinés à la pisciculture pendant la période de frai.

Le goût des consommateurs varia beaucoup au fil du temps. Les brèmes ne figurent plus au menu et les vengerons sont nettement moins prisés qu'autrefois. Mais les sandres, par exemple, sont appréciés par la clientèle depuis les années quatre-vingt, période à laquelle les prises devinrent plus importantes dans le lac de Bienne. Vu la forte consommation de perches dans les restaurants de nos rives, nombreux sont ceux qui pensent que le lac de Bienne compte la perche comme capture principale, ce qui est tout à fait erroné! Aujourd'hui, 65% des prises sont des bondelles ou des palées, essentiellement pêchées entre juin et septembre, environ 15% des perches, dont le pic d'abondance se situe en août, 10% des poissons blancs (brèmes, vengerons), 4% des brochets, 2% des sandres, le reste étant constitué de diverses espèces comme la lotte ou la truite… La quasi-totalité des captures est utilisée.

Pendant la période de reproduction, certains poissons ne peuvent être pêchés, sauf ceux qui vont servir au maintien de l'espèce. Ces derniers sont apportés vivants à la pisciculture cantonale de Gléresse, où ils sont vidés de leurs œufs et de leur laitance, celle-ci étant directement mélangée aux œufs afin de les féconder. Ensuite, les œufs séjournent pendant plusieurs jours dans des bouteilles ou des armoires d'incubation et se développent en alevins qui seront pour la plupart remis en liberté. Ceux qui ne sont pas rejetés dans le lac sont élevés dans de grands bassins. Quant au brochet, il grandit dans des étangs artificiels. Une partie des alevins de truites passe leur premier été dans des ruisseaux pépinières avant d'être capturés en automne pour être remis en liberté dans les cours d'eaux principaux. Les quatre piscicultures cantonales produisent annuellement environ 90 millions d'alevins et 2,5 millions de jeunes poissons, ce qui permet à la pêche professionnelle de survivre ainsi que de maintenir des populations saines. L'établissement de Gléresse s'occupe essentiellement de la bondelle, du brochet, de l'ombre, de la truite de lac et de la truite de rivière.

Actuellement, le poisson attrapé est en général livré directement aux restaurants, aux petits magasins locaux et aux particuliers. La vente aux grossistes ne se fait qu'en cas de pêche exceptionnelle lorsque le surplus de poissons ne peut être vendu rapidement. Mais il n'en fut pas toujours ainsi. En effet, après la Deuxième Guerre mondiale, les pêcheurs

La levée du filet tôt le matin sur le lac de Bienne.

le **Seeland**_rencontres au fil de l'eau 233

Silvano Solcà au démaillage des perches.

envoyaient presque la totalité de leur prise fraîche par train, sans glace, chez un grossiste. Plus tard, c'est le grossiste lui-même qui se déplaça avec une camionnette réfrigérée directement chez les pêcheurs.

Le pêcheur moderne passe moins de temps sur le lac qu'autrefois, mais son travail est prolongé par la préparation du poisson, à travers par exemple le filetage (découpe des filets) et la fumaison. Il propose parfois aussi des offres originales comme les « party-services ». La pêche est une affaire de famille et de tradition. C'est le cas du pêcheur professionnel Silvano Solcà, de Gerolfingen, représentant la troisième génération. En effet, son grand-père, Paul Dasen, était le premier pêcheur professionnel sur le lac de Bienne qui vivait exclusivement du fruit de ses prises. Il exerça son métier de 1926 jusque dans les années quatre-vingt. En 1963, c'est le père de Silvano, Aldo Solcà, qui fit le saut en accompagnant Paul Dasen. Depuis 1978, Silvano poursuit la tradition familiale.

La levée des filets se fait généralement le matin ; les poissons sont démaillés (sortis des filets) au fur à mesure que ceux-ci sont tirés hors de l'eau. Les prises varient selon la période et la chance du pêcheur. En effet, il arrive que sur des filets de plusieurs centaines

le **Seeland**_rencontres au fil de l'eau

Levée des filets par Christian Dubler.

le **Seeland**_rencontres au fil de l'eau

Silvano : rentrée après une belle pêche.
Levée des filets.
Scène matinale.

de mètres le rendement soit très faible, voire même nul ; au contraire, un petit filet peut produire une pêche miraculeuse. Silvano vit parfois des moments palpitants, comme par exemple lors de la prise d'une truite de lac pesant plus de 11 kilos et mesurant plus de 1 mètre.

Le métier de pêcheur relève de la vocation et n'est surtout pas recommandé aux lève-tard ! En fonction des saisons, le travail commence tôt, très tôt, surtout en été. Dès 4 h 30, le bateau quitte le port, car à l'aube la prise de poissons est plus importante et par conséquent la préparation prend aussi plus de temps. Mais la chaleur joue aussi un grand rôle ; le pêcheur doit profiter de la fraîcheur matinale afin que sa capture ne se déprécie pas. En hiver, il débute son travail à partir de 7 heures. Qu'un vent glacial souffle et fouette le visage, qu'il neige, qu'il pleuve, le pêcheur reste stoïque face aux déchaînements de la nature et passe entre deux et quatre heures sur le lac à remonter ses lourds filets à la main.

Une fois les filets vidés, le poisson est ramené à terre pour être nettoyé et préparé. Il est ensuite livré à la clientèle. L'après-midi, le pêcheur répare, nettoie et pose généralement les filets pour le lendemain. Et ainsi se poursuit la vie au fil des saisons, des années, des générations.

Silvano Solcà pose des filets.
page 237 Pêcheur au lever du soleil.

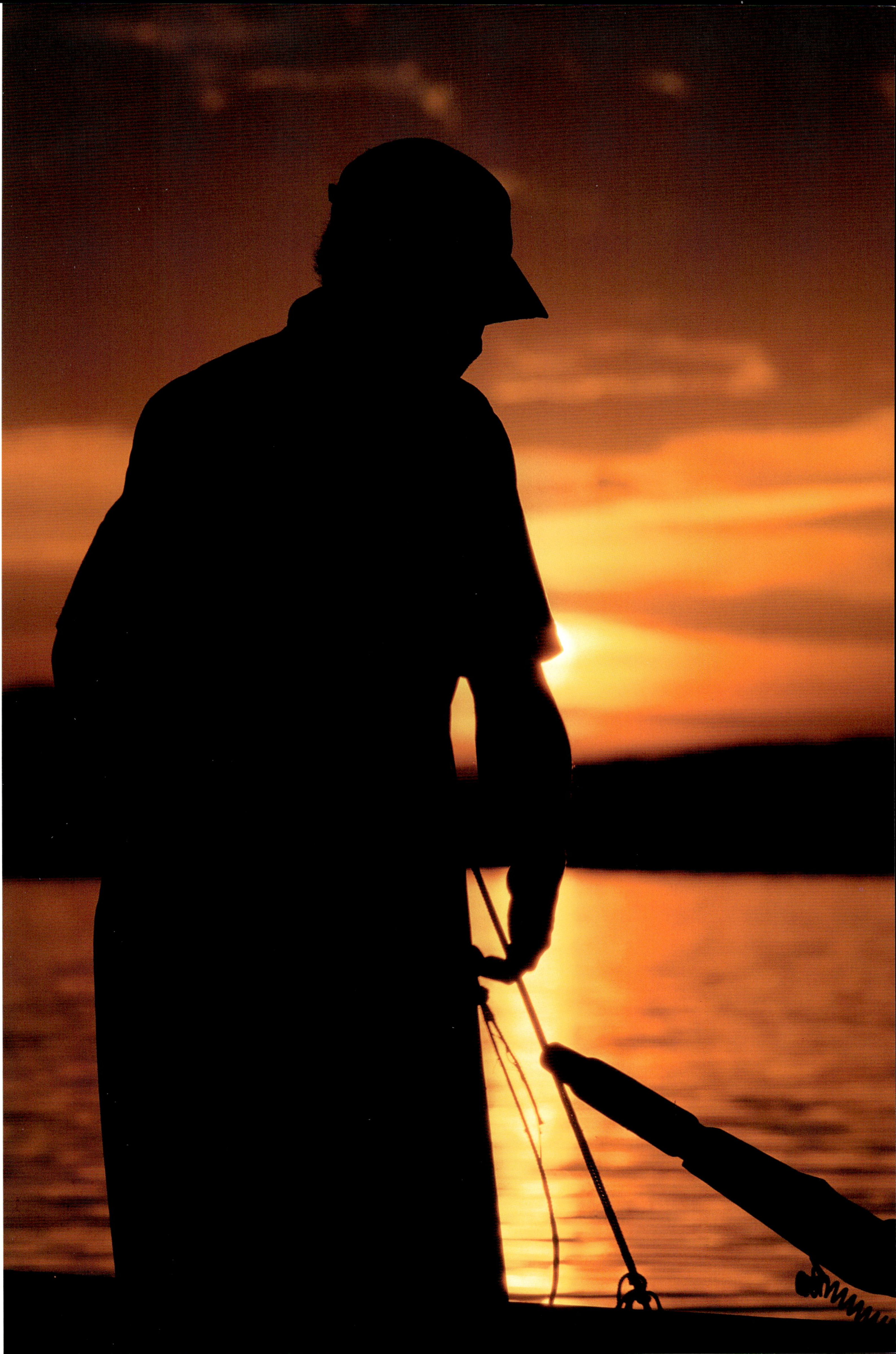

Les maraîchers

Le Seeland se laisse découvrir et admirer sous nos yeux à travers divers types de paysages. Mais, dans ce chapitre, il en est un qui nous intéresse plus particulièrement, celui des cultures maraîchères. Lors d'une balade à pied ou à vélo du côté du Mont-Vully, par exemple, qui ne fut jamais surpris de cheminer à travers de belles terres noires, grasses et riches sur lesquelles pousse une quantité impressionnante de légumes? Et pour cause, le Seeland est le plus grand jardin potager de Suisse. Avec ses 2000 hectares, il représente 25% de la production maraîchère de notre pays. Près de 600 exploitations tirent totalement ou partiellement leurs revenus de ce gigantesque potager.

Mais remontons le temps. A la fin de la période glacière, lors de la fonte du glacier du Rhône qui la recouvre, la région est transformée en une zone marécageuse appelée Grand Marais. Par l'apport d'eau et de dépôts d'alluvions, elle s'enrichit en substances nutritives et en azote. Une fois asséchée, aux XIXe et XXe siècles, grâce aux corrections des eaux du Jura, elle offre une terre très fertile qui surprend par sa couleur foncée, parfois presque noire.

Irrigation de différentes sortes de salades.

Sur cette terre seelandaise grasse à souhait, les maraîchers utilisent trois méthodes de production, à savoir la production intégrée, la culture biologique et enfin la culture hors-sol. Ces techniques sont modernes. En effet, il y a quelques dizaines d'années encore, l'agriculture conventionnelle était largement dominante dans la région. Par «agriculture conventionnelle», on parle d'une méthode de production qui se pratiquait à grande échelle jusque dans les années septante et qui engendra malheureusement certains excès malsains. En outre, les coûts de production augmentèrent plus que les prix de vente des produits. Face à cette situation, le paysan se vit contraint d'utiliser des matières auxiliaires (engrais minéraux et produits phytosanitaires) pour atteindre un rendement maximal. Ce type d'agriculture était souvent critiqué par les consommateurs, car peu respectueux de l'environnement. Le Seeland fut d'ailleurs pionnier pour reconvertir ce type de production, disparu aujourd'hui de nos contrées, en faveur d'une agriculture plus écologique.

Par production intégrée, on entend une production qui respecte certaines exigences écologiques. Le paysan renonce, par exemple, à l'utilisation de certains pesticides, alors que d'autres sont employés très modérément. Le maraîcher est ainsi intéressé à privilégier la qualité, de même qu'à préserver l'environnement et le paysage. La production intégrée débute timidement dans les années septante, mais aujourd'hui elle domine largement, puisque 95% de la production obéit aux normes PI, contrôlées une fois par année par des experts qui vérifient que les diverses directives, très pointues, soient appliquées et qui procèdent à un examen nutritif de la terre. Afin de donner toute sa valeur à ce type de production, le label « SUISSE GARANTIE » fut créé en automne 2004.

Devant les exigences toujours plus fortes des consommateurs, certains maraîchers privilégient la « culture biologique » qui se pratique par un assolement varié, avec à la base souvent plus de 50% de cultures fourragères. Les plantes sont nourries de manière organique ; l'azote est banni et les engrais minéraux ne sont employés qu'à titre exceptionnel.

Culture protégée par une bâche au printemps à Treiten.

Potager à Monsmier représentant la richesse des variétés de légumes du Grand Marais.

Les maladies et les parasites sont traités préventivement au moyen d'insecticides à base végétale, de cuivre et de soufre. Ce type de culture répond à une demande certes faible en pourcentage – 5% des clients consomment «bio» – mais malgré tout en pleine croissance, annonciatrice d'un avenir prometteur.

Enfin, «la culture hors-sol» voit les plantes croître dans un substrat et non dans la terre. Les substances nutritives sont administrées au goutte à goutte. Les maladies sont pratiquement inexistantes. Ce sont essentiellement les tomates et les concombres que nos maraîchers cultivent hors-sol. Il faut cependant remarquer que ce type de culture est peu utilisé sous nos latitudes, car le climat ne s'y prête guère.

La plupart des cultures s'effectuent à l'air libre, alors qu'une faible partie se fait sous abri protégé, soit dans des serres qui ont la particularité d'être en verre, construites sur des fondations et chauffées, soit dans des tunnels non chauffés, en plastique, posés à même le sol.

Alors qu'autrefois la récolte servait avant tout à subvenir aux propres besoins des cultivateurs, ceux-ci débutèrent la vente directe sur les marchés de nos villes après la Première Guerre mondiale. Mais la vente des fruits et légumes se modernisa dès la fin de la Seconde Guerre

Tunnels de culture.

le **Seeland**_rencontres au fil de l'eau 243

Tunnel de culture.

mondiale. L'apparition des grands distributeurs permet aux maraîchers d'augmenter leur production et de l'écouler plus facilement. Ce nouveau type de vente conduisit aussi à une modification du traitement des fruits et des légumes, lavés, puis calibrés pour les besoins du marché et enfin emballés. Aujourd'hui, il s'écoule généralement moins de vingt-quatre heures entre le moment de la récolte et la mise en vente des produits.
Dans le Seeland, on cultive plus de 60 variétés de légumes ; c'est la carotte et l'oignon qui tiennent actuellement le haut du pavé.

Comment les maraîchers vivent-ils leur métier? La famille Aebersold, de Treiten, illustre assez bien l'évolution de cette profession mise sous pression par la grande distribution. Dans les années quarante, le domaine agricole des grands-parents comprenait quelques vaches et quelques porcs. La survie économique n'étant pas assurée, ceux-ci se tournent vers d'autres activités agricoles.

Comme la surface des terres de leur domaine est trop restreinte, une agriculture traditionnelle n'était économiquement pas viable à long terme. Pour cette raison, ils choisirent de se tourner vers la culture des légumes. Mais les choses ne sont pas simples, car leurs lopins de terre sont disséminés un peu partout autour de Treiten.

Il leur faut attendre 1974 et un remaniement parcellaire pour voir leur terrain réuni en quatre parcelles et non plus quatorze comme auparavant. Afin d'augmenter la rentabilité de l'exploitation, la famille Aebersold investit dans l'achat de serres et de nouvelles terres

Récolte de poireaux.
Récolte de salades « pains de sucre ».

Récolte de salades.
Récolte de brocolis.

ainsi que dans l'agrandissement de la halle aux légumes. Elle cultive actuellement quinze variétés de légumes différentes selon les normes de la production intégrée.

Il est important pour les maraîchers d'assurer à la fois une production maximale, mais aussi de garantir la qualité de la terre à long terme sous forme d'investissement durable pour les générations futures. A cet effet, il faut que la terre ait le temps de se régénérer d'année en année. La famille Aebersold, à l'instar des autres maraîchers, pratique une rotation annuelle des cultures.

La première parcelle comprend par exemple les différentes salades, la seconde les ombellifères (carottes et céleris), la troisième les brassicacées (famille des choux) et la dernière un féculent, c'est-à-dire la pomme de terre.

L'année suivante, le maraîcher pratique une rotation, et ainsi de suite.

le **Seeland**_rencontres au fil de l'eau

La famille Aebersold, de Treiten, dans les champs.

le **Seeland**_rencontres au fil de l'eau

La qualité du sol joue un grand rôle. Durant une seule année, le sol peut être cultivé entre une et trois fois, selon les légumes choisis.

La durée de la culture d'un produit varie entre quatre semaines, par exemple pour les radis en été, et sept mois pour le céleri si le temps se montre suffisamment clément. La météo reste d'ailleurs un facteur incontournable. Sécheresse, grêle et pluies trop abondantes sont les ennemis des cultures.

Dans un registre très différent, le gibier peut se révéler parfois un véritable fléau et les maraîchers doivent s'en protéger en installant des barrières électriques, des sirènes, ou en répandant des produits repoussants. A cet égard, la dispersion de cheveux humains produit, paraît-il, de bons effets !

Pendant l'hiver, le maraîcher récolte essentiellement les choux, les choux de Bruxelles et les poireaux. Pour certains, c'est l'occasion de fabriquer la choucroute, qui permet un apport financier annexe souvent bienvenu. Il nettoie aussi les choux de Chine et les pains de sucre, cueillis en automne et conservés dans une chambre froide. Il s'occupe encore

Mise en terre de pousses.

Coupe de salades.

le **Seeland**_rencontres au fil de l'eau   249

des jeunes plants et finalement organise la réparation et la maintenance des machines. Le printemps voit le maraîcher préparer les potagers pour planter les jeunes pousses ou pour semer. Les plantons sont très sensibles au froid. Si ceux-ci ne restent pas sous serre pour leur croissance, le maraîcher en prendra particulièrement soin en les couvrant d'une bâche de protection. C'est aussi la saison des labours.

L'été est bien évidemment synonyme d'activité fébrile. Le matin, les gens, essentiellement la famille et les ouvriers agricoles, s'activent dans les champs pour les récoltes. Ils s'occupent ensuite de la préparation des livraisons et prodiguent des soins aux cultures en bêchant, en aérant la terre et en enlevant les mauvaises herbes. En fin de journée, il est grand temps d'arroser en pompant l'eau dans les canaux ou les puits à disposition.

Enfin, en automne, on continue à cueillir les légumes frais de saison comme le céleri et la chicorée rouge… ainsi que les légumes sous serres et l'on entrepose les légumes de garde dans les chambres froides.

Récolte de choux-fleurs.
Traitement des plantes.

Pour le badaud, se promener le long des étals colorés des marchés est une fête pour les sens, qu'ils soient visuel, olfactif ou tactile. Le marché reste un des rares endroits qui nous met encore en contact étroit avec un monde que le citadin côtoie malheureusement de moins en moins, le monde rural.

La courge, une plante d'automne.

Le marché aux légumes de la vieille ville de Bienne.

La navigation

A l'instar des autres lacs suisses à la belle saison, le lac de Bienne voit se déplacer lentement sur sa surface lisse des bateaux qu'on croirait immuables, tant ils ont bercé notre enfance. Même leur nom résonne à nos oreilles comme un cours de géographie de cinquième année: le *Chasseral*, le *Ville de Bienne*, l'*Ile Saint-Pierre*... Mais notre mémoire est un peu bousculée ces dernières années par l'apparition de bateaux à la silhouette et aux couleurs beaucoup plus «exotiques», sans parler de l'apparition des logos publicitaires. De quoi rendre certains encore un peu plus nostalgiques.

La flotte de la Société de Navigation du Lac de Bienne (SNLB) sillonne les trois lacs, reliés entre eux par les canaux de la Thielle et de la Broye, ainsi que le cours de l'Aar jusqu'à Soleure. C'est le plus grand parcours navigable de Suisse, qui s'étend d'Yverdon à Soleure sur une distance d'une centaine de kilomètres.

Déjà à l'âge de la pierre et du bronze, les trois lacs étaient utilisés comme voies de navigation; on y faisait flotter des troncs évidés ou brûlés. Par la suite, au temps des Romains et au Moyen Age, le transport des marchandises connut un certain essor grâce aux voies nautiques. Cependant, il faut attendre 1823 pour que débute véritablement l'histoire de la navigation régionale, lorsque Ferdinand Picard, un commerçant d'origine vaudoise et habitant Nidau, décide de créer une liaison lacustre entre Nidau et Yverdon, assurée en 1826 par le premier bateau à vapeur, *L'Union,* circulant sur les lacs de Bienne et de Neuchâtel. Celui-ci ne fut en service que deux ans avant d'être retiré pour raisons techniques. Six ans plus tard, le célèbre industriel neuchâtelois Philippe Suchard investit toute son énergie afin de relancer la navigation sur le lac. Le vapeur *L'Industriel* est mis à l'eau en 1834 sous le regard sceptique des badauds; en effet, il est construit avec une coque en fer et non plus en bois. Il navigua cependant sans encombre pendant près de trente ans, plus tard sous le nom de *Seeländer*, mais coula finalement au large de Hagneck en 1862. Son épave ne fut jamais repêchée et jonche toujours le fond, recouverte par les alluvions et les boues.

Dans la deuxième partie du XIXe siècle, l'existence des sociétés de navigation fut mise en péril par la construction du réseau ferroviaire, ce qui obligea plusieurs sociétés à revendre une partie de leur flotte. Elles connurent aussi d'autres problèmes. Par exemple, la correction des eaux du Jura entraîna un abaissement du niveau des eaux de plus de 2 mètres, ce qui rendit toutes les installations d'embarquement inutilisables. Pendant plusieurs années, les bateaux furent reliés à la rive par des radeaux et des barques, jusqu'au moment où furent construites de nouvelles installations portuaires.

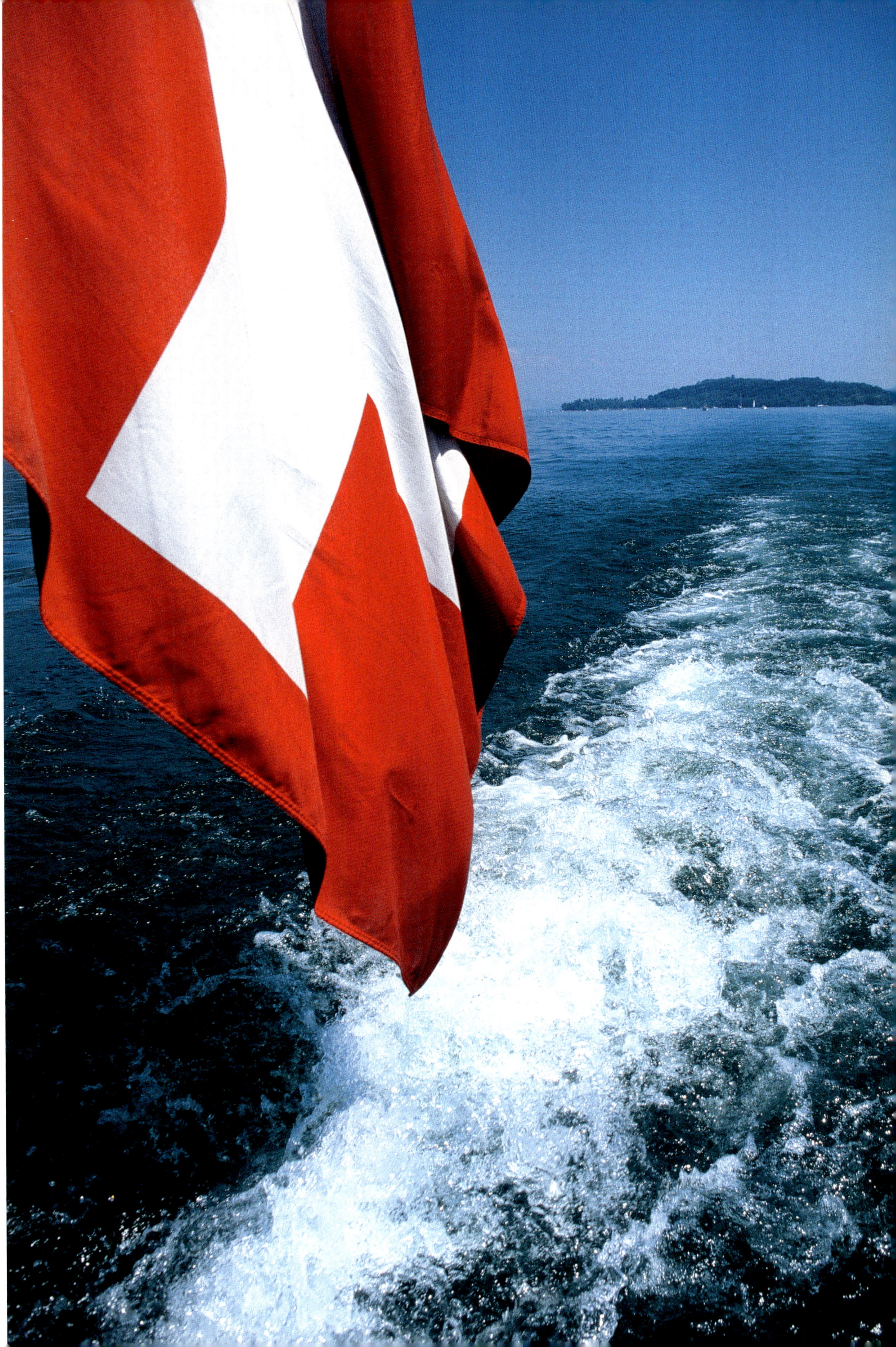

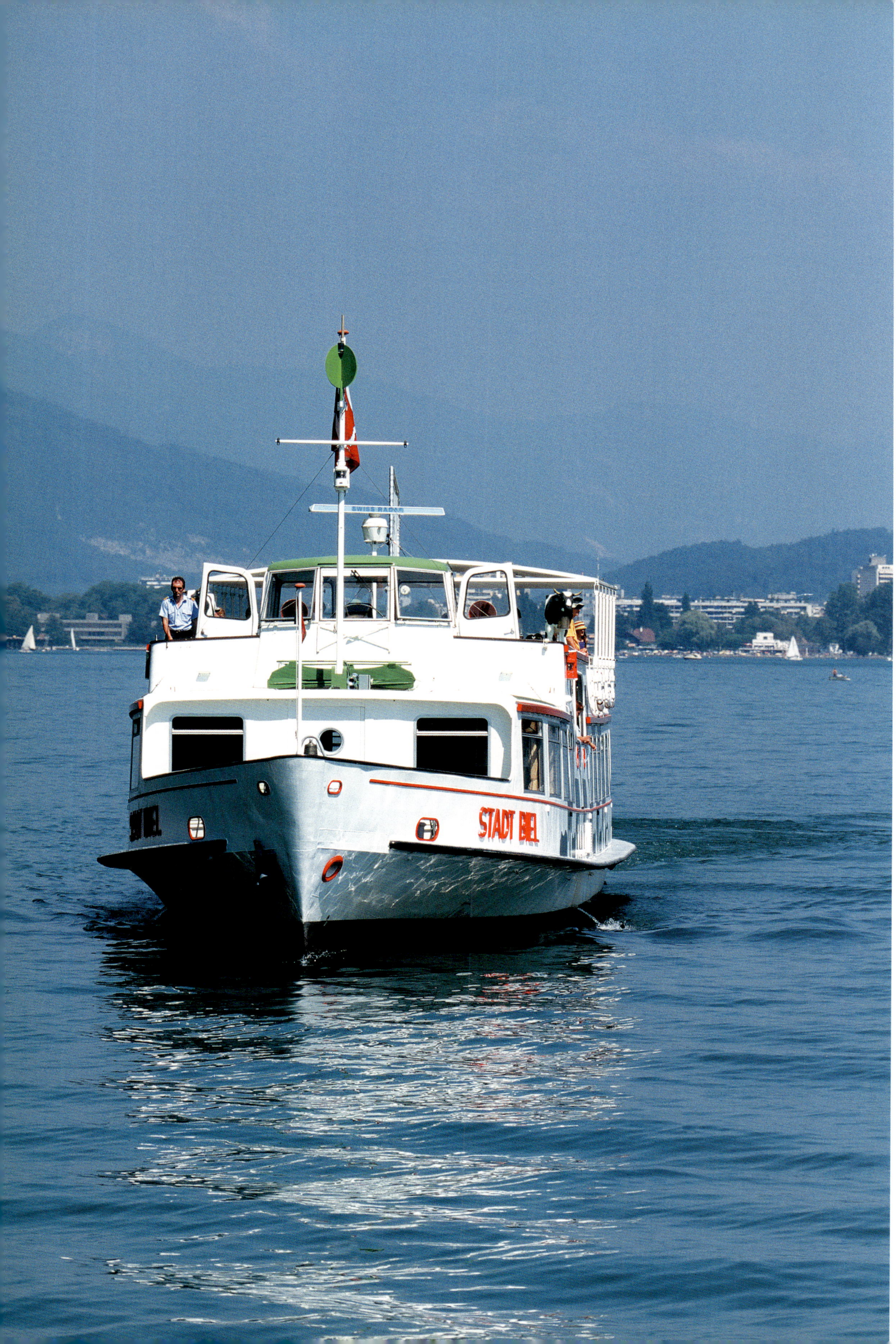
STADT BIEL

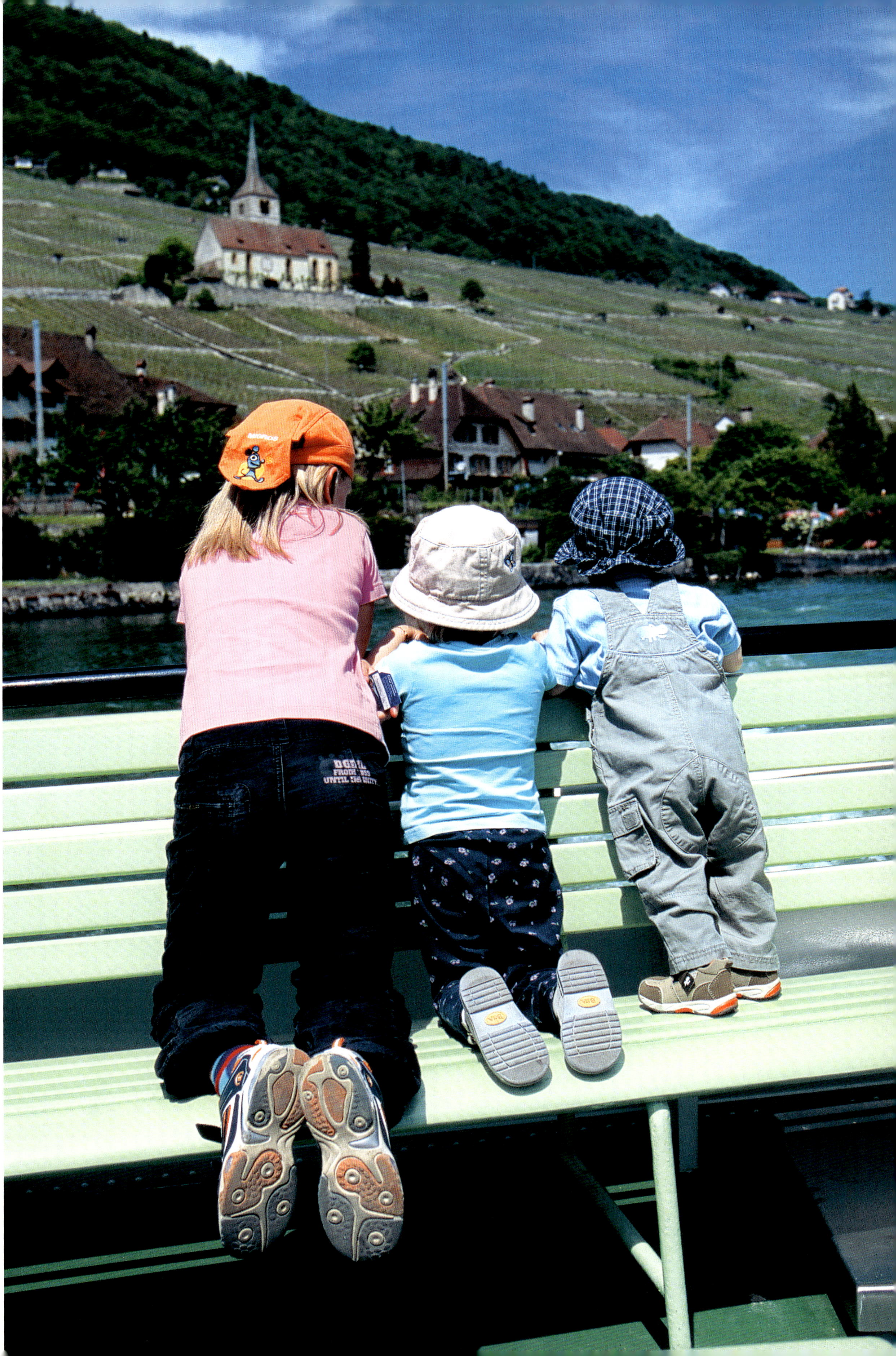

En 1876, la Société Indépendante des Bateaux à Vapeur Bienne-Nidau est fondée. Elle vécut des moments tragiques lorsque, en 1880, le *Neptune*, pris dans une tempête au large d'Alfermée, coula avec seize personnes à bord, dont quinze périrent! Le bateau et onze corps sans vie furent repêchés, alors que quatre corps restèrent à tout jamais engloutis dans les fonds vaseux du lac.

En 1887, la commune de Cerlier créa la société des bateaux à vapeur Union afin d'être desservie par un transport naval et d'assurer aussi un service pour l'île Saint-Pierre et La Neuveville. Plus tard, avec l'augmentation de la fréquentation, on transféra son siège à Bienne, où elle prit le nom de Société des Bateaux à Vapeur du Lac de Bienne. Lorsque le *Berna,* dernier bateau à vapeur en circulation sur le lac de Bienne, cessa son activité en 1964, la société modifia son nom en Société de Navigation du Lac de Bienne (SNLB). En 1953, l'entreprise Kölliker, de Neuchâtel, reprit la navigation sur l'Aar. Elle fut ensuite

Le *MS Berna.*

Révision des moteurs pendant la période hivernale.

transformée en société Aareschifffahrt AG, de Soleure, pour être finalement reprise en 1966 par la SNLB.

Avec la disparition du *Berna*, c'est toute une page de l'histoire qui se tourna. La vapeur avait fait son temps, car c'était une énergie peu concurrentielle face au diesel. Il fallait trop de temps pour préchauffer les moteurs et en plus il fallait engager une personne supplémentaire pour surveiller la température dans la cale et pour exécuter les ordres du commandant lors d'accélérations ou de freinages, par exemple. Le diesel est encore l'énergie utilisée par nos bateaux. Les moteurs, anciennement fabriqués à Bienne par General Motors, sont maintenant américains, l'entreprise ayant été rachetée par Diesel Detroit. Les moteurs sont, selon les bateaux, équipés de quatre à douze cylindres et développent, en fonction du nombre de cylindres, entre 90 et 450 chevaux. Les bateaux de ligne se déplacent généralement à environ 19 km/h.

le **Seeland**_rencontres au fil de l'eau

Dans l'écluse de Port, le *MS Stadt Solothurn*.
Le *MS Siesta* s'approchant de Büren.
Le *MS Siesta*.

le **Seeland**_rencontres au fil de l'eau

Le *MS Siesta* passant à côté du couvent d'Orpond.
Le *MS Stadt Solothurn* sur l'Aar.
Capitaine sur la passerelle de commandement.

le **Seeland**_rencontres au fil de l'eau

Chavannes/Gléresse.

L'EMS Mobycat, le plus grand catamaran solaire sur nos lacs.

Sur le lac de Bienne navigue l'*EMS Mobicat,* le plus grand catamaran du monde propulsé à l'énergie solaire. Il atteint la vitesse de 14 km/h.

Les bateaux de la SNLB possèdent tous une coque en acier, subissent durant l'année une usure normale, raison pour laquelle il s'agit d'entreprendre des travaux de révision et de restauration. Il faut également contrôler et resserrer toutes les vis qui se desserrent sous l'effet des vibrations des moteurs. En outre, il s'agit encore de refaire la peinture extérieure et intérieure. Ce sont les équipages eux-mêmes, hommes à tout faire, qui s'occupent de ces travaux d'entretien soit en cale sèche, soit directement sur l'eau. C'est au prix d'une révision minutieuse et régulière que la sécurité des passagers est assurée.

Le capitaine, à la tête du bateau, a la responsabilité du bon fonctionnement des équipements, de l'équipage et de la sécurité. A ses côtés travaillent des marins, avant tout des contrôleurs et des caissiers, qui veillent à l'accueil et à la sécurité des passagers ainsi qu'au nettoyage. La SNLB dans son ensemble compte une trentaine d'employés, dont treize capitaines et environ sept marins.

Depuis la cabine de commande, appelée timonerie, le capitaine conduit son bateau à l'aide de différents instruments tels que la boussole, le radar, le GPS, le gyromètre et l'indicateur de position du gouvernail. Selon le temps, par brouillard ou par tempête, le capitaine a besoin de ces instruments, car la navigation est rendue difficile en certaines circonstances. Sur le lac de Bienne, le vent provenant de la montagne, le joran, est le plus agressif, puisqu'il souffle sur le côté du bateau et rend l'accostage au débarcadère difficile. Les autres vents soufflent soit sur la poupe soit sur la proue ; ils ne compromettent que peu la navigation parce que la surface d'attaque du vent est plus petite à l'avant ou à l'arrière du bateau et le capitaine peut plus facilement corriger la pression qu'exerce l'air. D'est arrive généralement la bise ; quant au vent d'ouest, lorsqu'il est puissant, il agite le lac et est responsable des vagues les plus hautes.

Capitaine sur la passerelle de commandement.

le **Seeland**_rencontres au fil de l'eau

Vue dans la timonerie.
L'amarrage du bateau.
Timonerie.

le **Seeland**_rencontres au fil de l'eau

Avec l'amélioration des voies de communication autres que lacustres et grâce au développement des curiosités touristiques, les sociétés de navigations ont de plus en plus de peine à faire face à la concurrence. La SNLB a encore un désavantage de taille que connaissent beaucoup moins d'autres sociétés de navigation suisses, à savoir qu'il y a très peu de touristes étrangers qui visitent nos trois lacs. En effet, c'est avant tout le tourisme local qui emprunte ce type de transport. L'avenir de la SNLB est donc soumis à de rudes défis. Les maîtres mots pour les prochaines années sont économies, restructurations et optimisation. Dans ce contexte, la flotte est passée, en 2005, de onze à neuf unités, le *Nidau* et le *Romandie II* ayant été mis en vente. Quant à la saison d'ouverture, elle est élargie à l'an, avec bien sûr un horaire réduit en hiver. Il s'agit aussi pour la SNLB de diversifier au maximum ses offres en proposant des croisières originales, des soirées fondue ou raclette ou encore des après-midi pour les enfants. Gageons que ces dispositions sauront plaire à un public principalement constitué de gens de la région, amateurs du trémolo des vagues.

Le *MS Berna*.

page 265 Le *MS Ville de Bienne*.

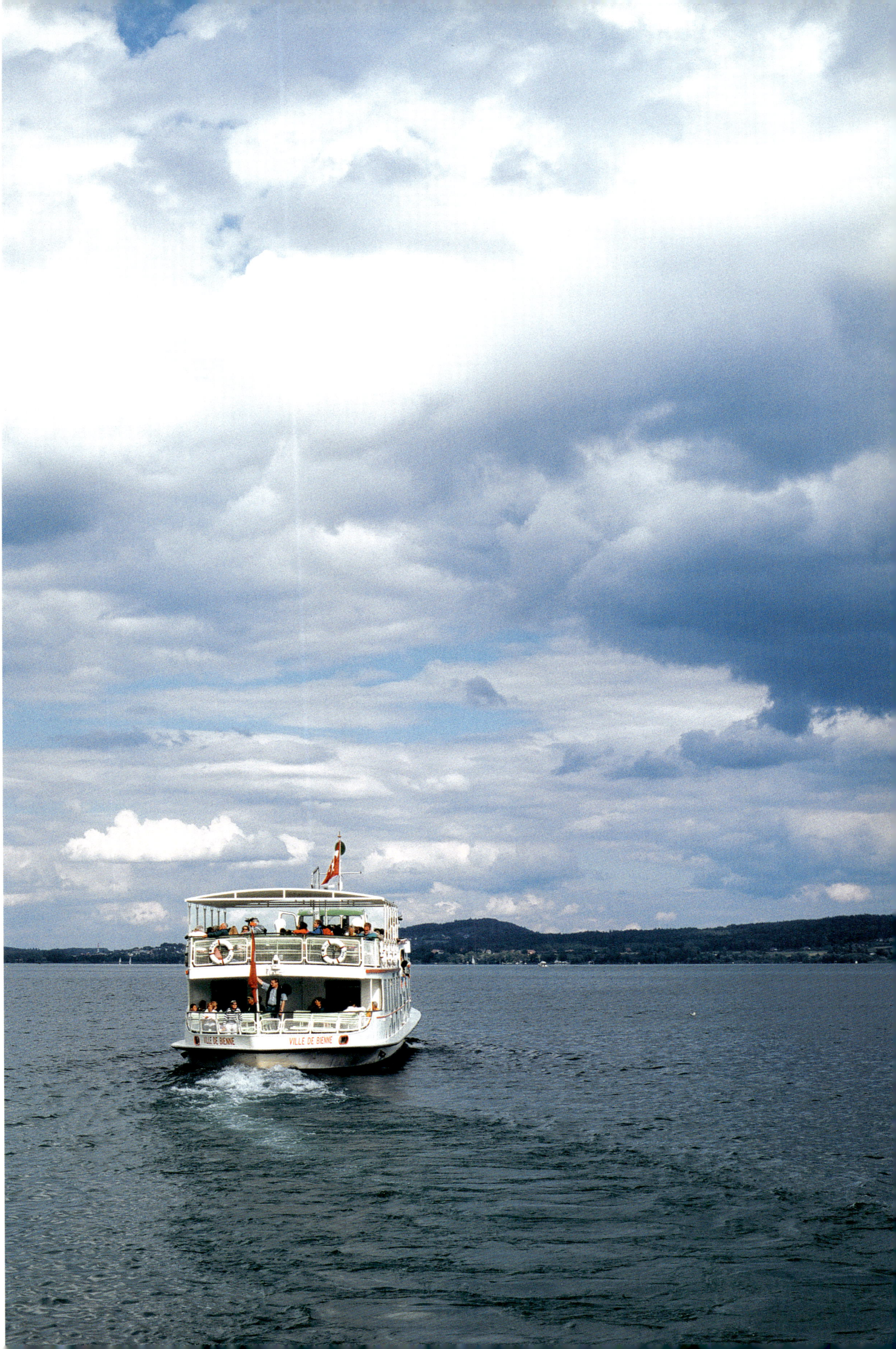
VILLE DE BIENNE
VILLE DE BIENNE

Rencontre avec un berger

Au milieu d'un paysage hivernal quelque peu hostile, de la mi-novembre à la mi-mars, le promeneur attentif, au hasard des chemins, peut découvrir un spectacle surprenant, celui de la pérégrination d'un vaste troupeau de moutons, accompagné d'un berger et de ses chiens, parcourant les champs du Plateau abandonnés au rude climat de l'hiver. C'est la période de la transhumance. Lorsque le froid et le gel s'installent dans la région, il devient impossible de faire paître le gros bétail à l'extérieur. Par contre, le mouton est très résistant et préfère manger des herbes gelées plutôt que des herbes mouillées, d'autant plus qu'il n'éprouve aucun problème à les dégager de la neige. Ainsi, les ovins peuvent bénéficier d'une belle liberté hivernale au lieu d'être enfermés dans des étables. Pour le paysan, c'est une manière d'engraisser naturellement ses animaux à moindre coût, la plupart d'entre eux étant destinés à la boucherie. L'avantage pour les agriculteurs est que le mouton mange l'herbe restante au lieu de la voir pourrir dans les champs et ainsi favoriser l'essor des campagnols et autres animaux nuisibles.

Mais la transhumance est une pratique qui tend à disparaître vu les difficultés rencontrées par les troupeaux en mouvement, de plus en plus freinés dans leur périple par les constructions de routes, d'habitations et autres. Certaines communes interdisent même la traversée de leur territoire au bétail. Durant les vingt dernières années, la transhumance sur les chemins et les champs du Plateau a diminué de moitié.

Rudy le berger.

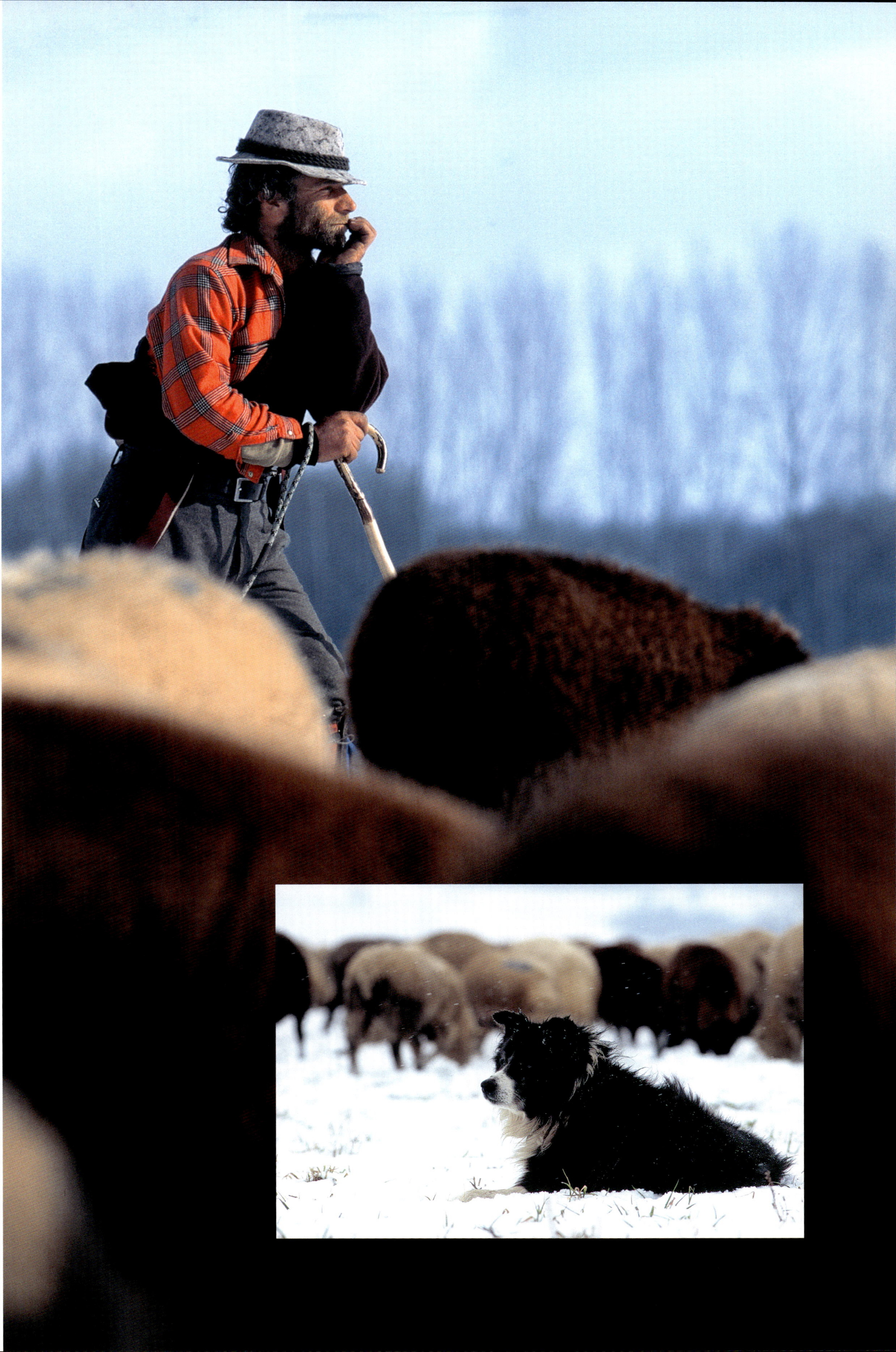

le **Seeland**_rencontres au fil de l'eau

Rencontré dans le Grand Marais, le berger Rudy conduit chaque année depuis dix-neuf ans son troupeau de 600 moutons à travers la campagne bernoise pour terminer son parcours dans le Seeland. Il est accompagné de Lat-Dior, son compagnon de route et ami, de ses trois chiens et de ses trois ânes. Ces derniers portent le matériel nécessaire aux bêtes et à la survie dans la nature pour les hommes. Les chiens aident le berger à conduire le troupeau, à le surveiller et à le protéger.

le **Seeland**_rencontres au fil de l'eau

Rudy prend la route à Belp à la fin de l'automne. Il profite de faire pâturer en altitude, sur les collines, avant l'arrivée de la neige. Il finit sa saison à la fin de l'hiver dans le Grand Marais. Pendant cent quarante jours, sans répit, il conduit quotidiennement ses protégés de l'aube jusqu'à la tombée de la nuit. Il vit en solitaire dans la nature, sans eau courante ni électricité et dort sous tente, parfois dans une roulotte de chantier. Pendant la nuit, les ovins sont enfermés dans un enclos mobile.

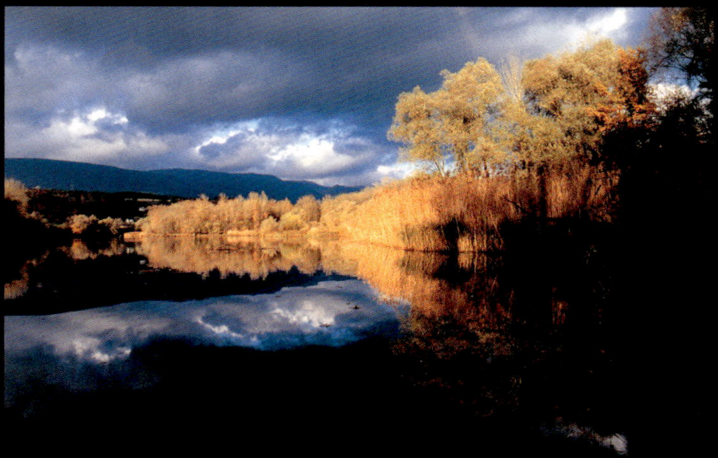

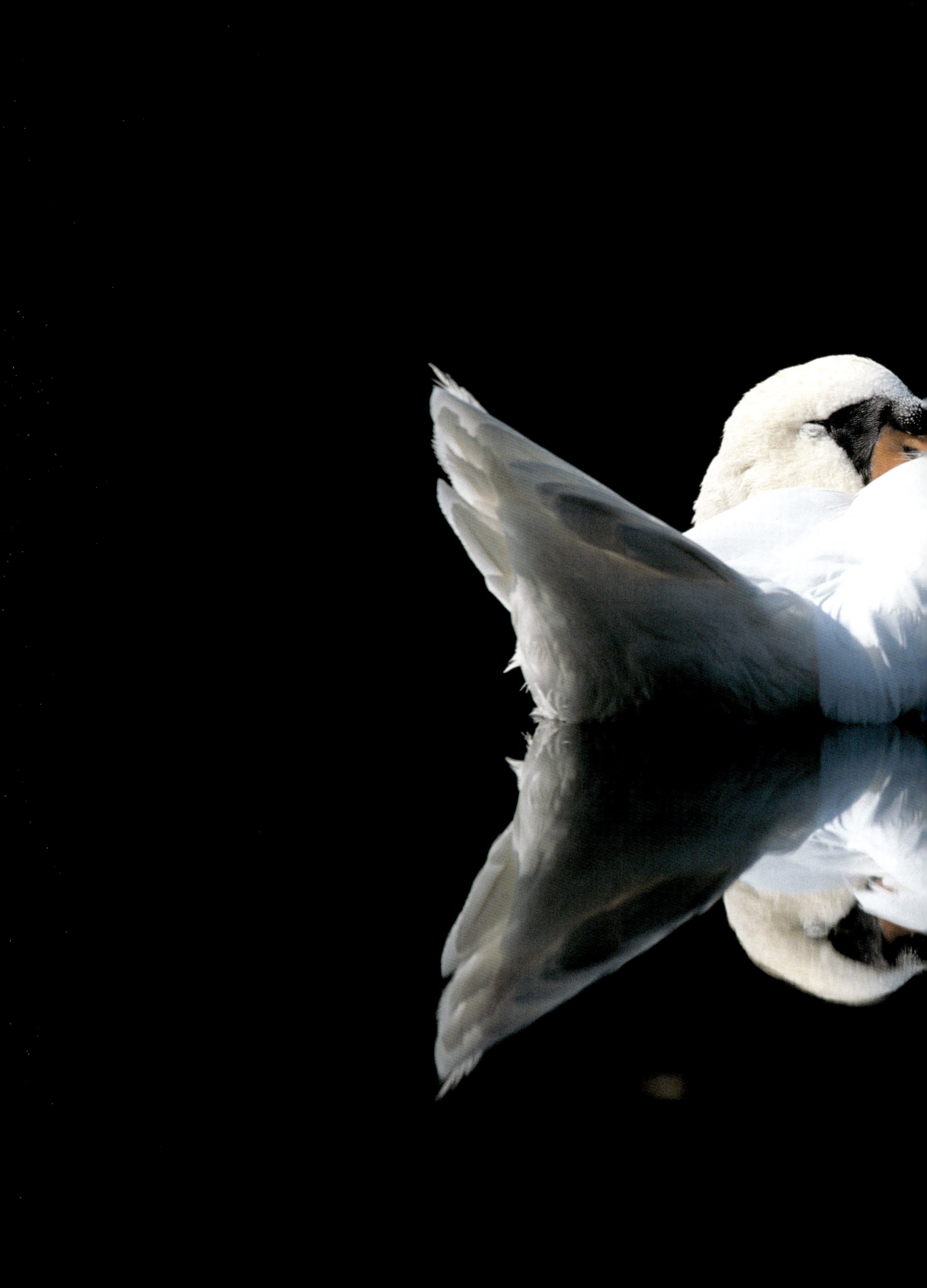

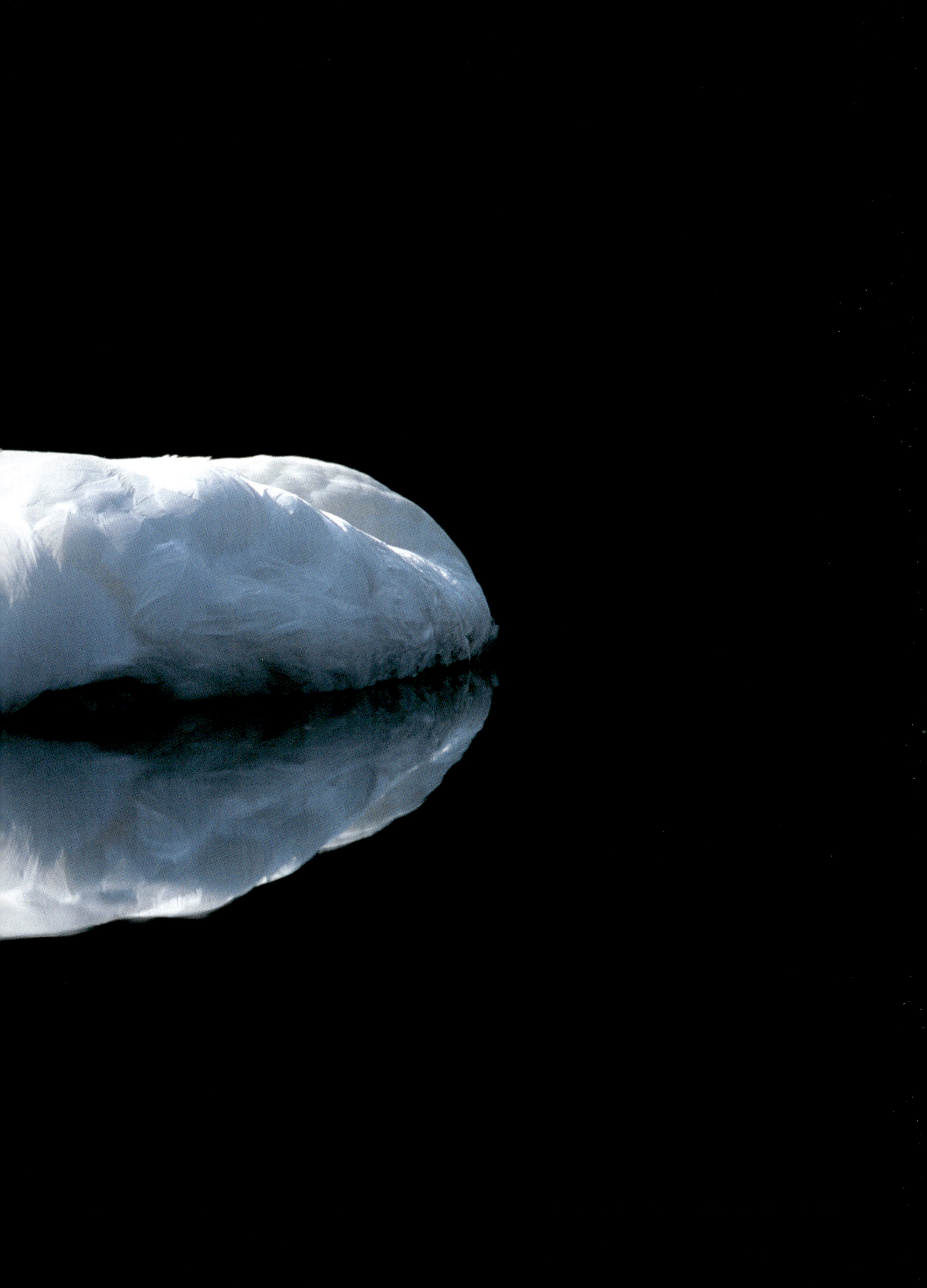

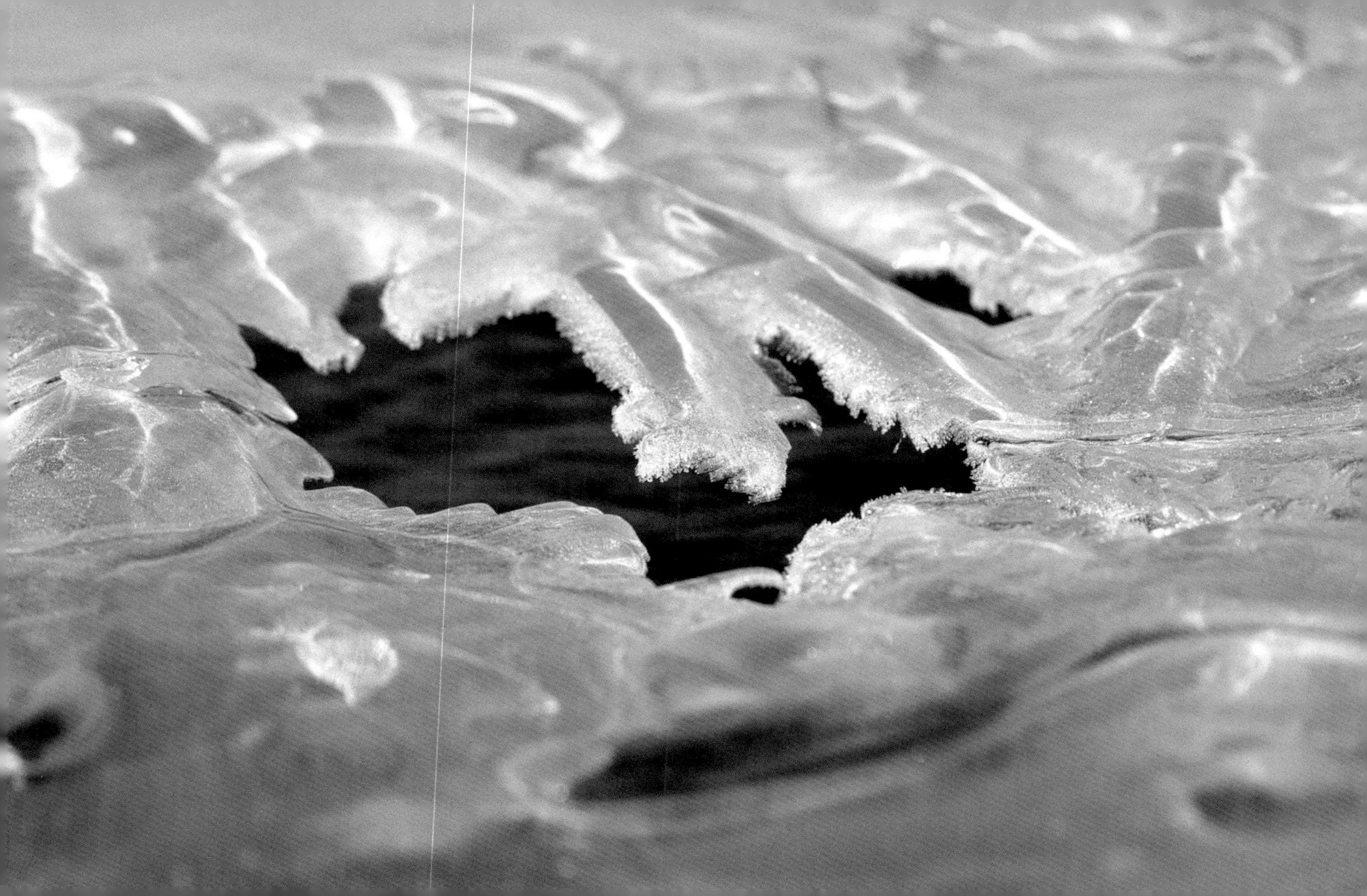

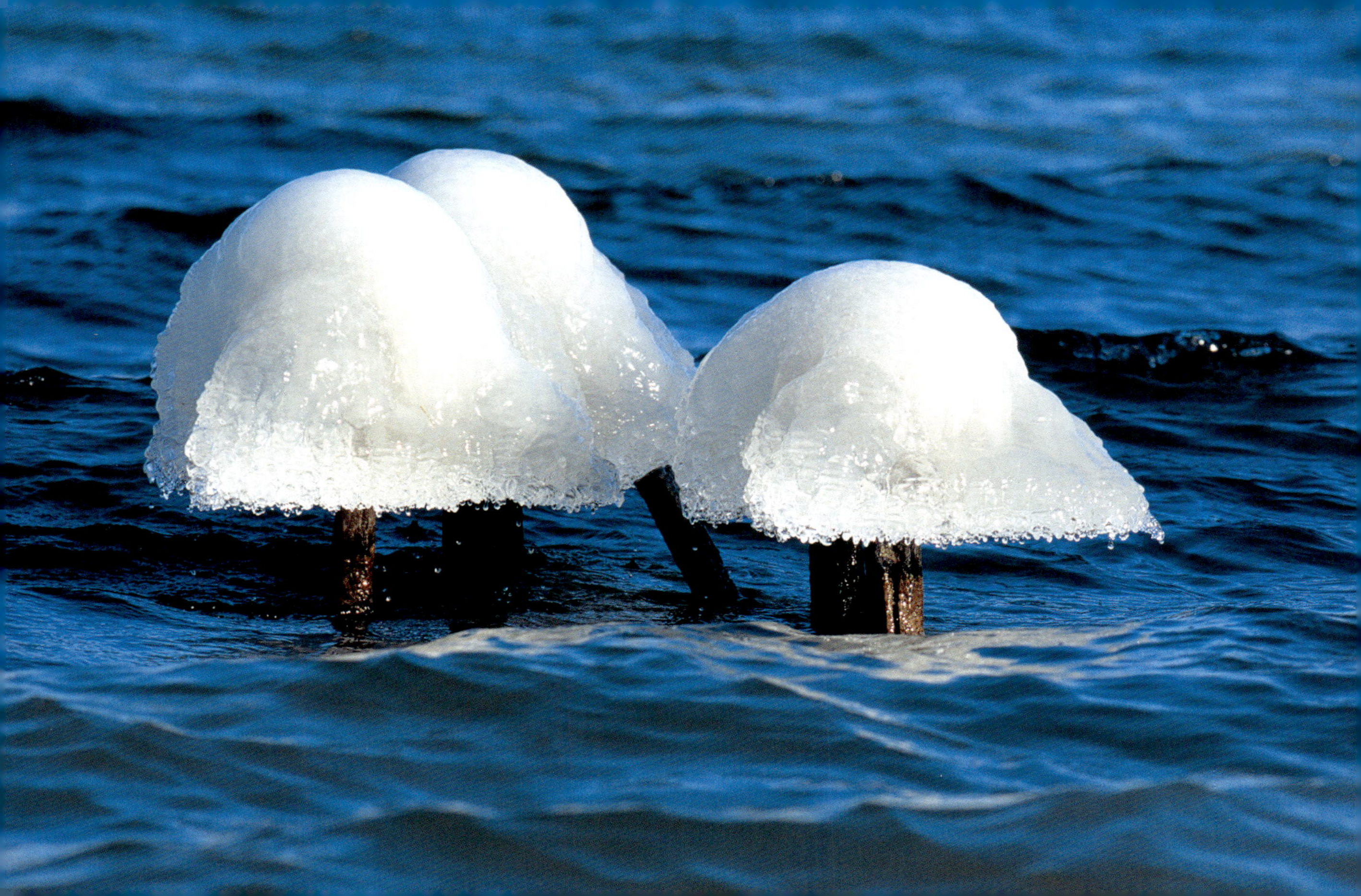

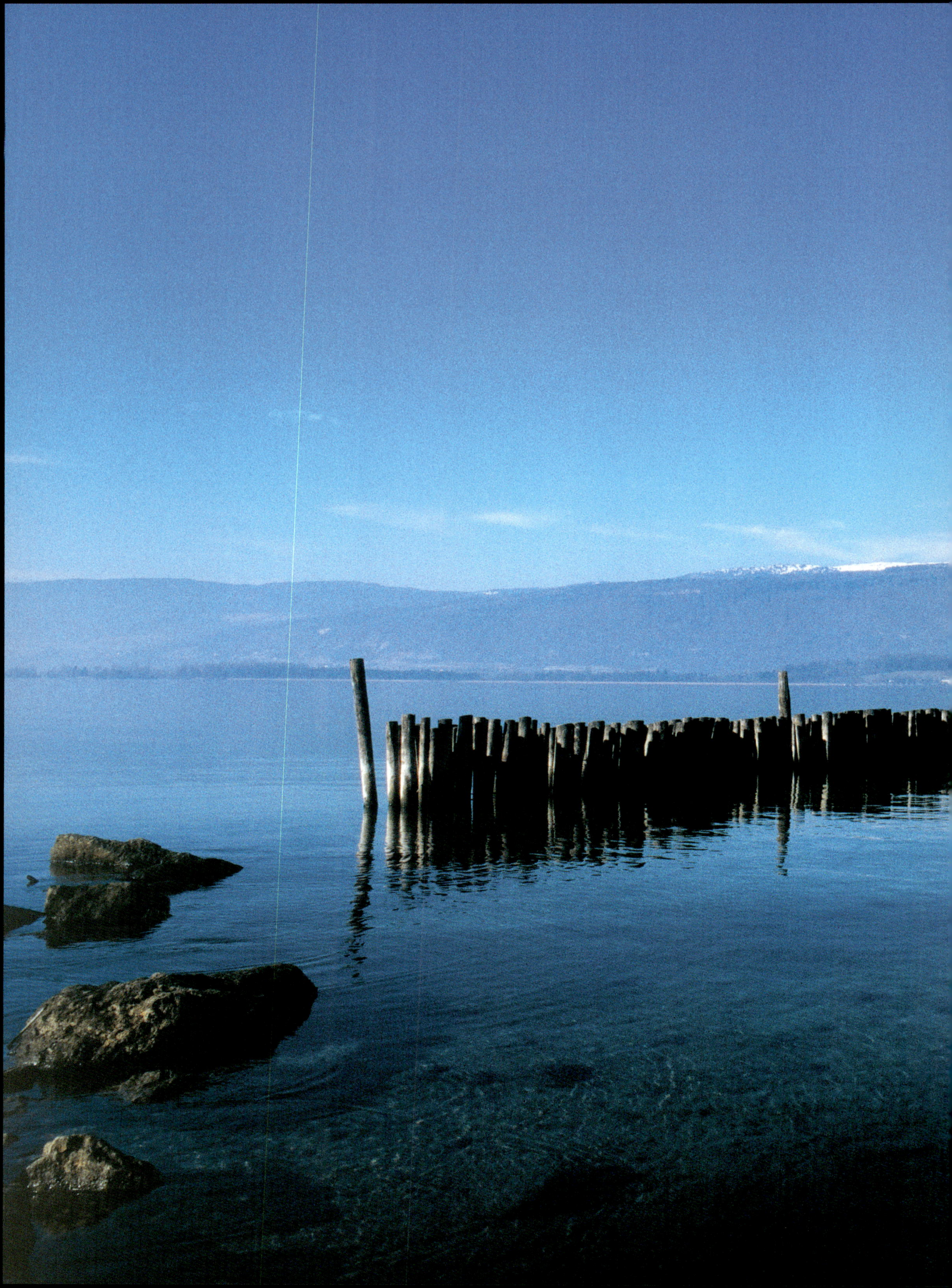

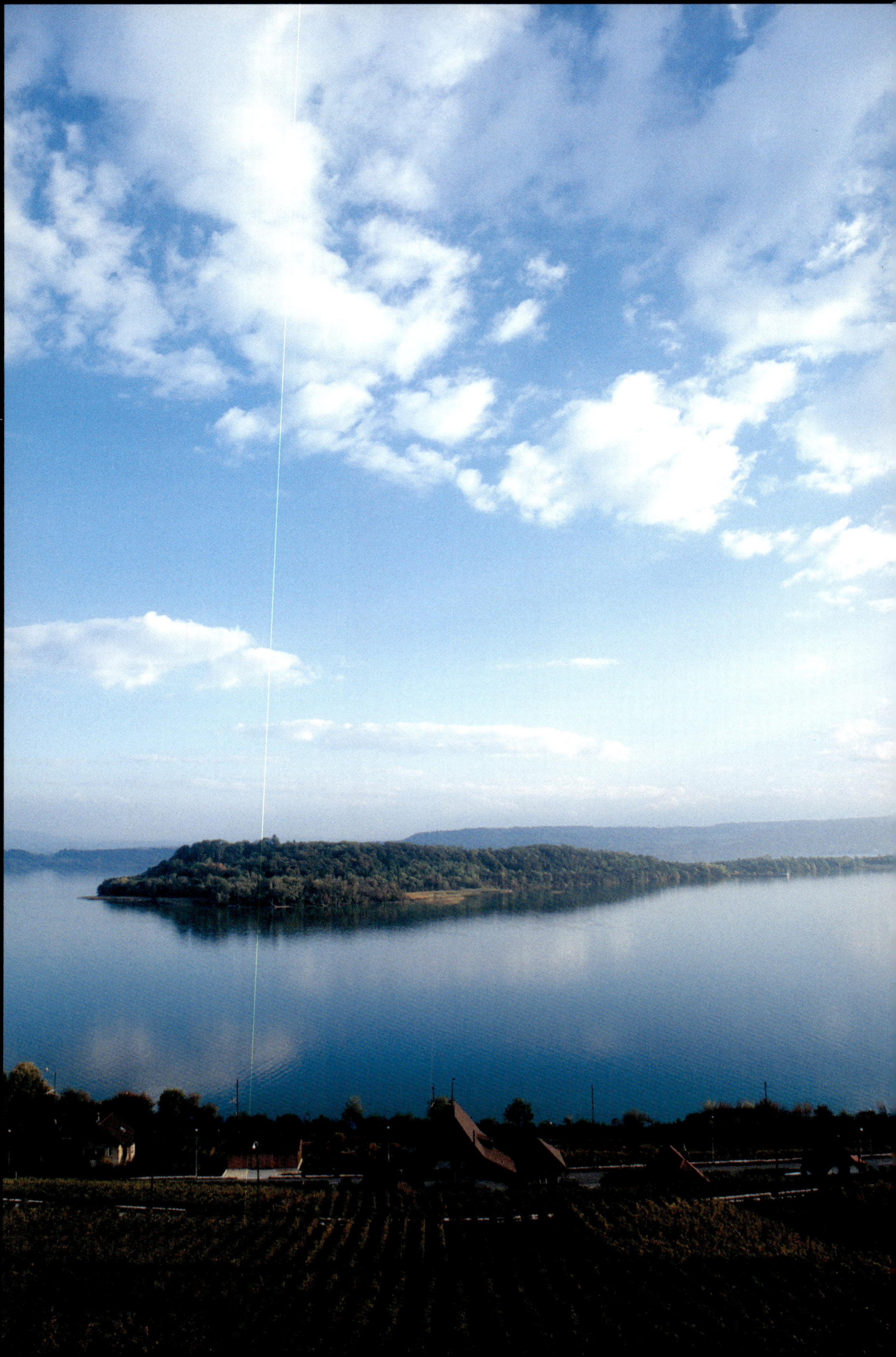

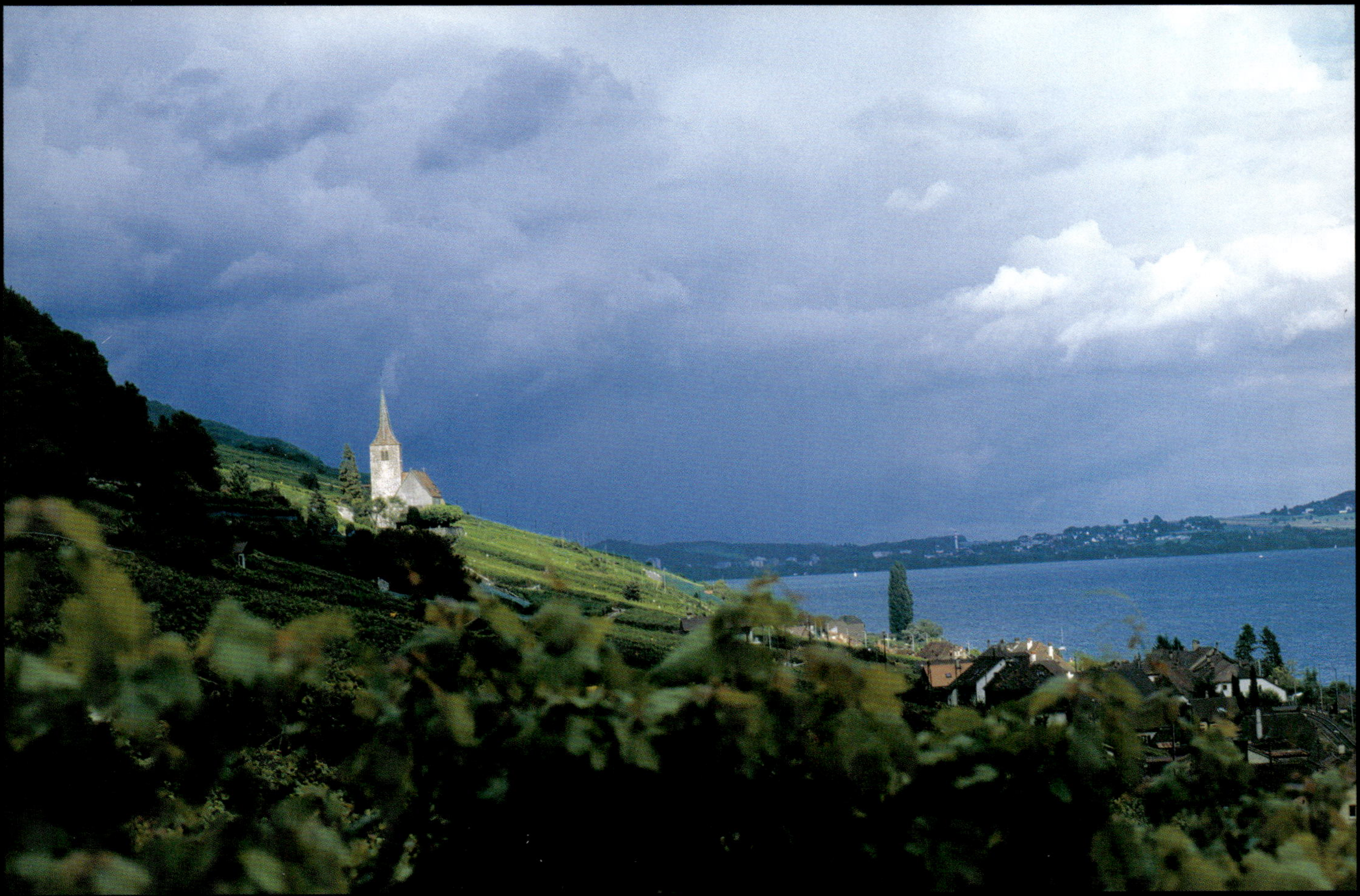

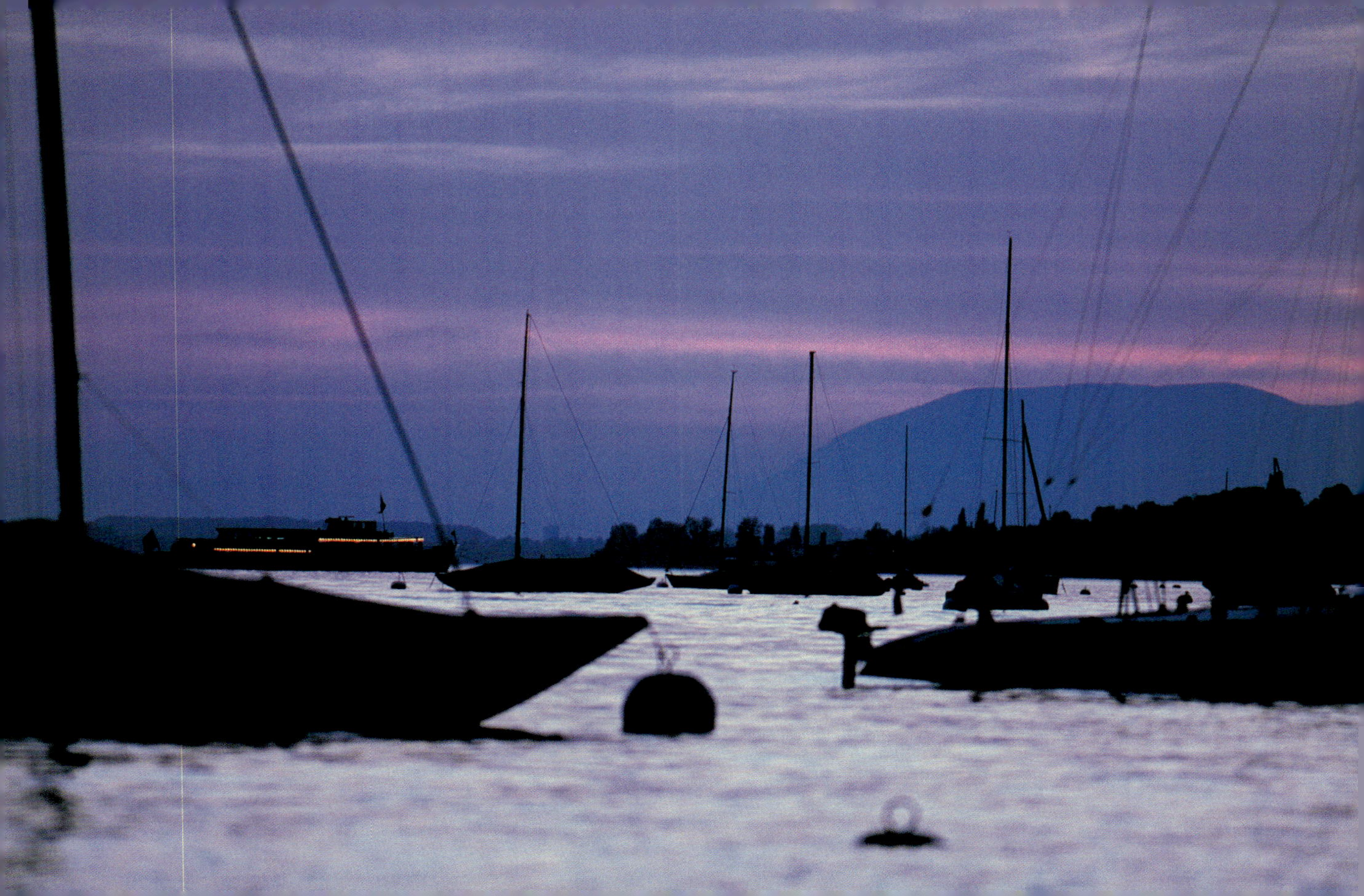

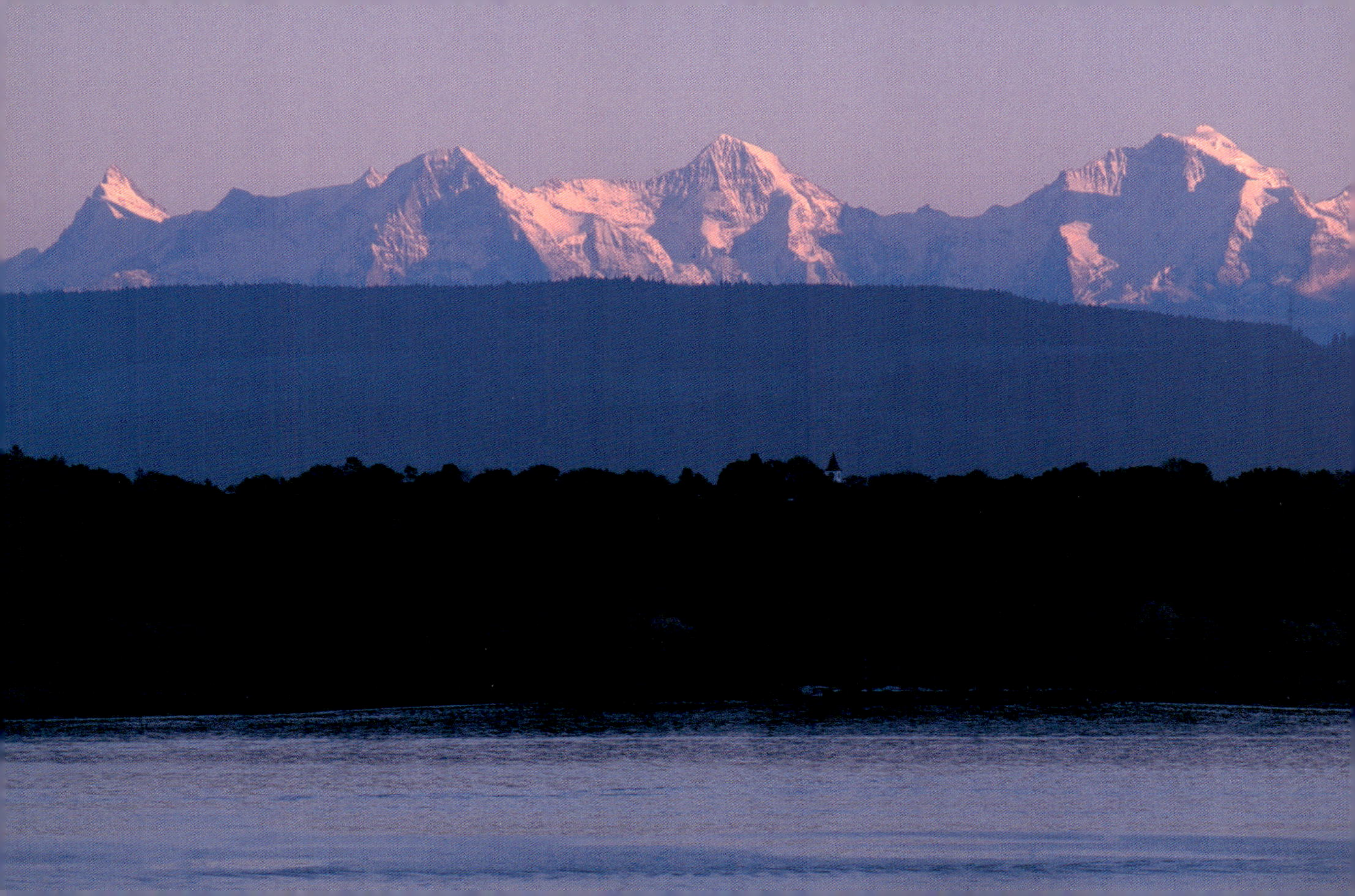

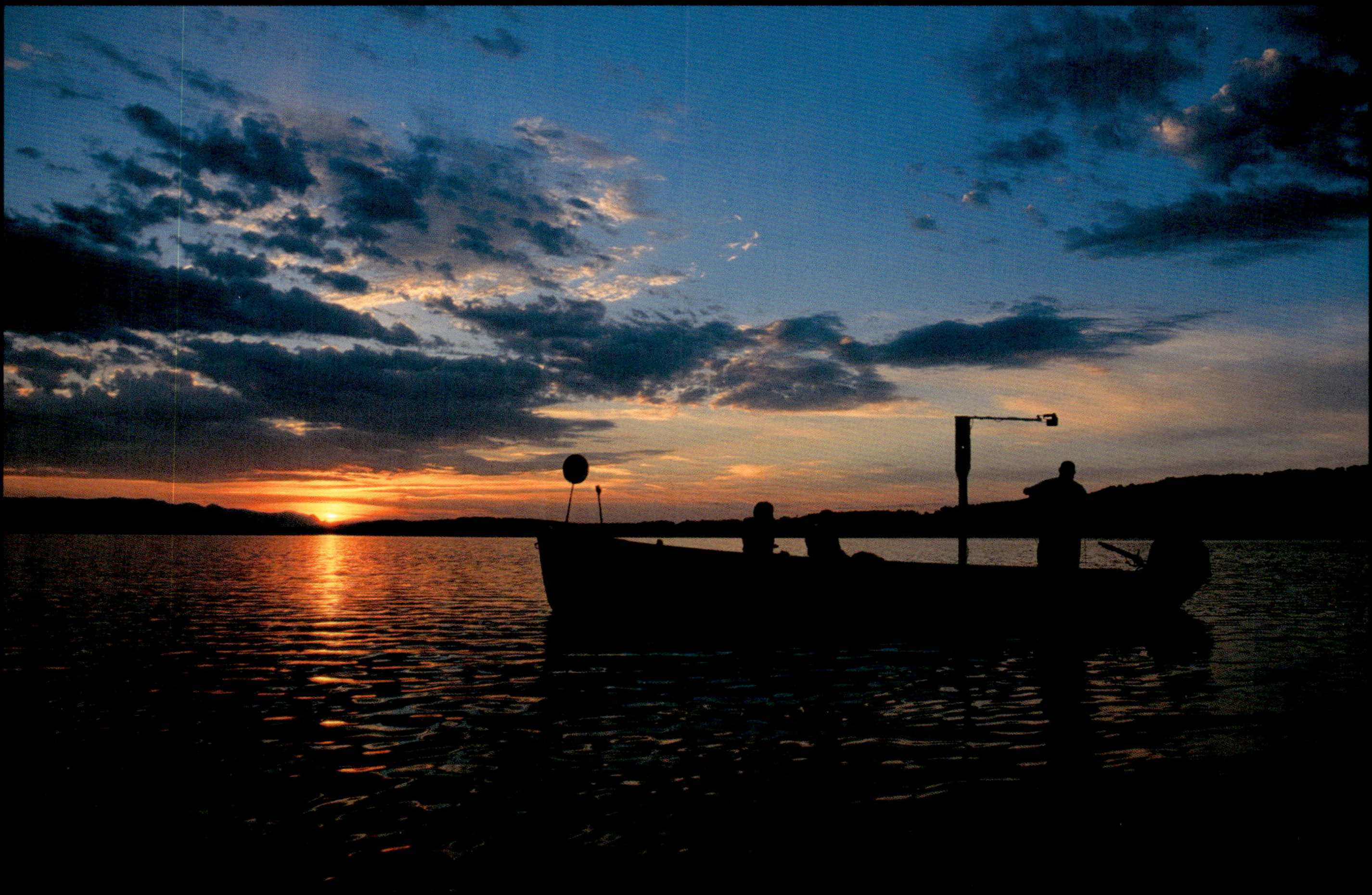

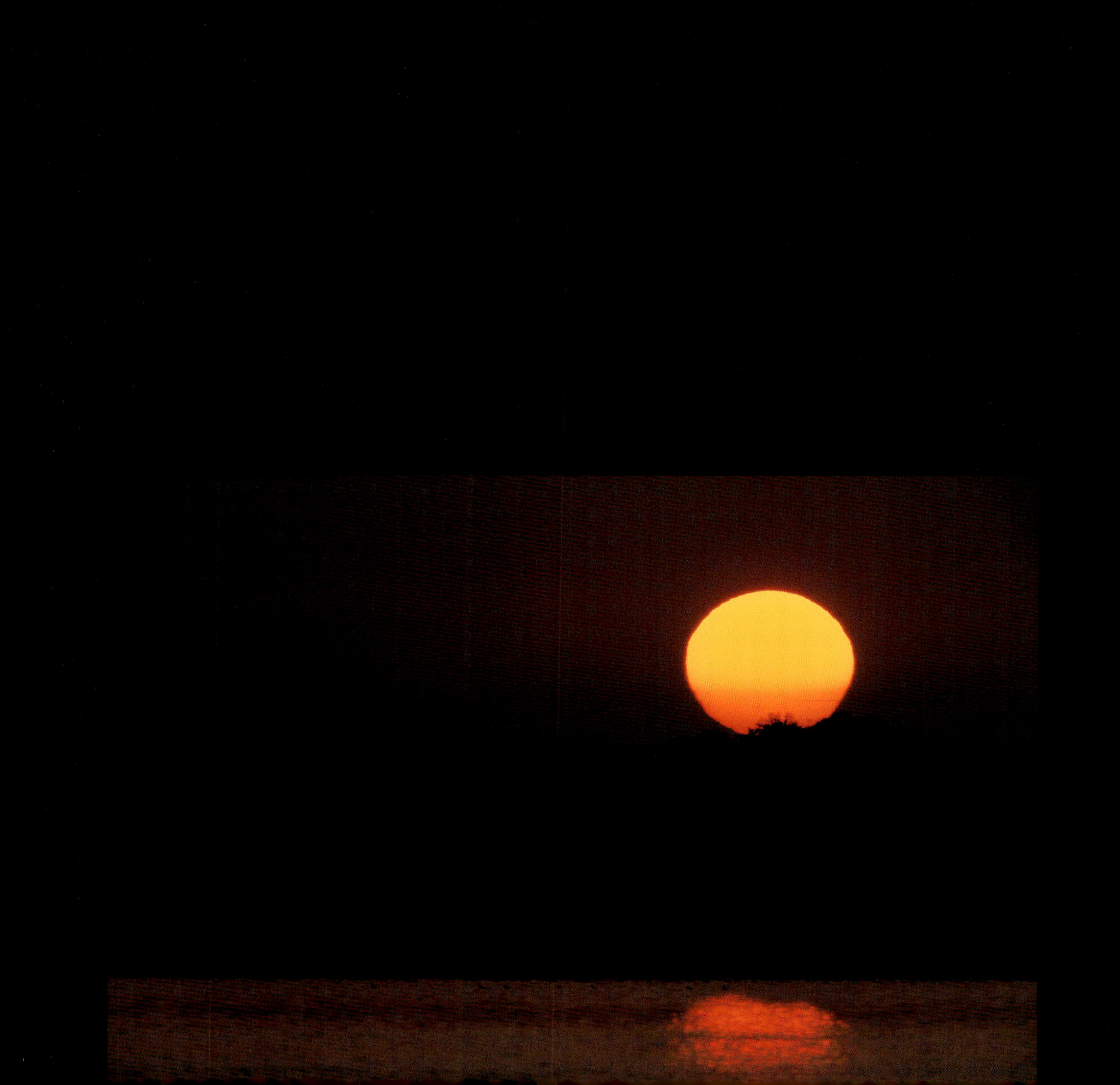

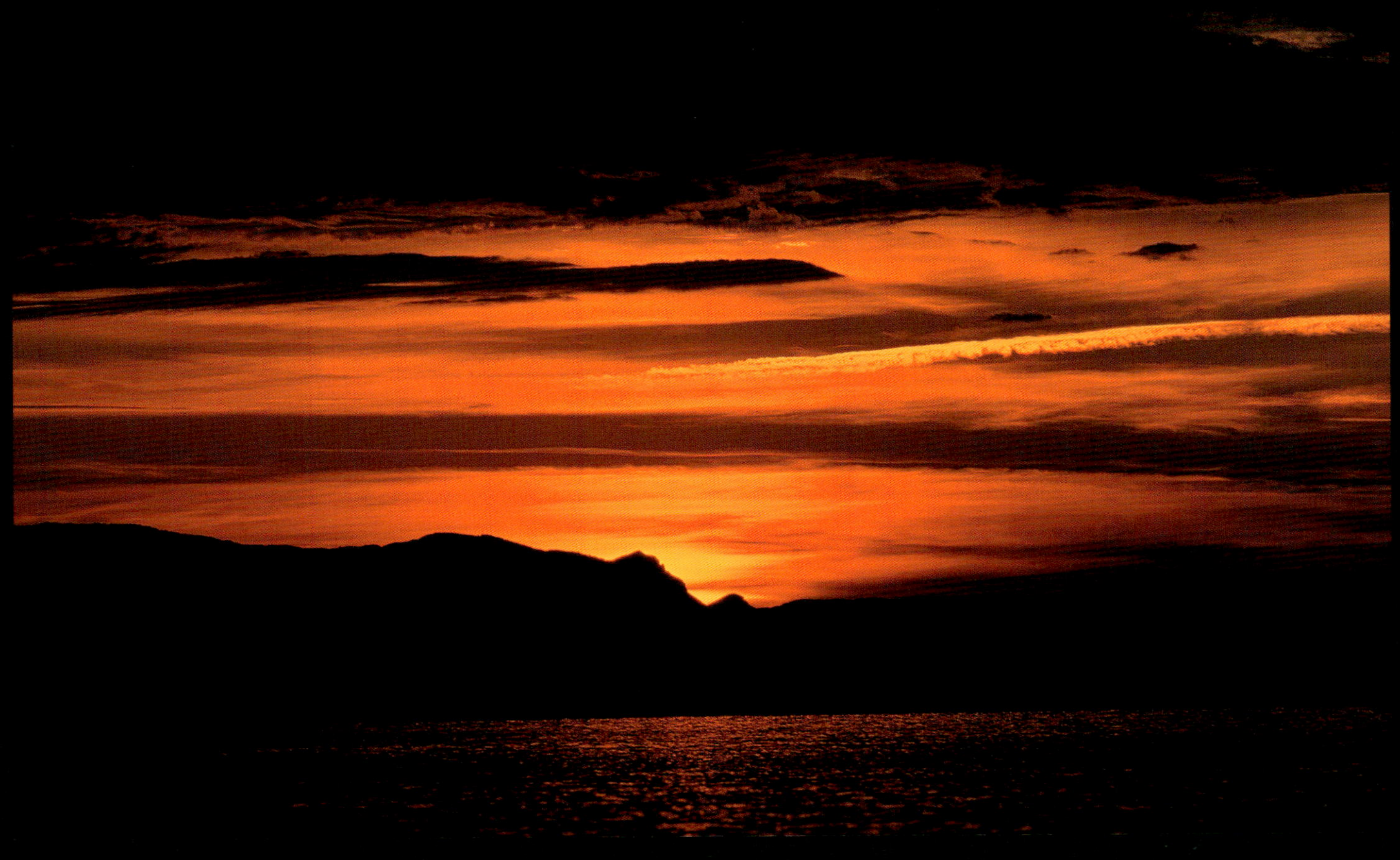

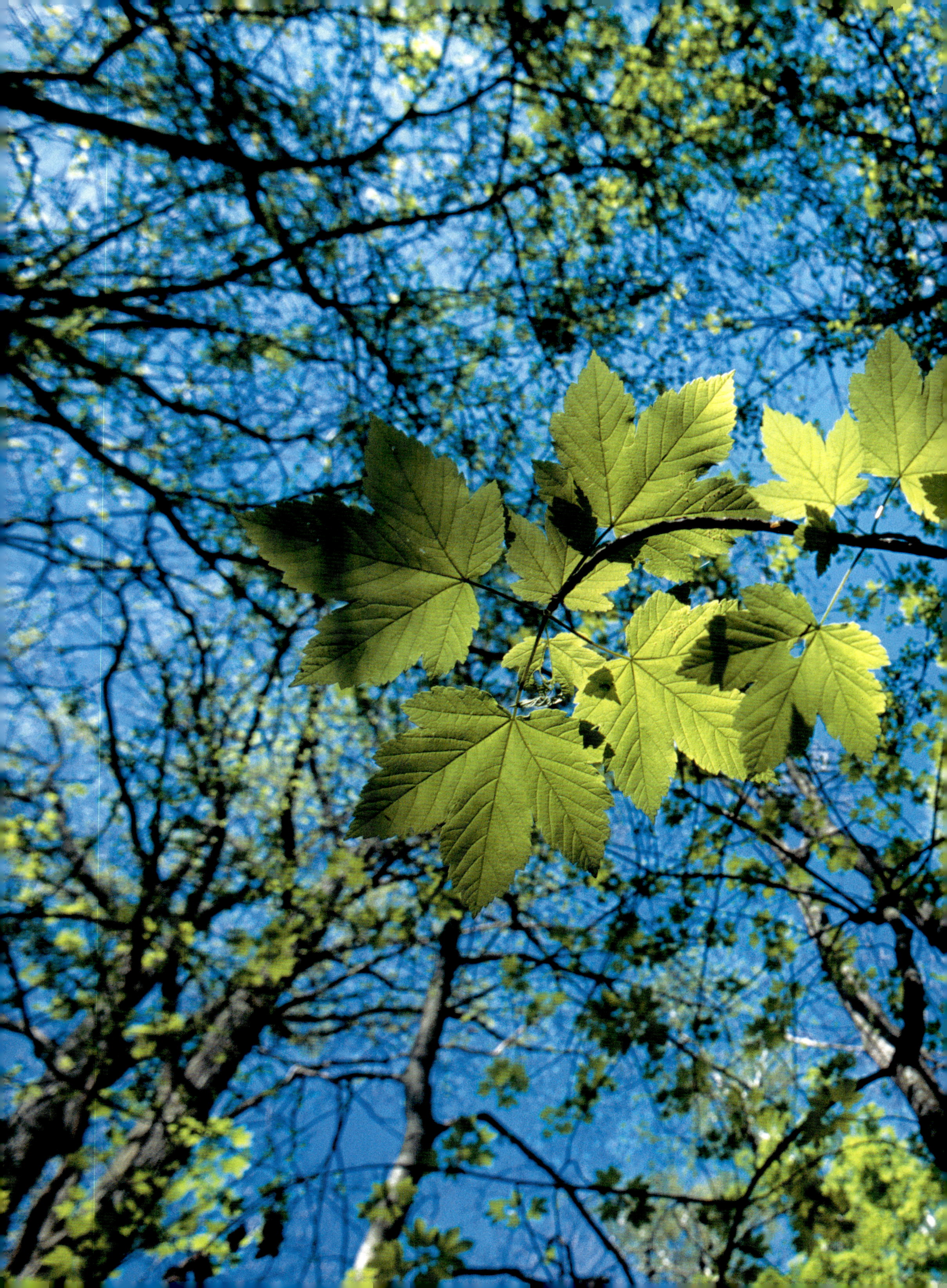

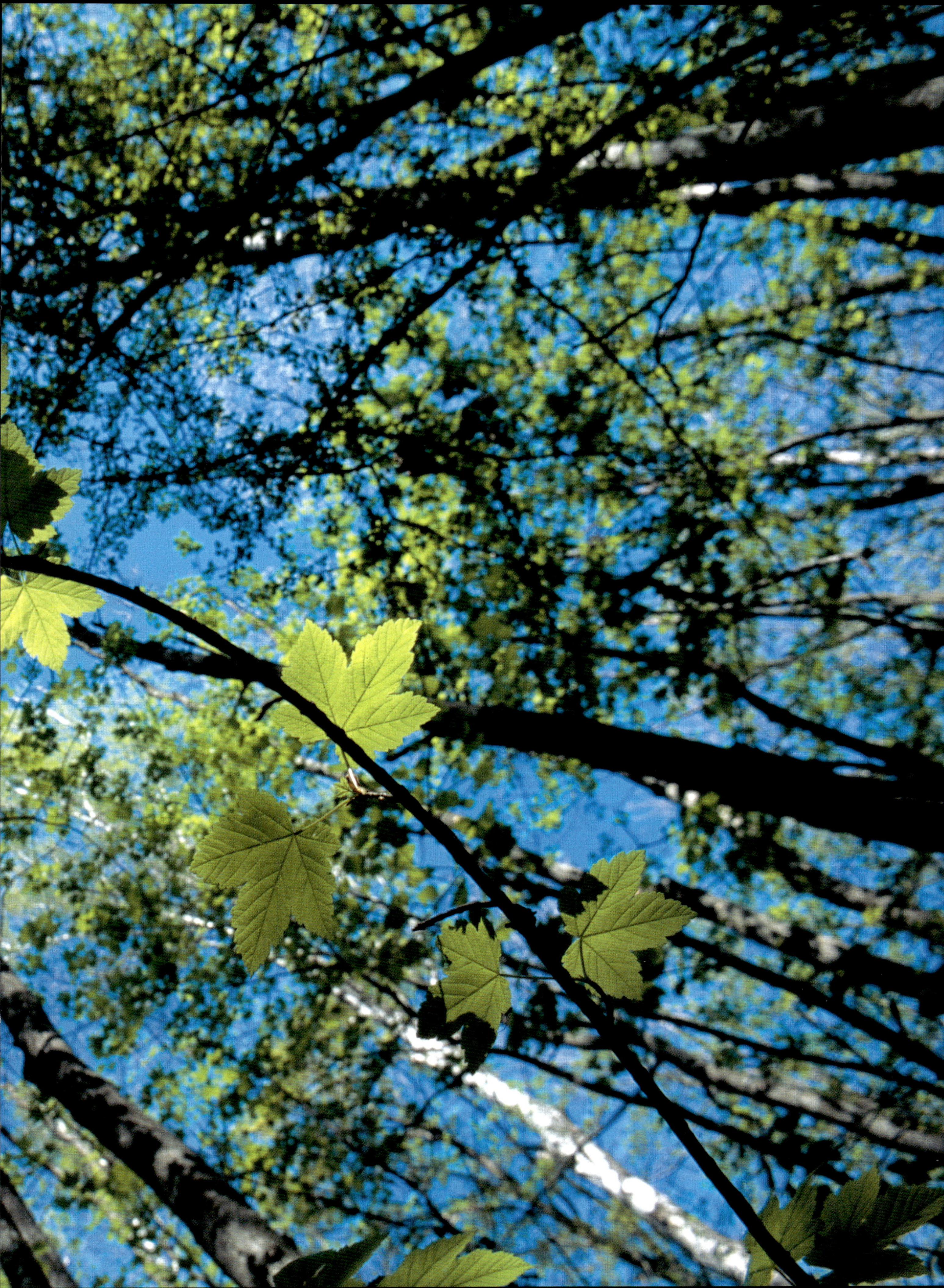

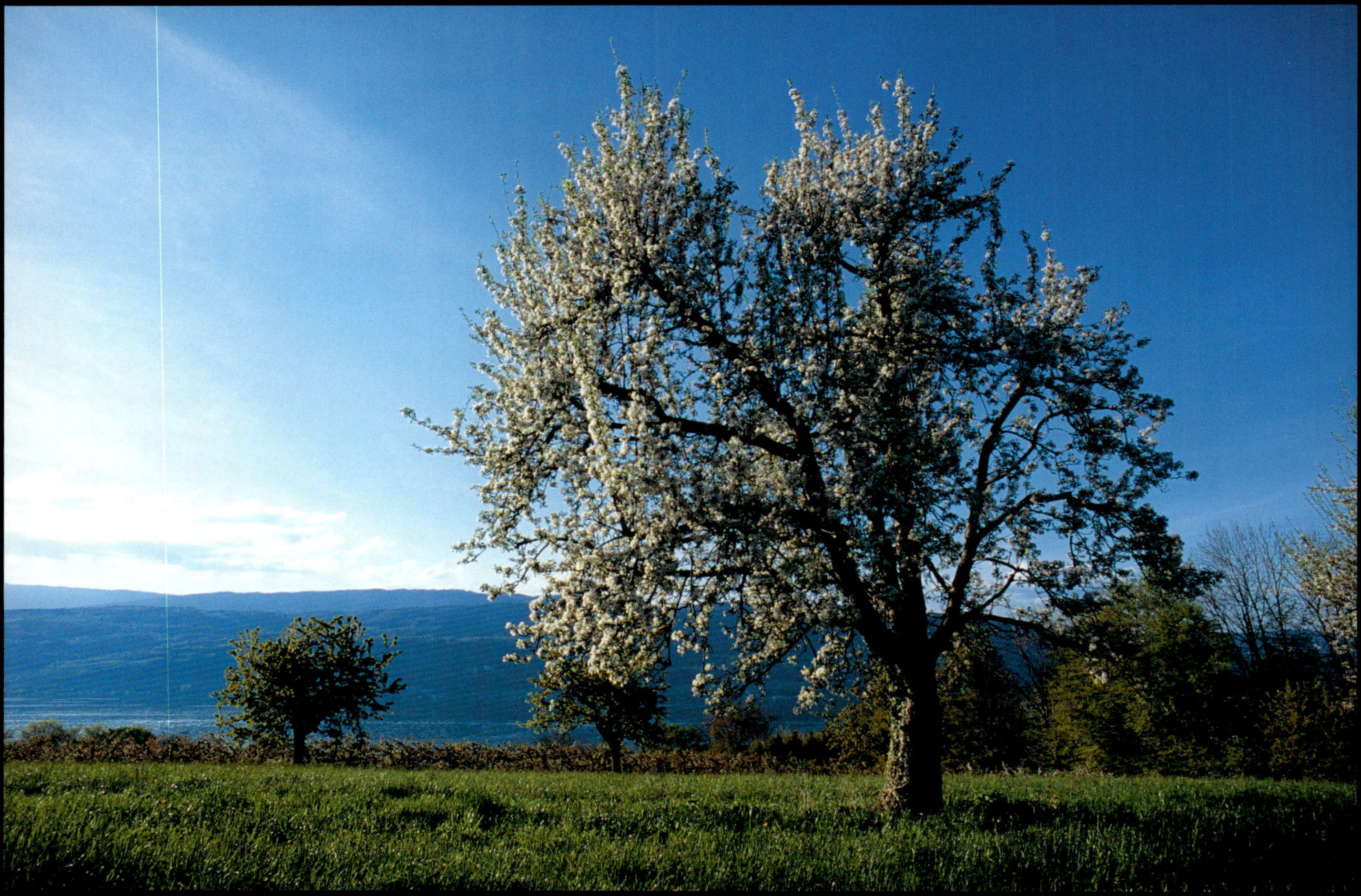

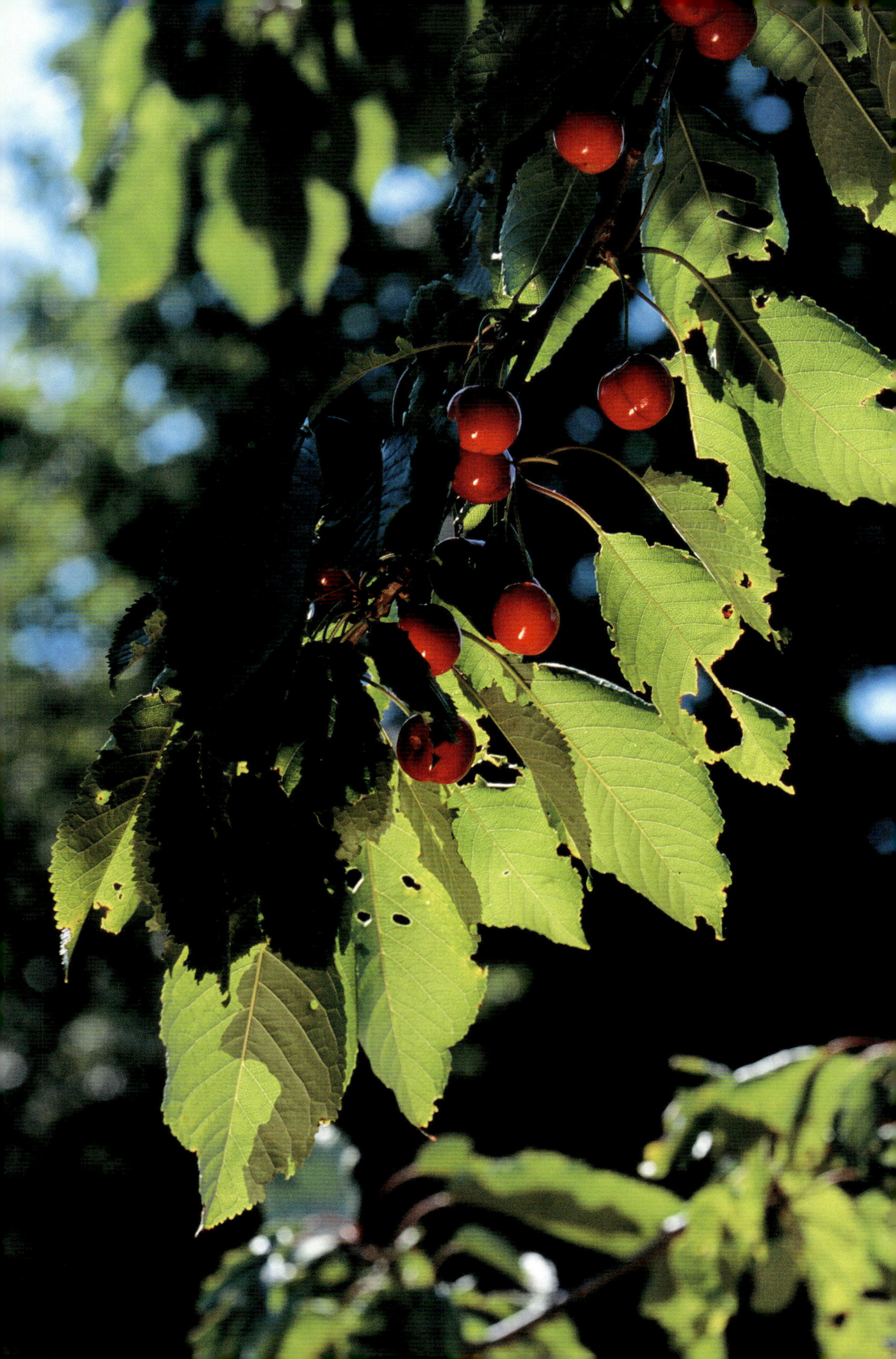

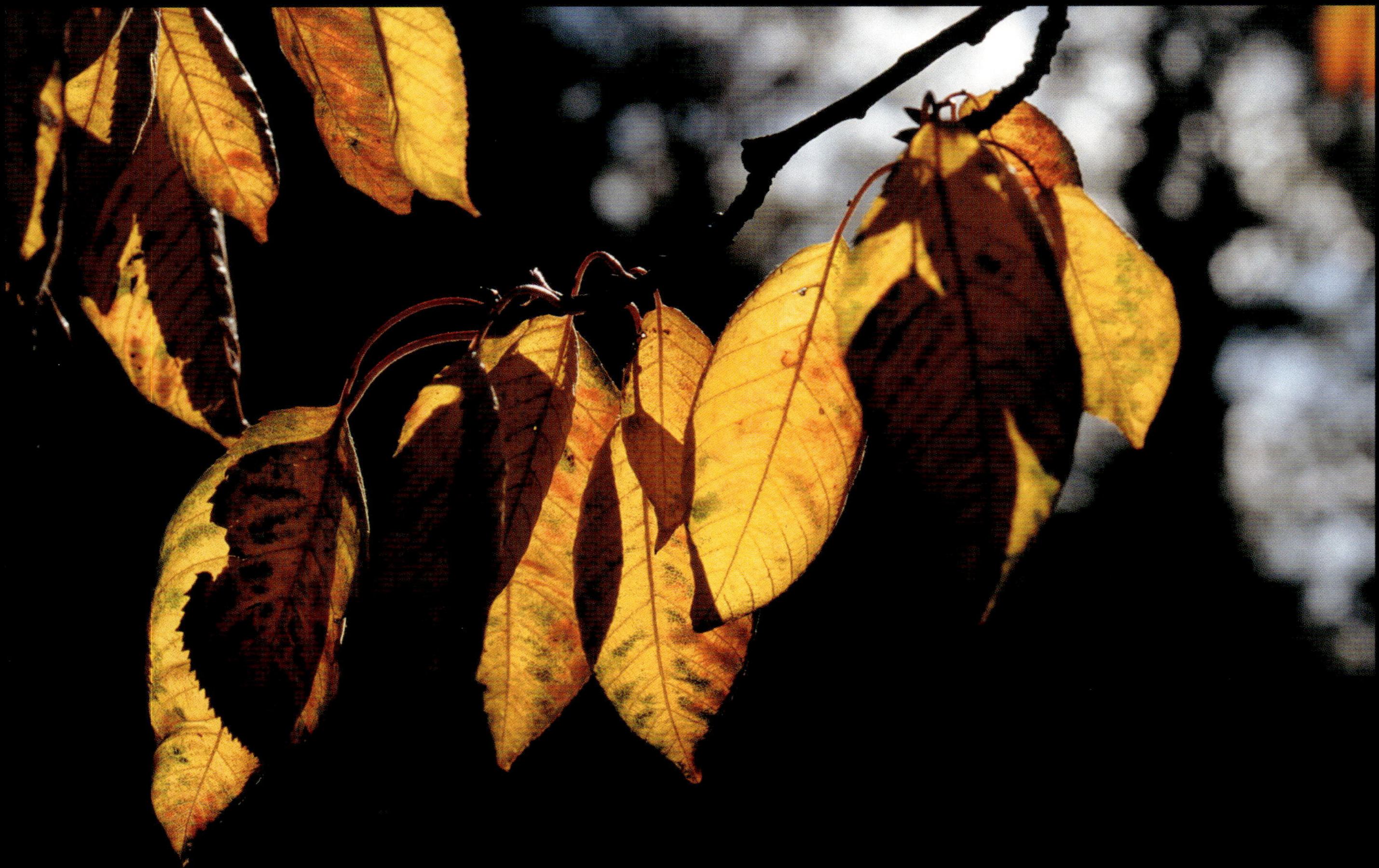

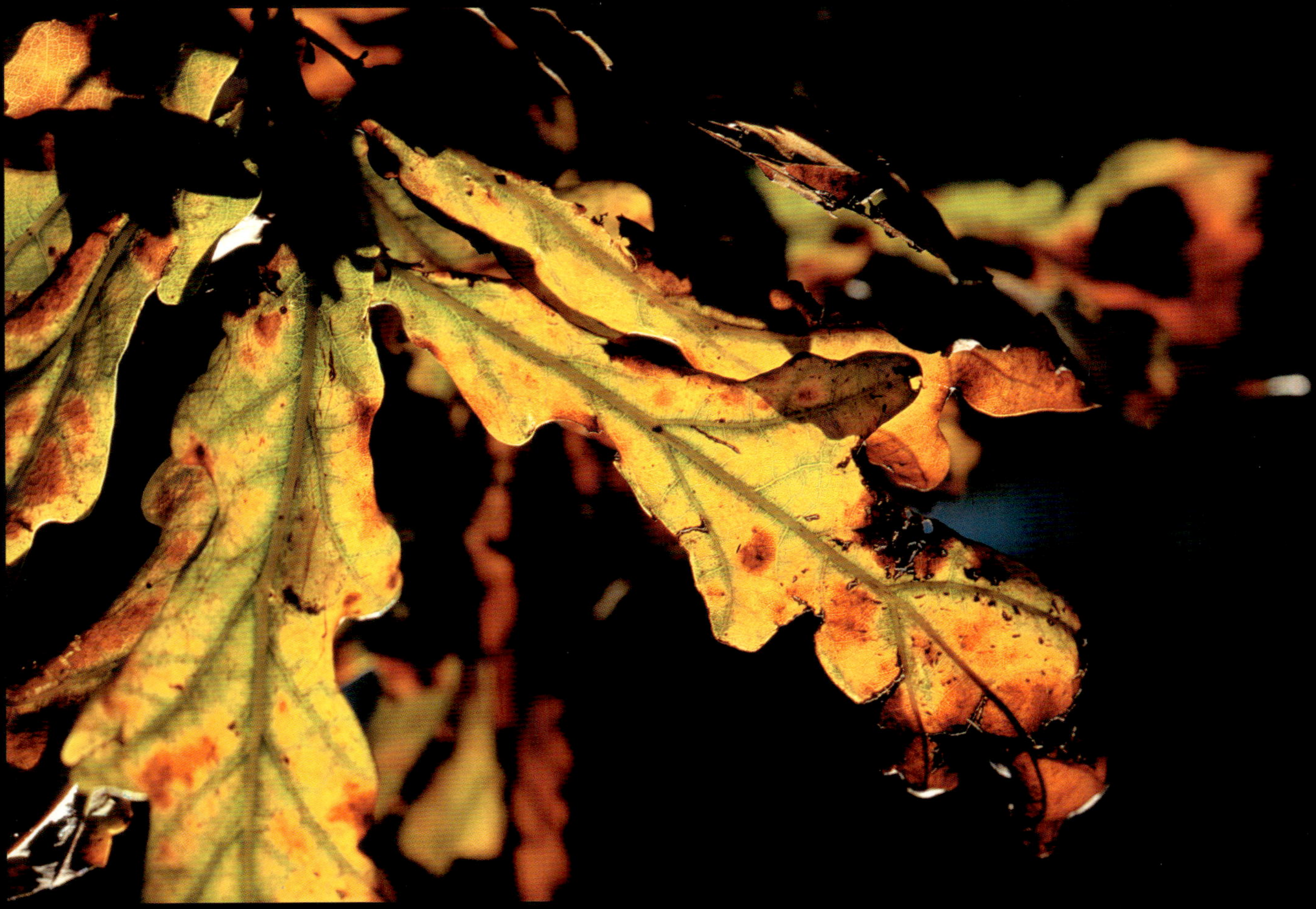

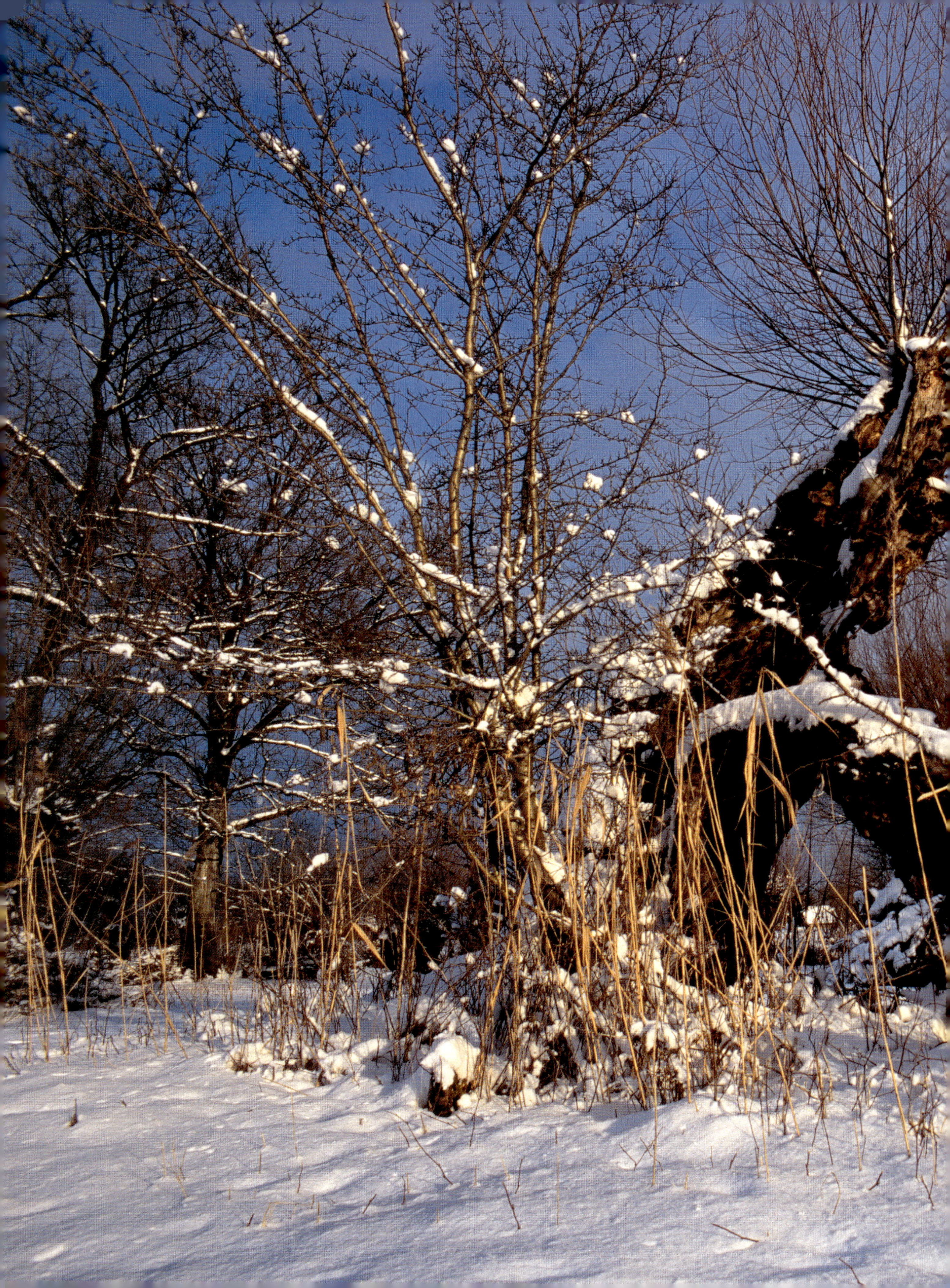

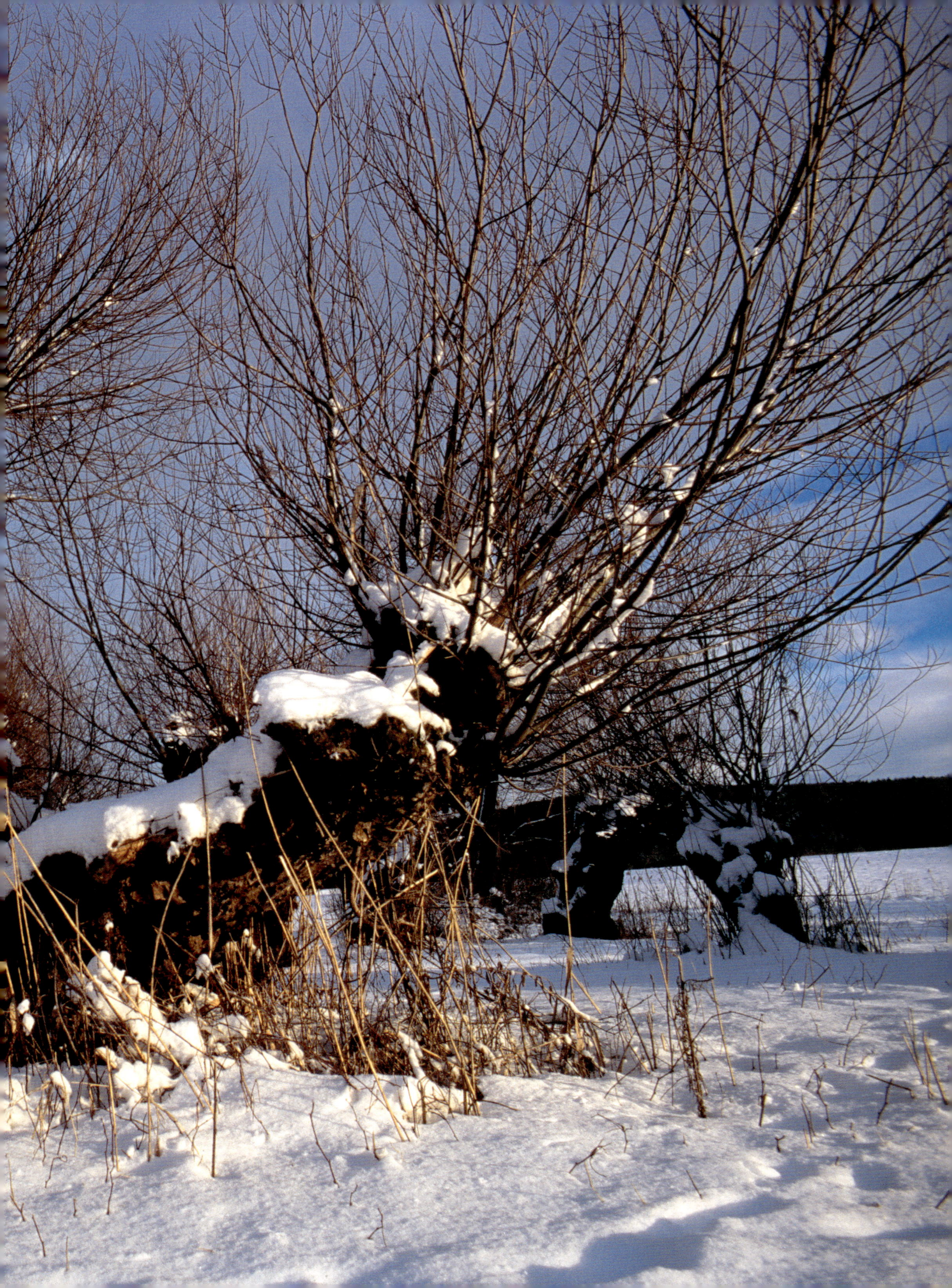

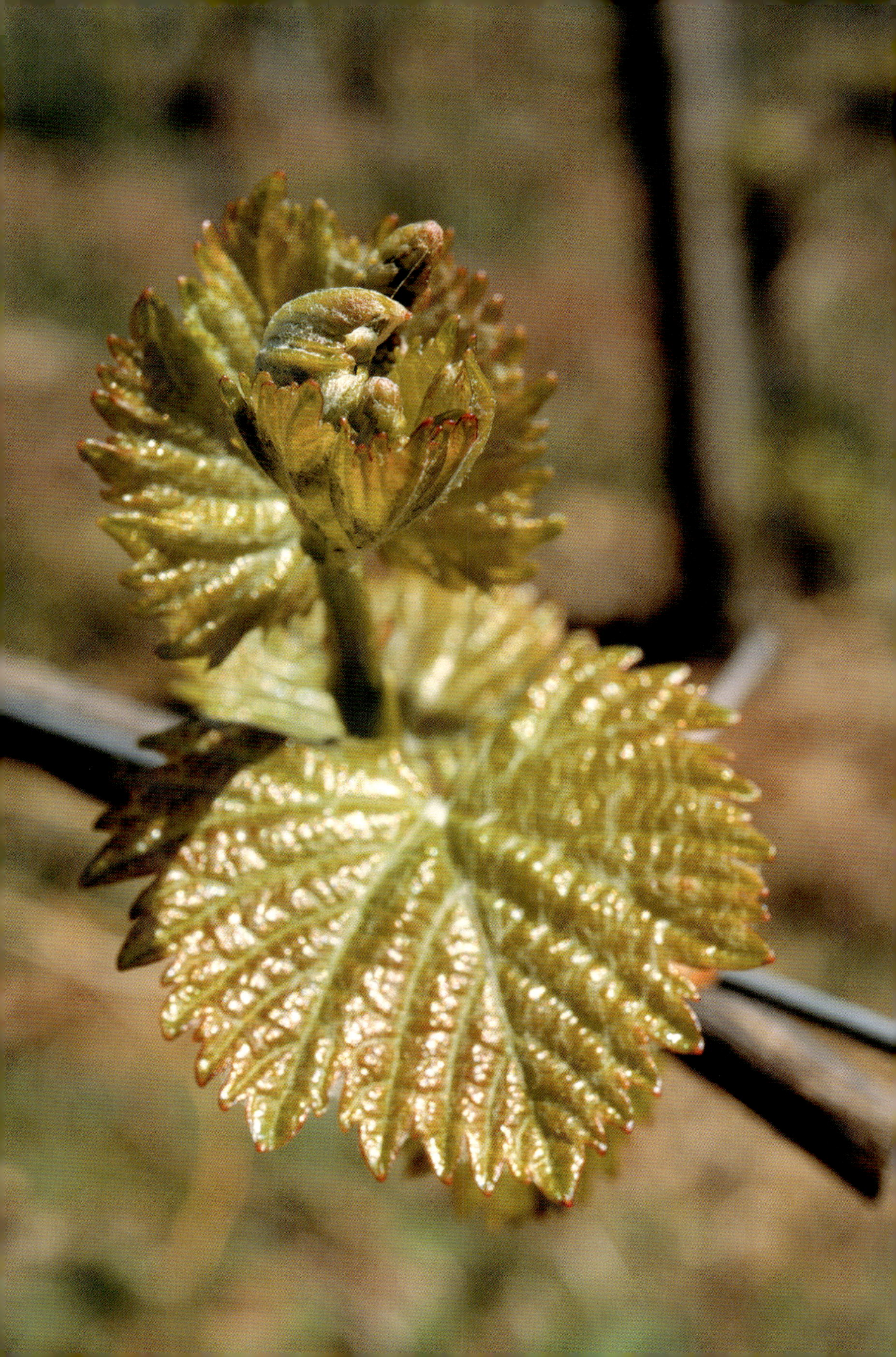

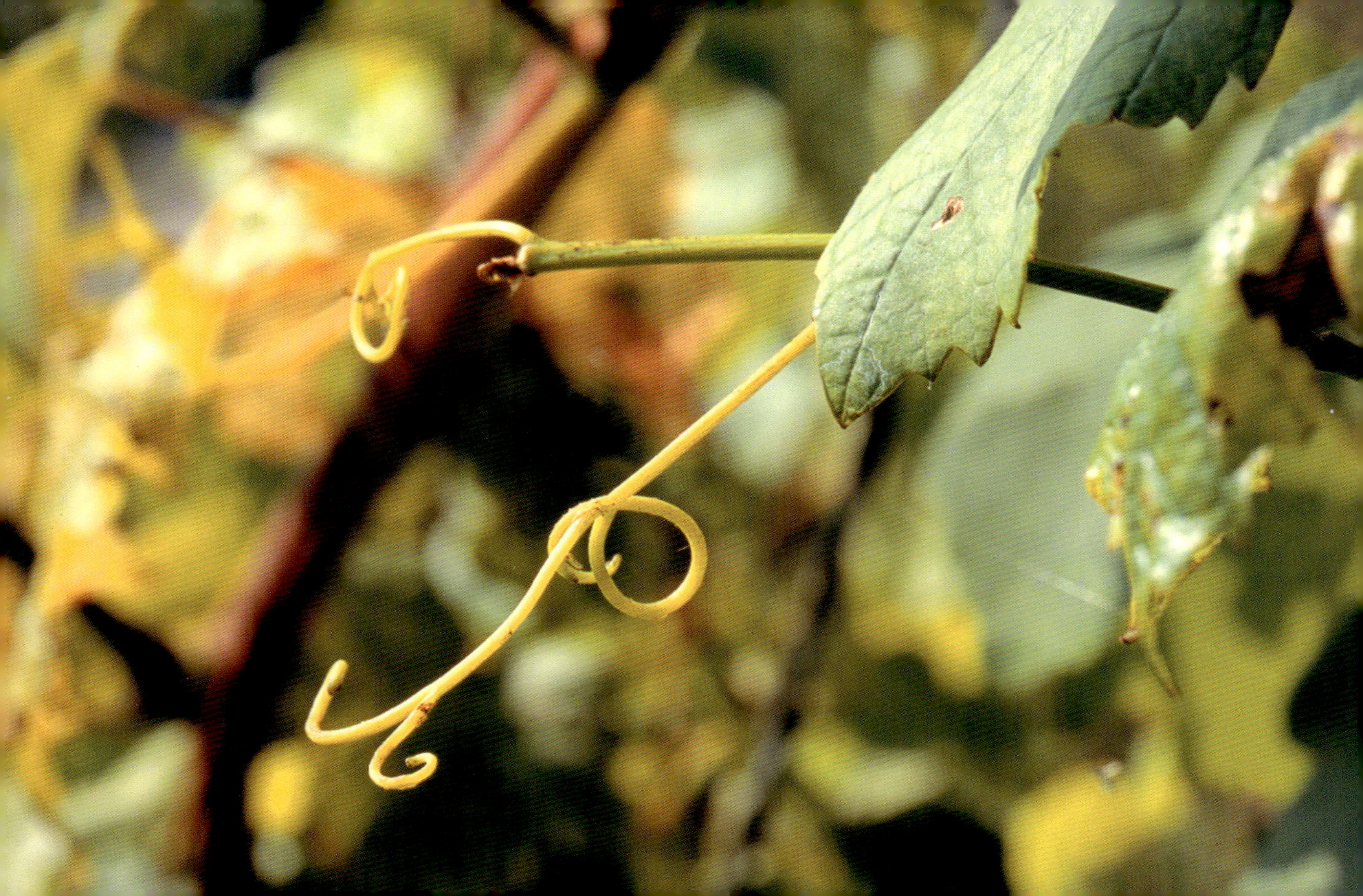

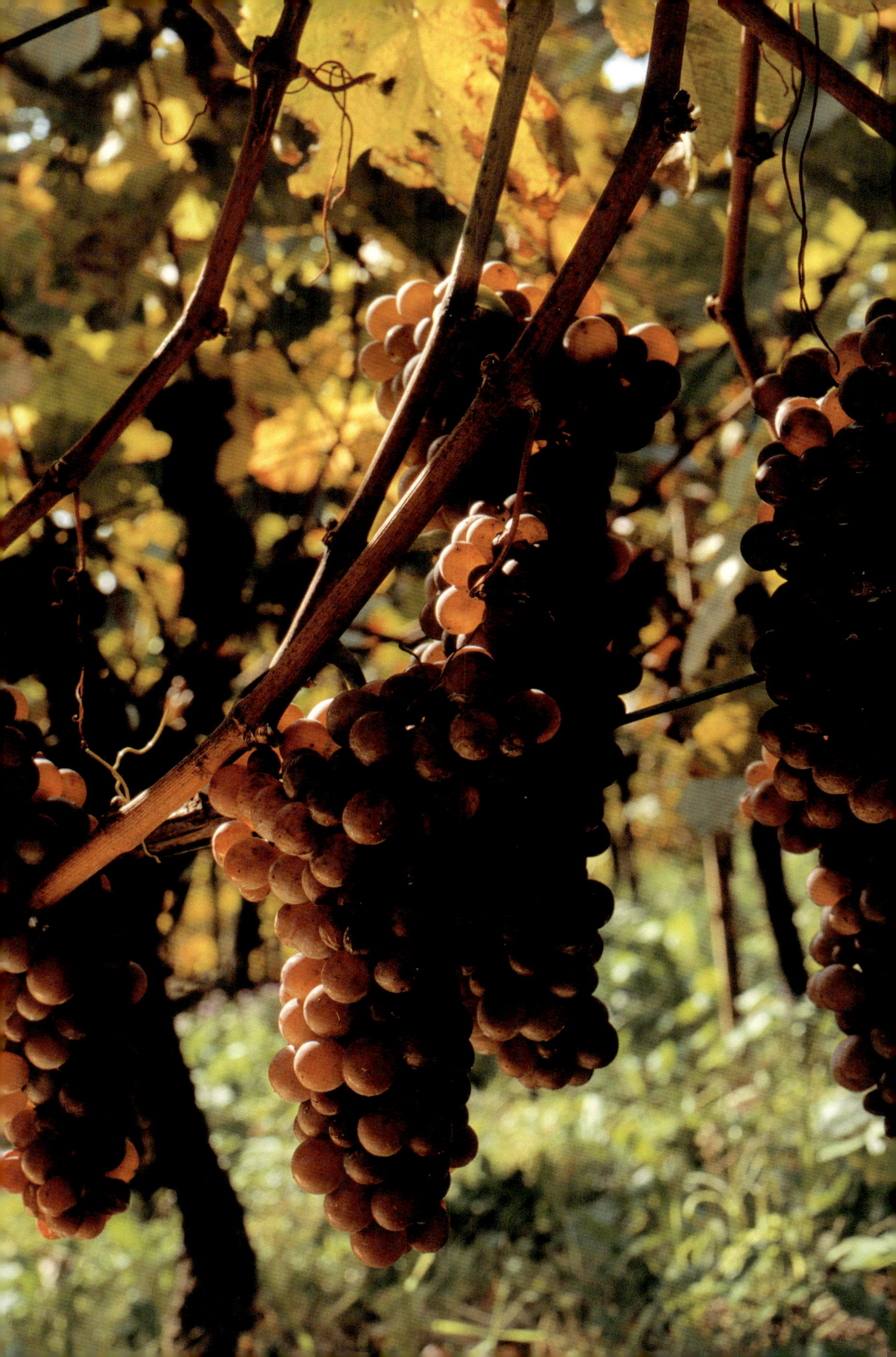

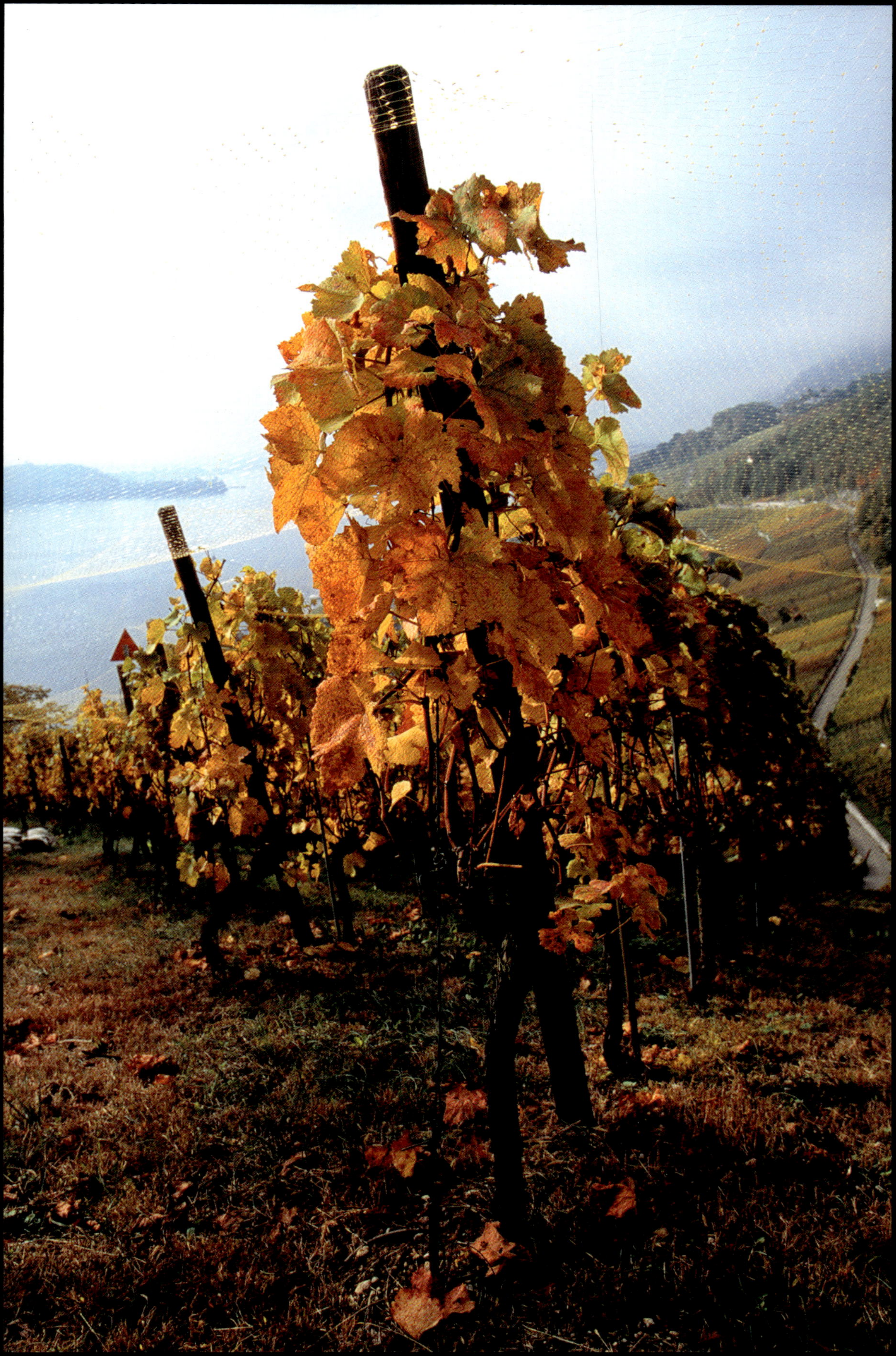

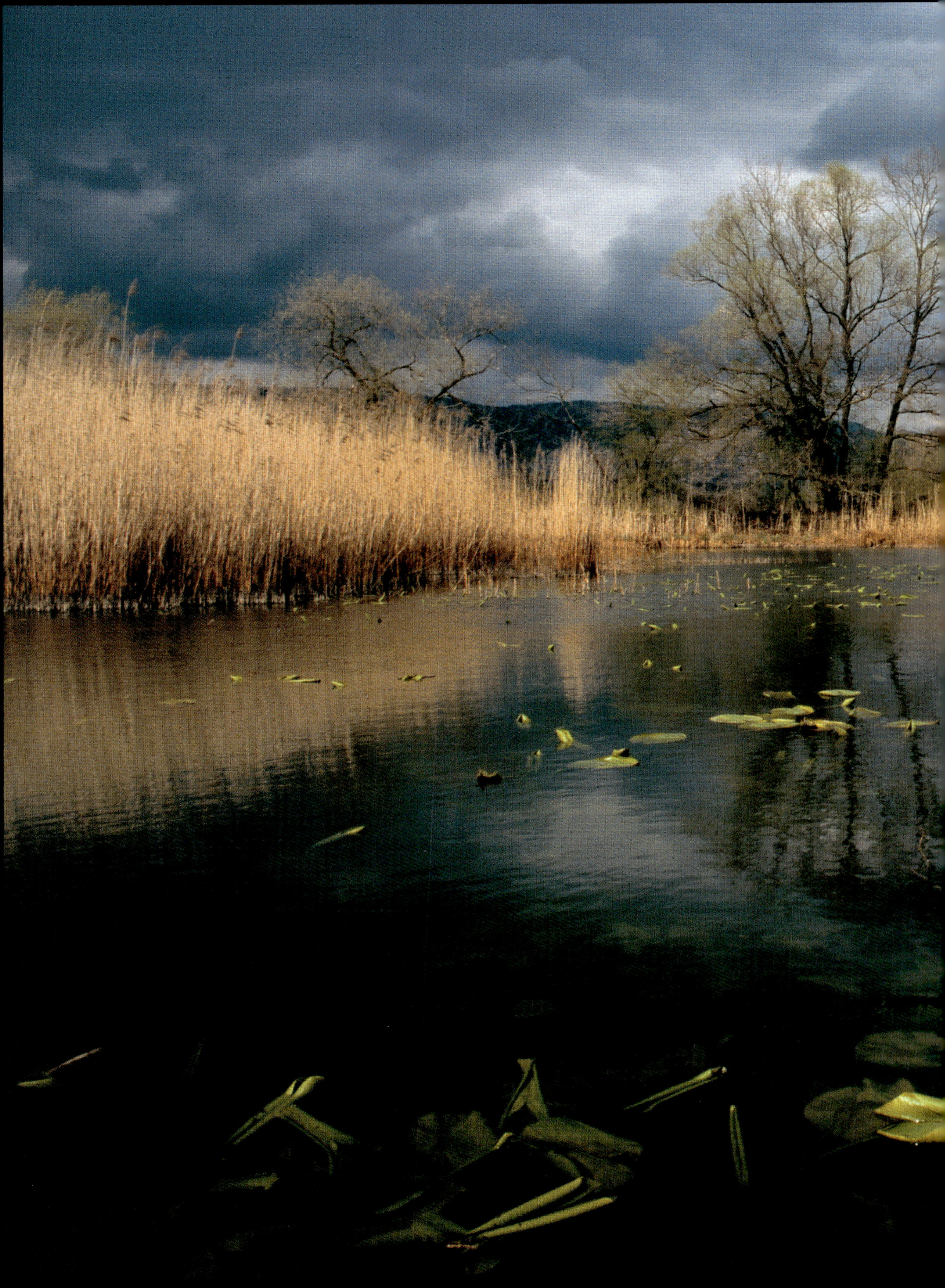

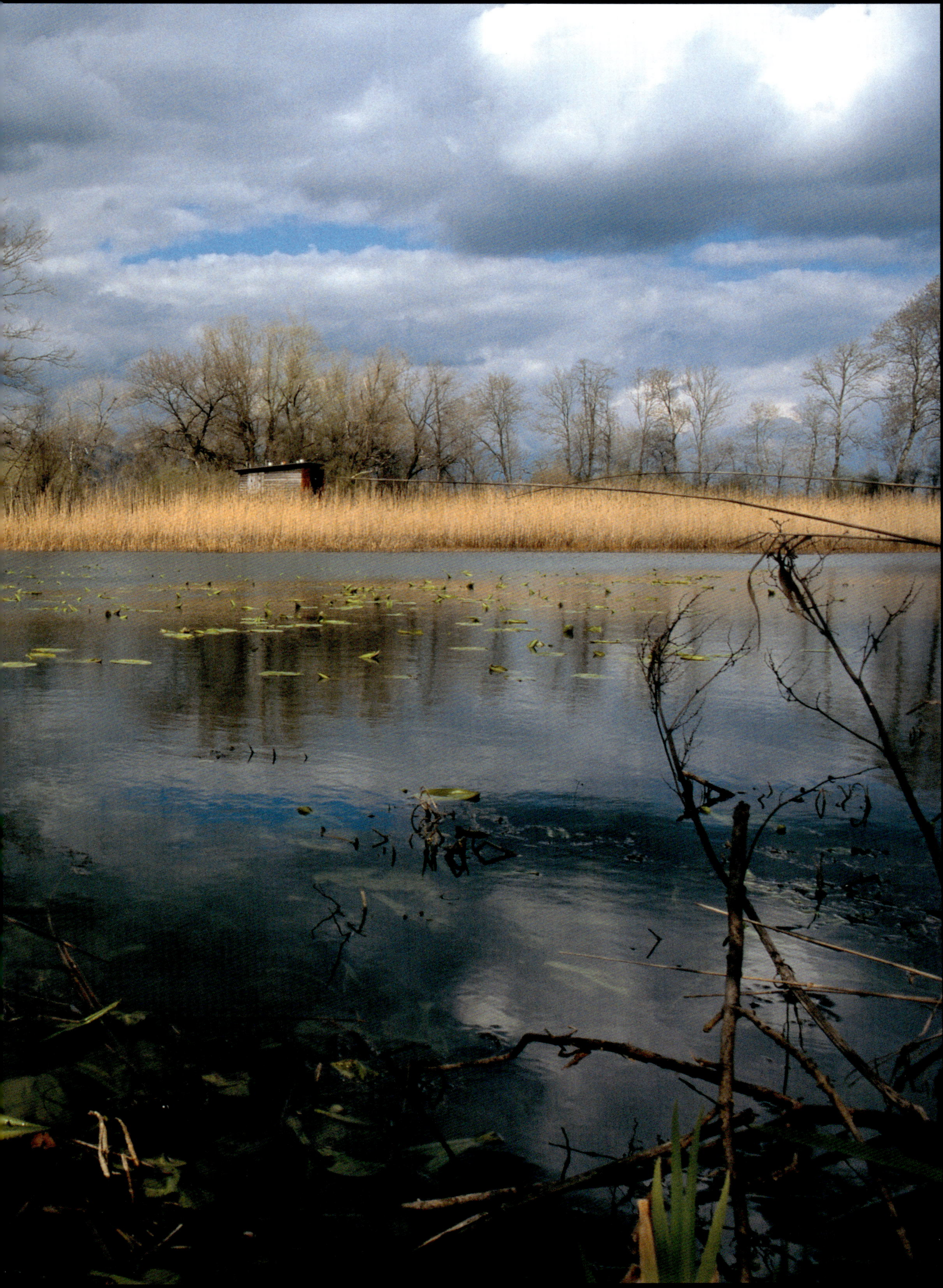

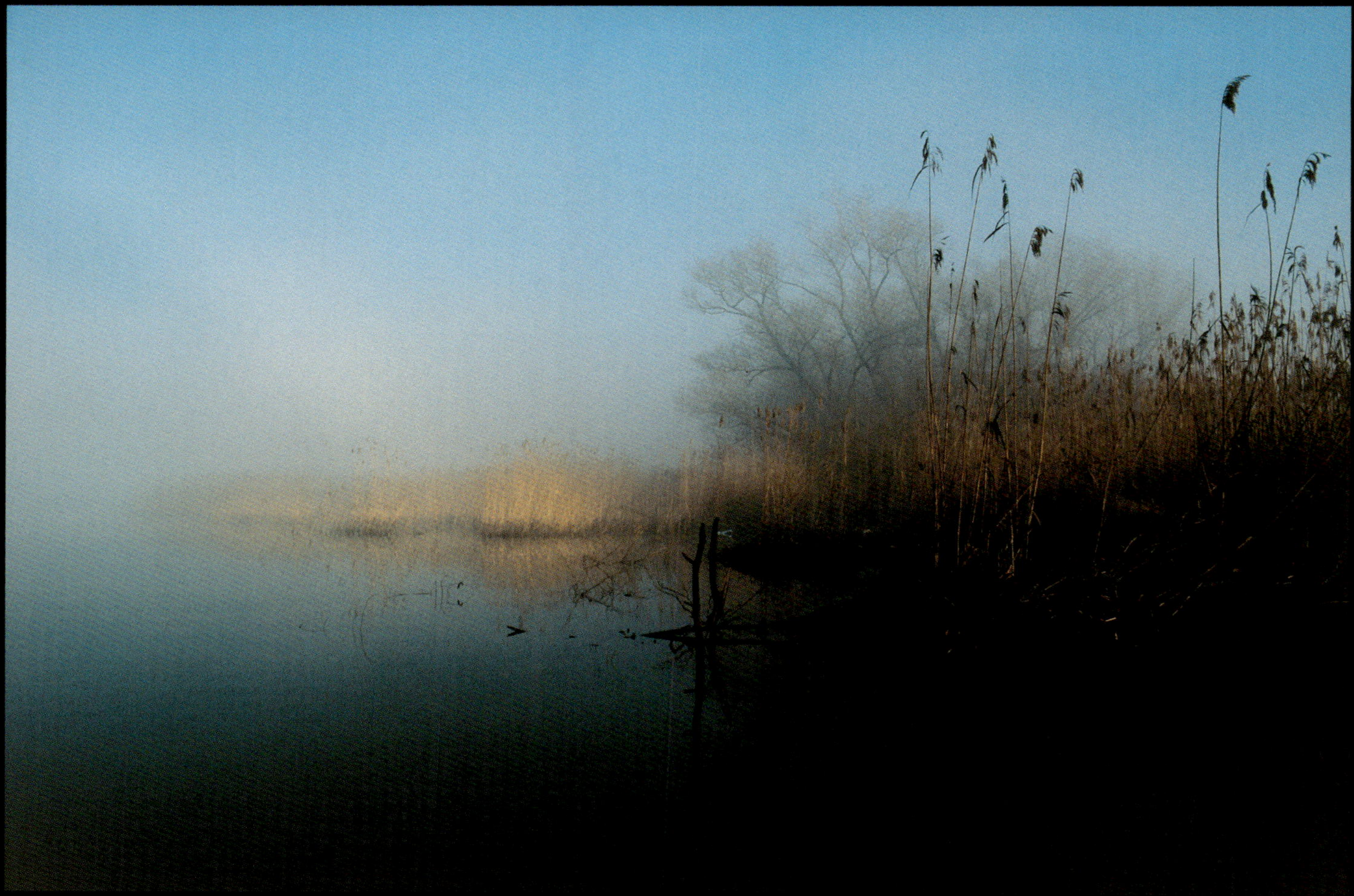

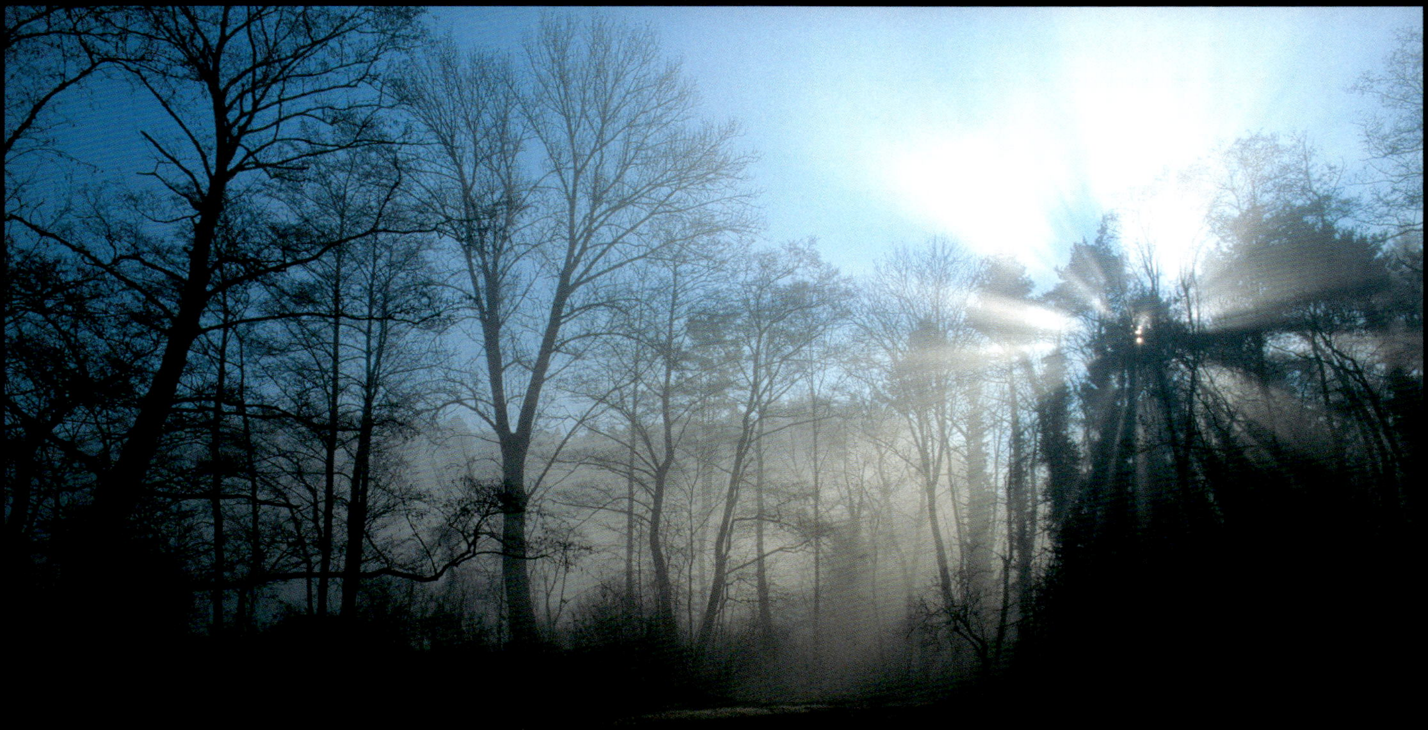

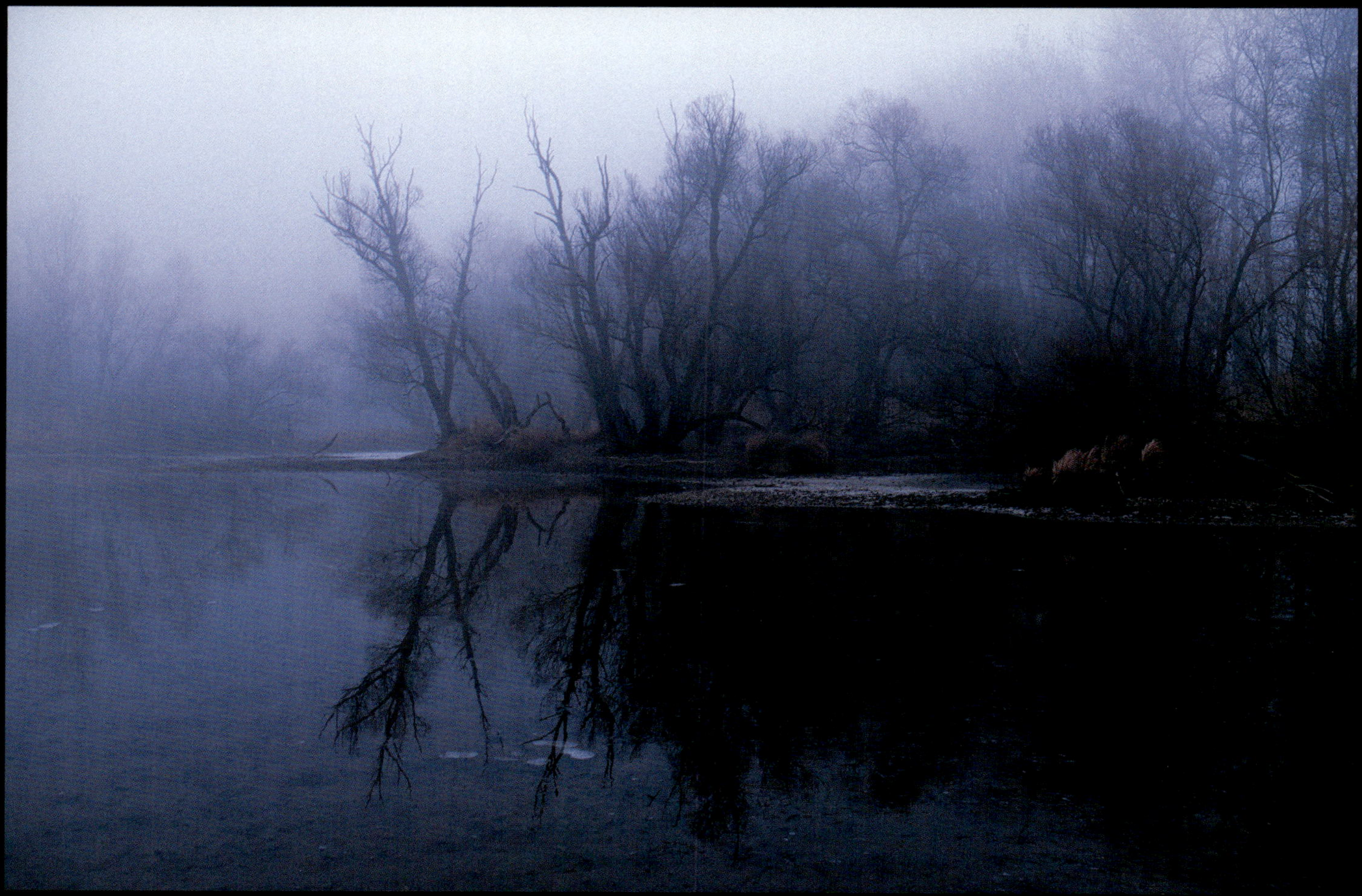

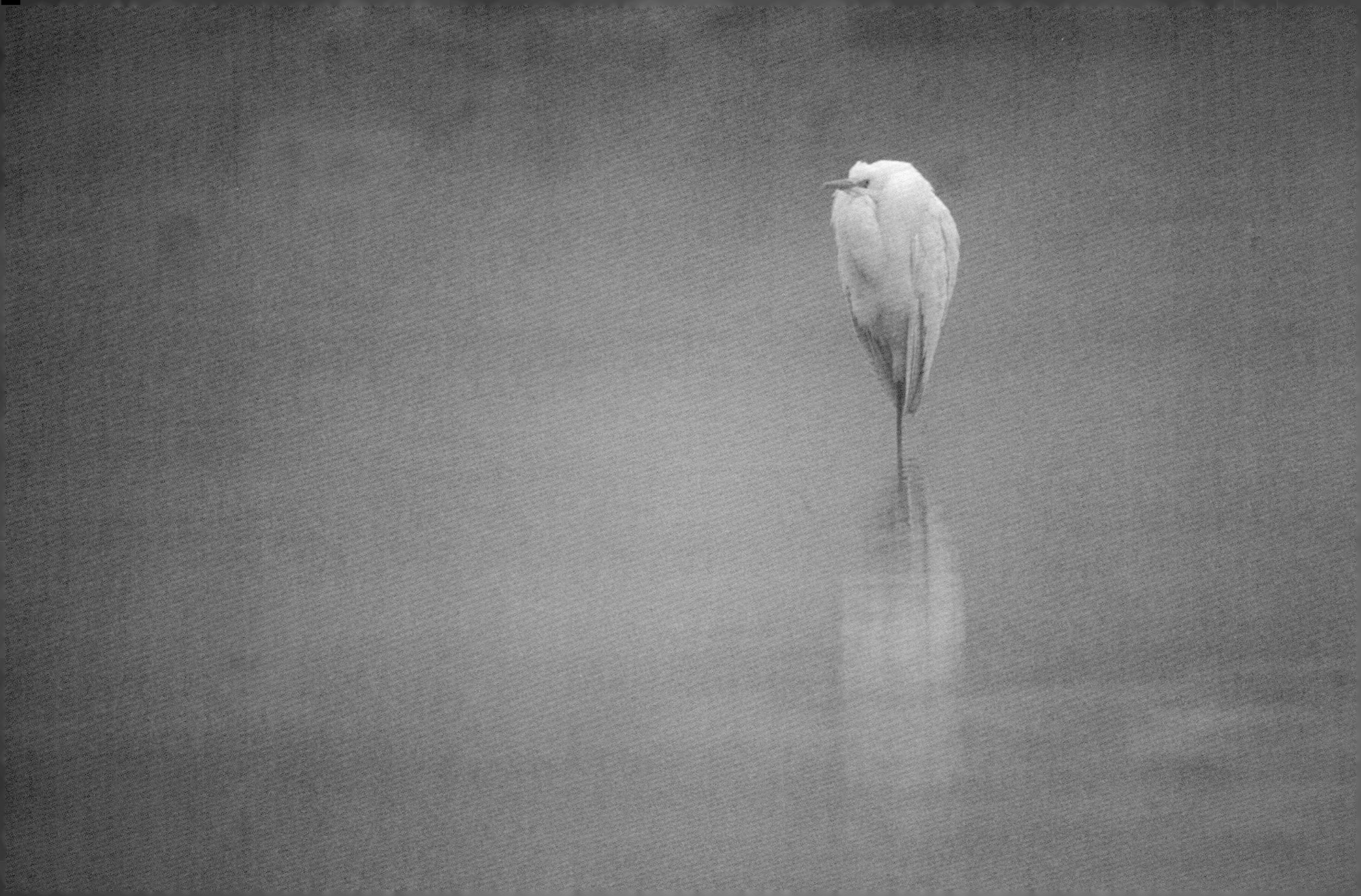

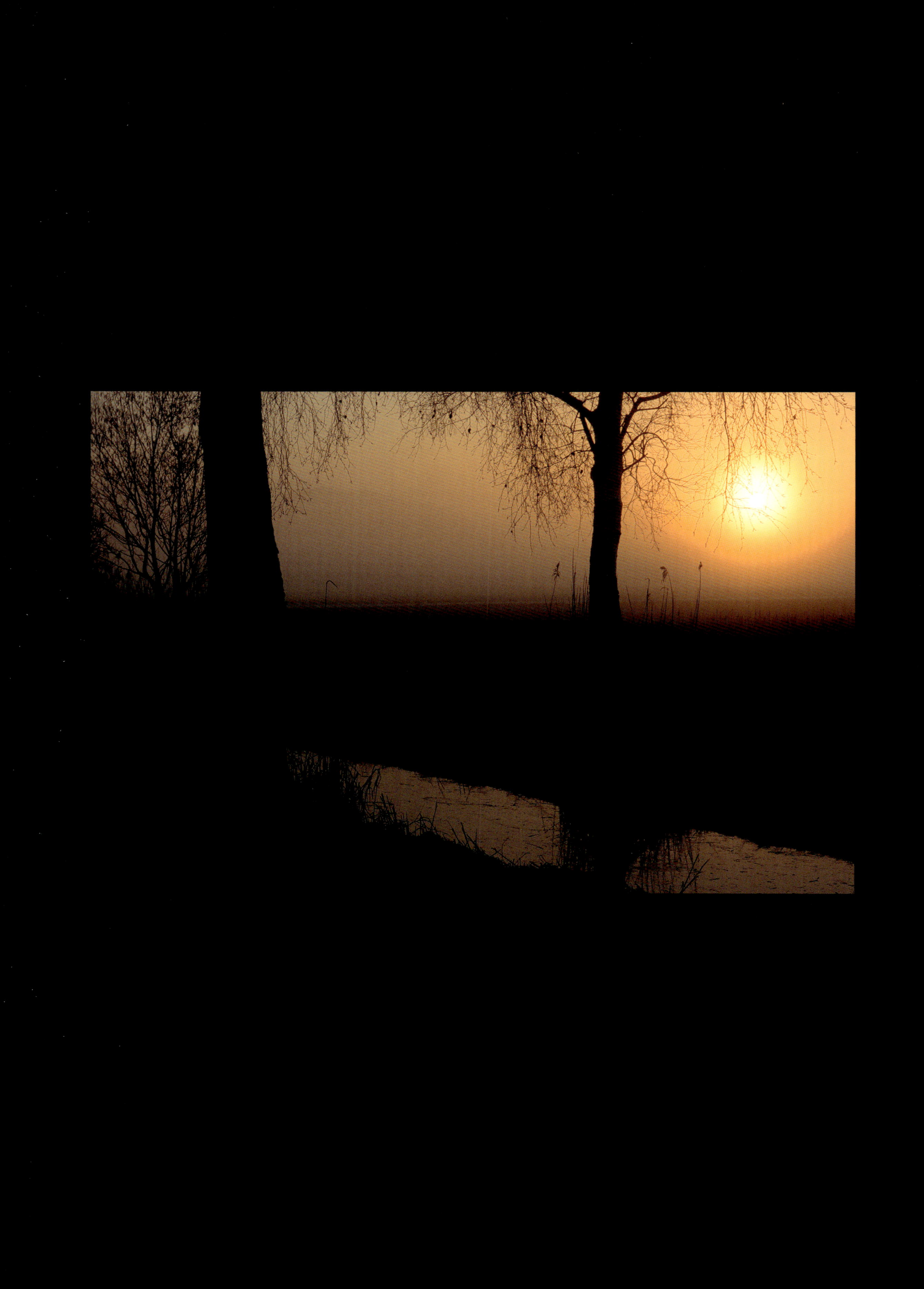

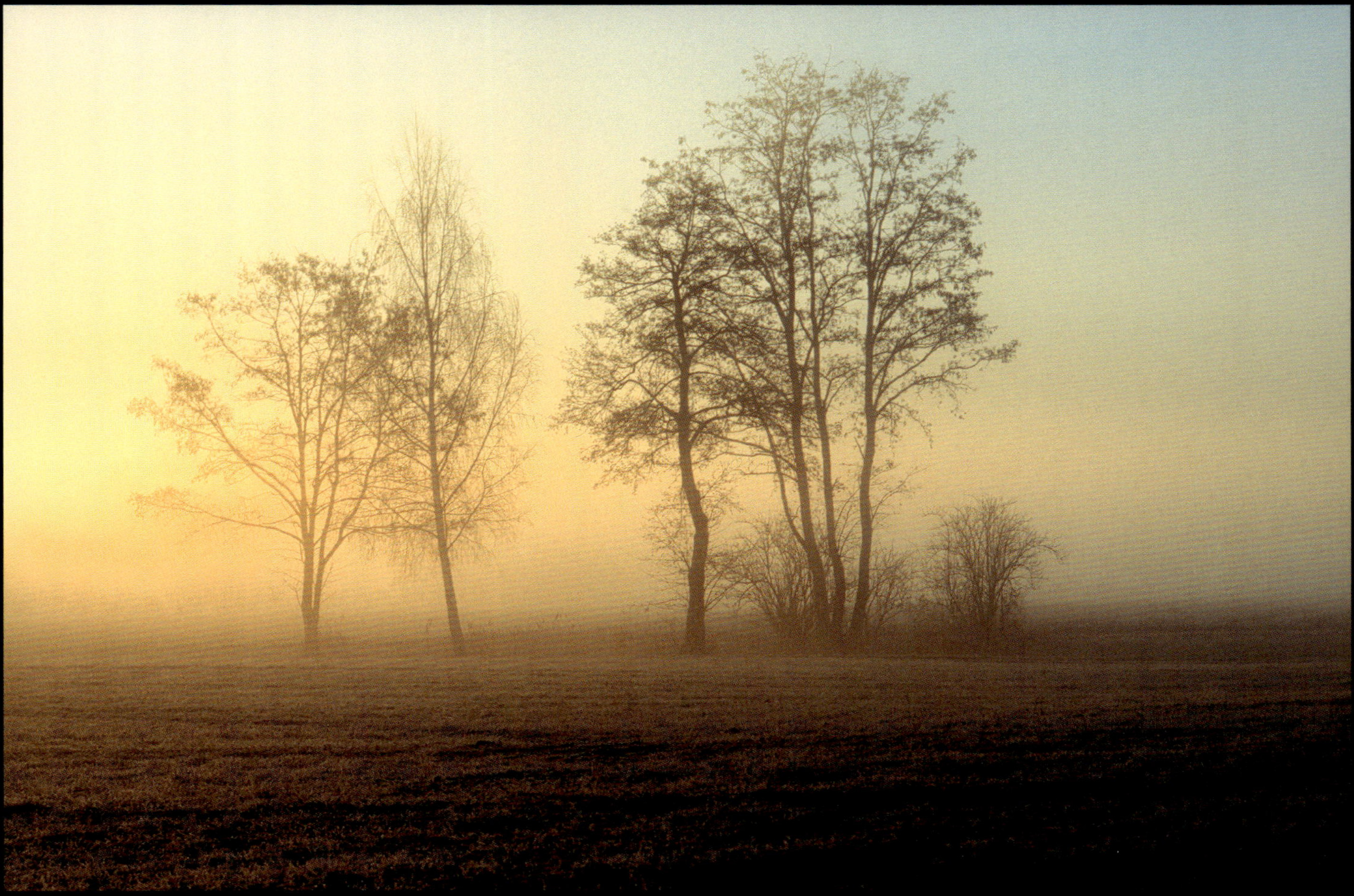

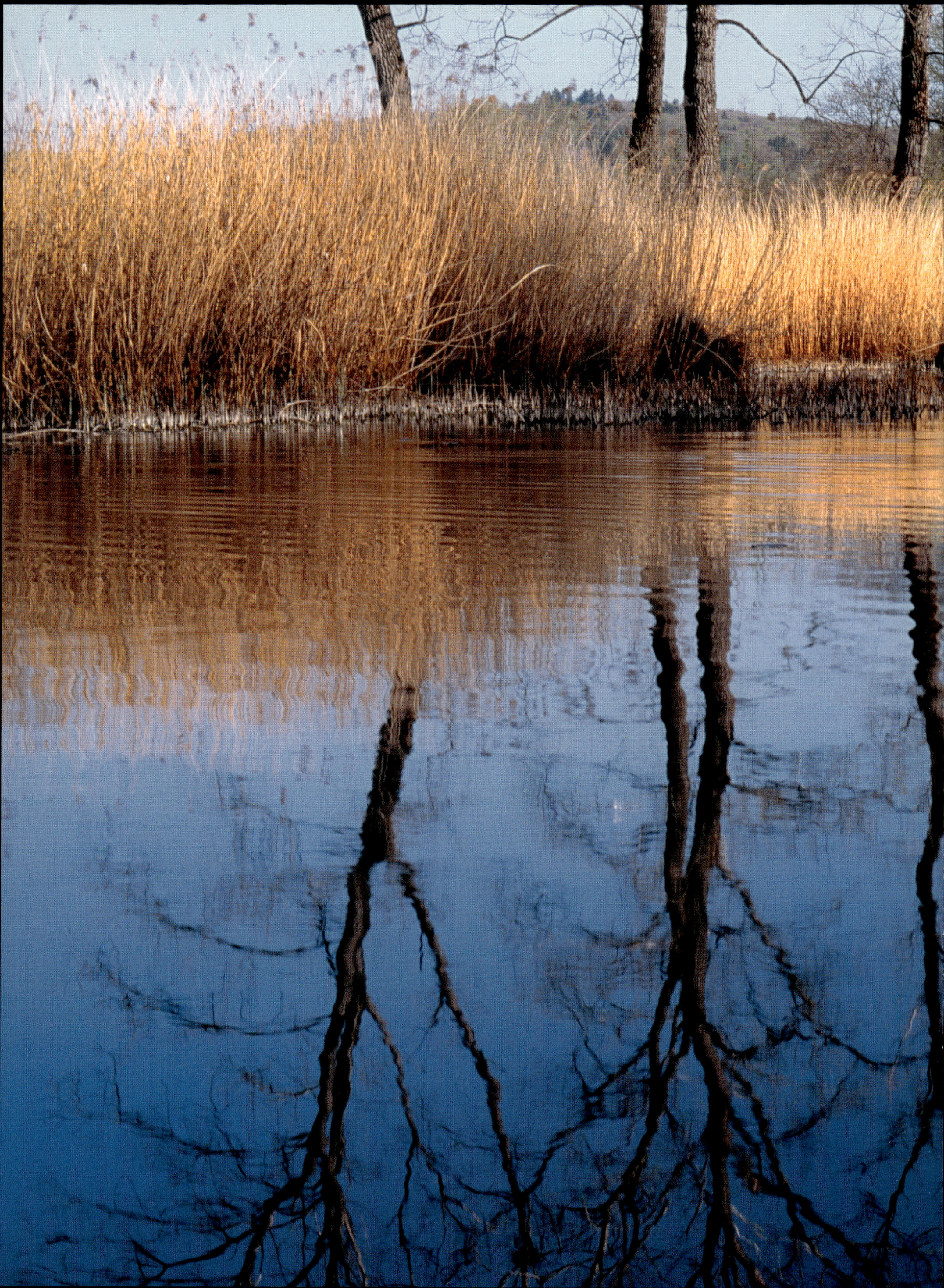

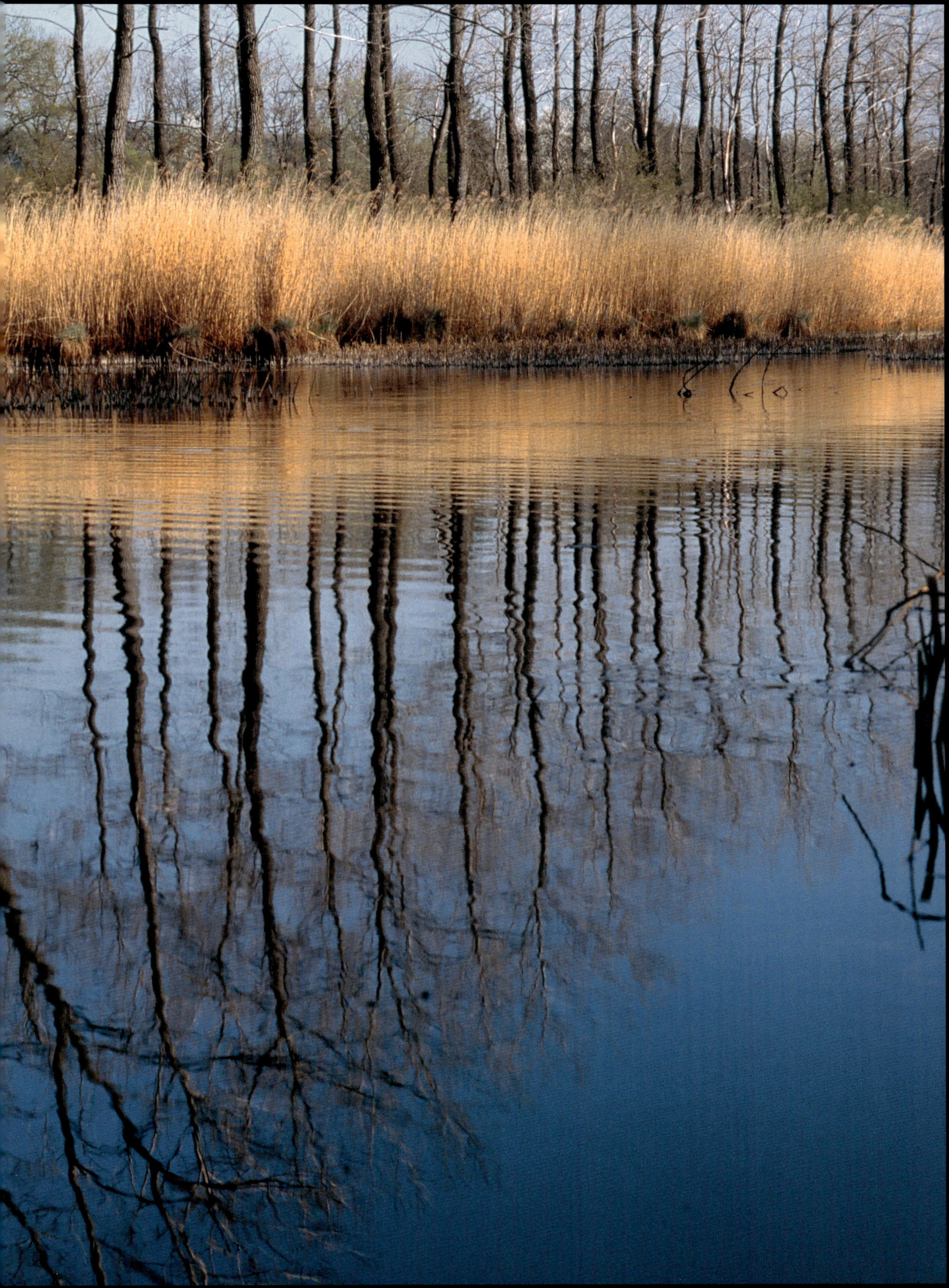

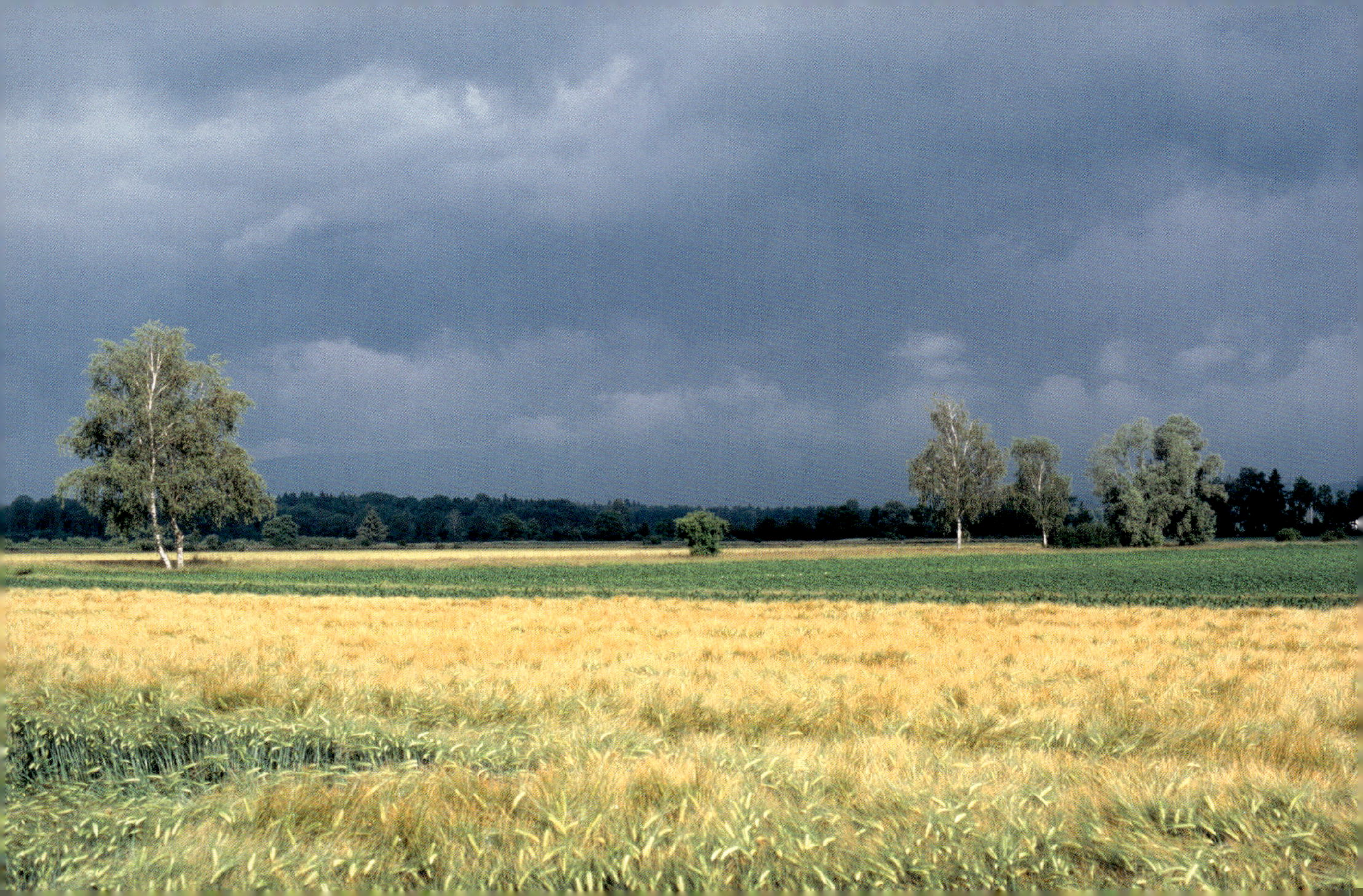

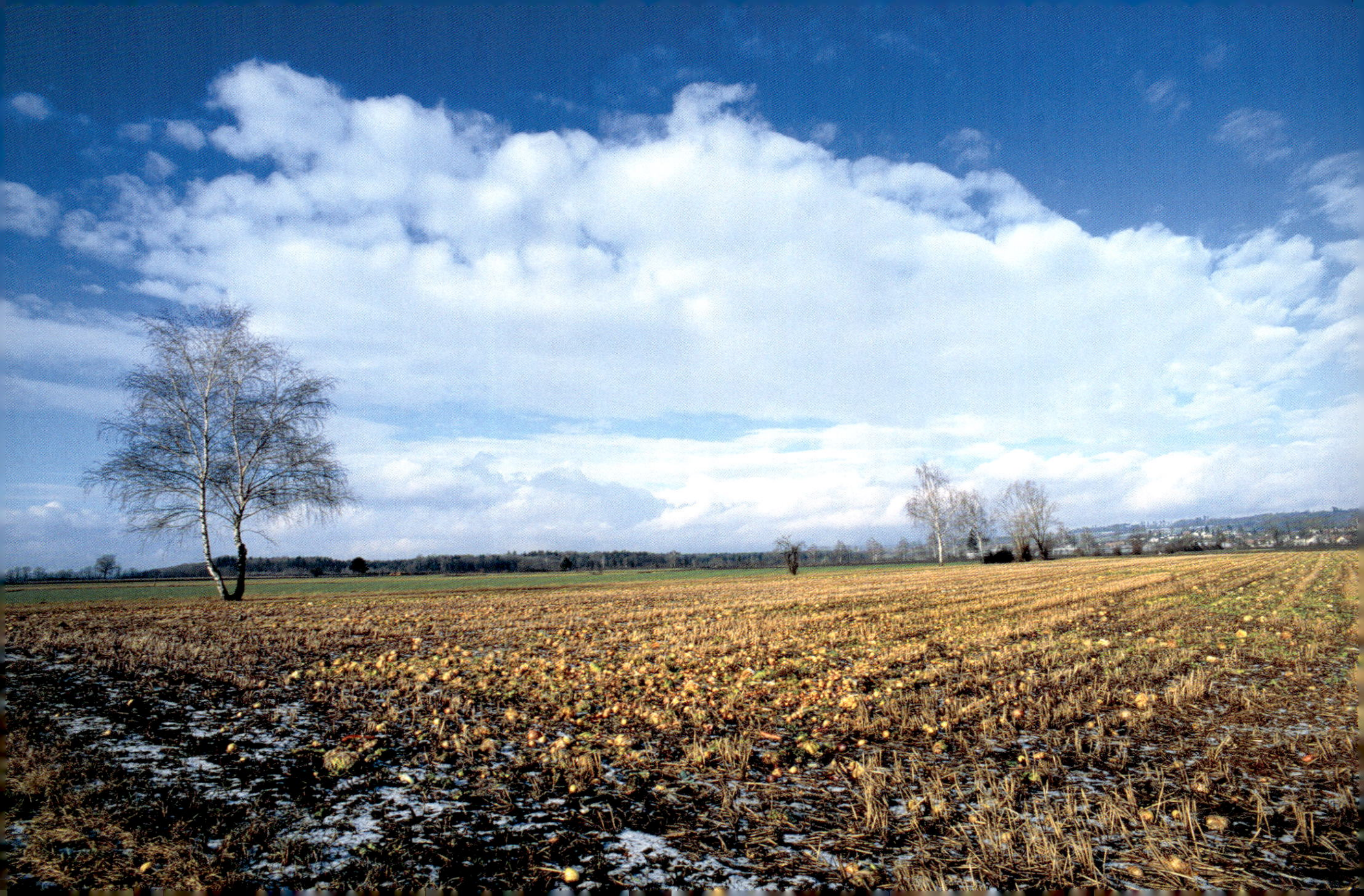

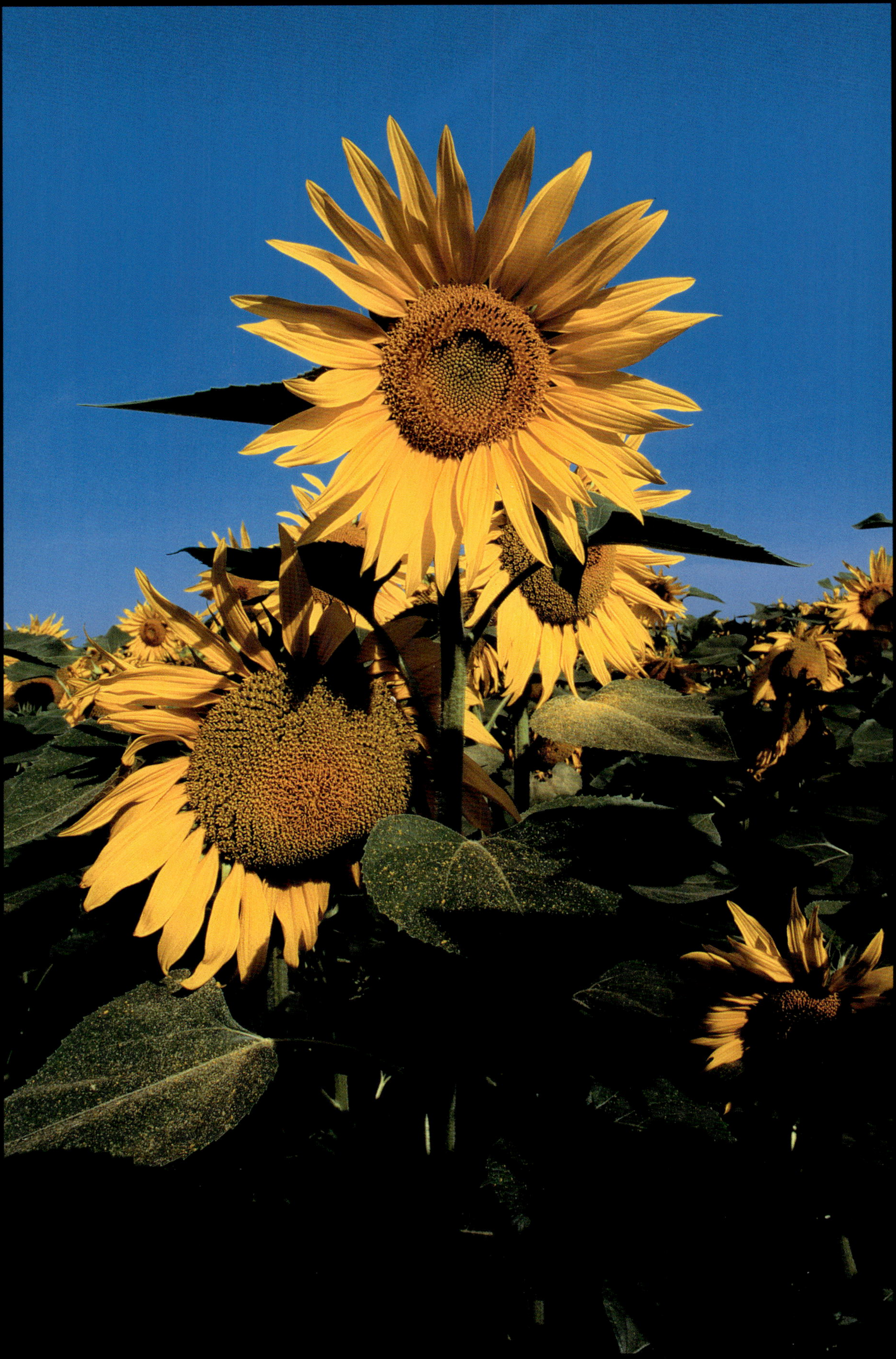

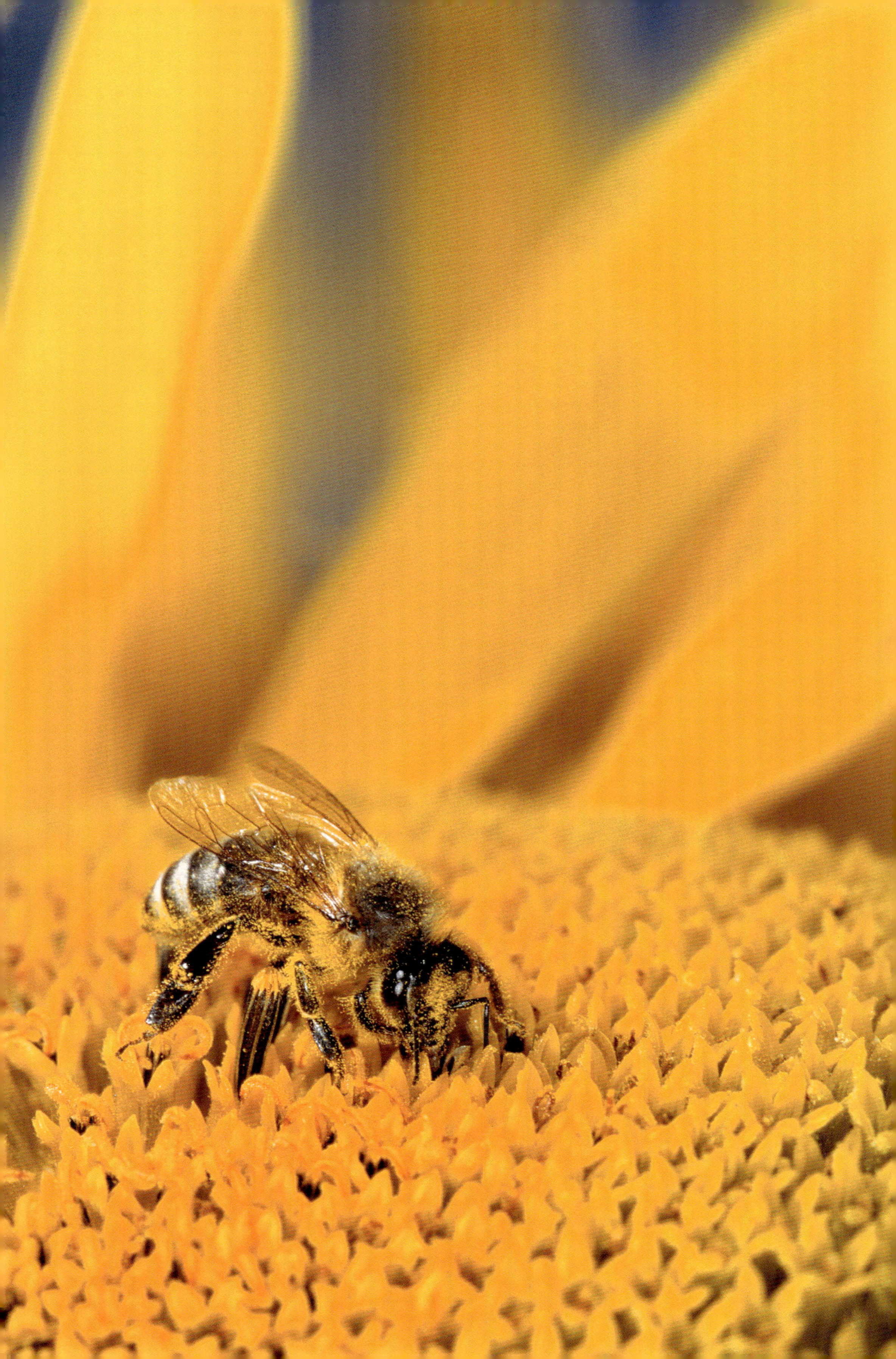

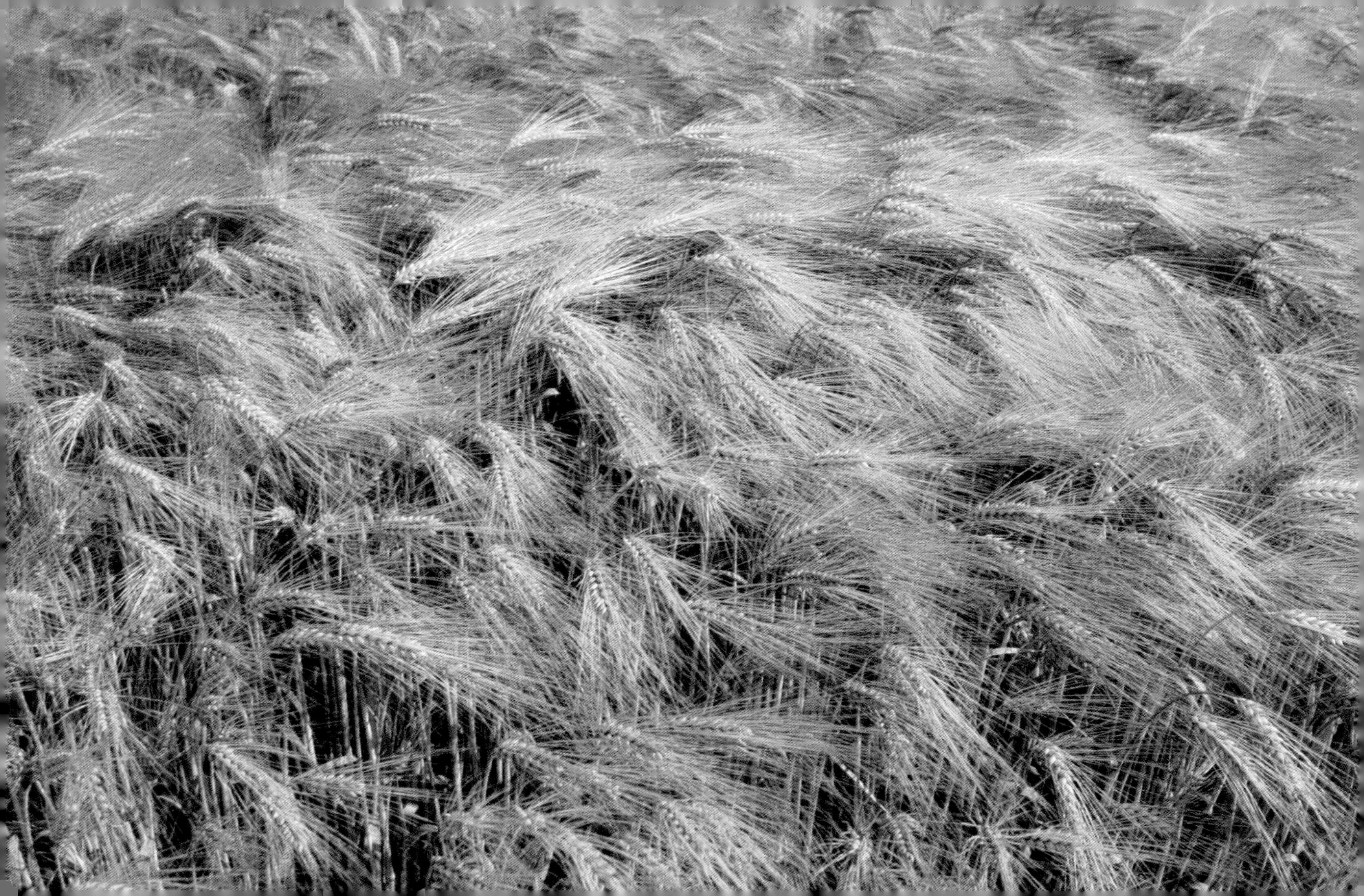

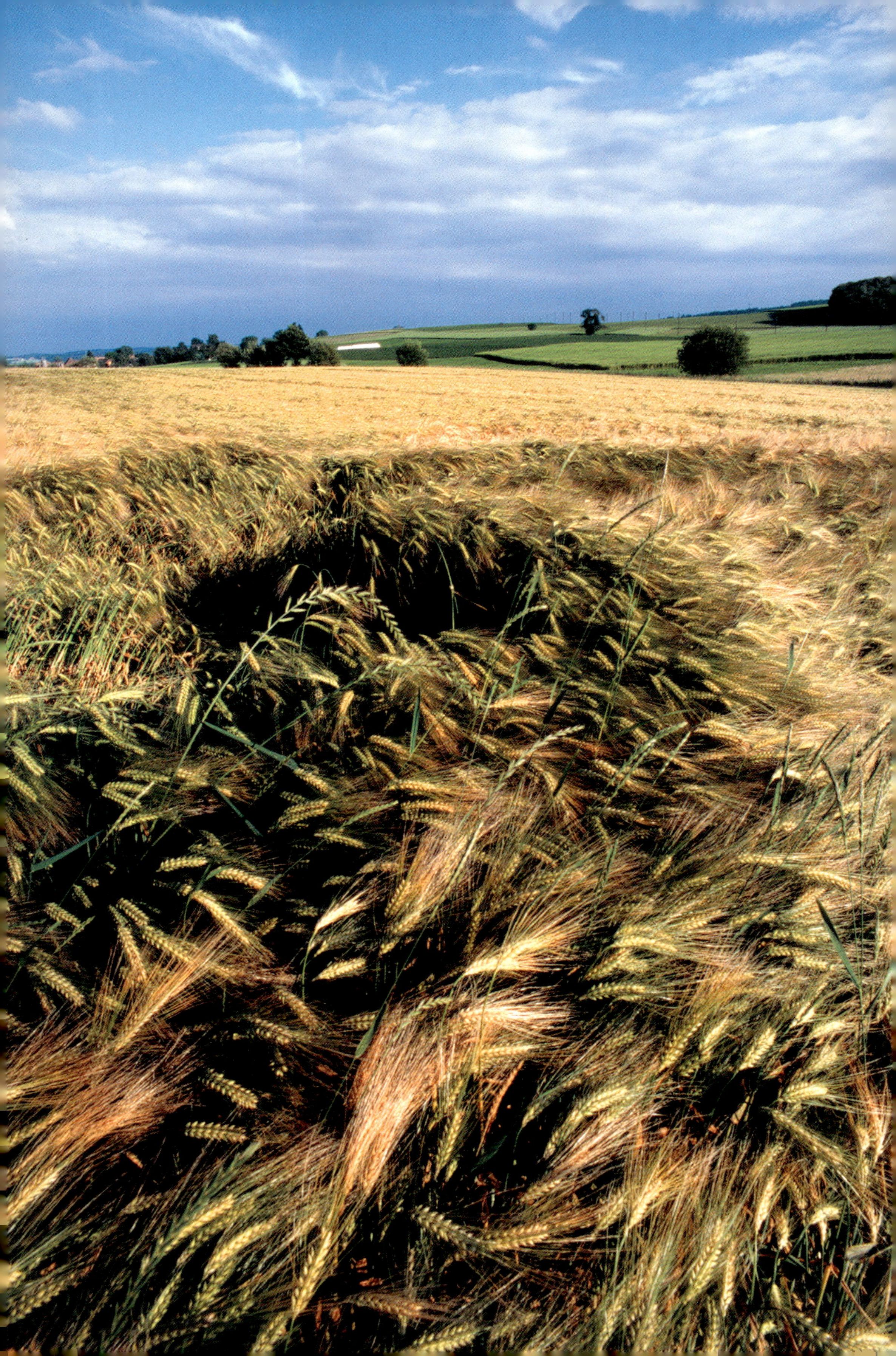

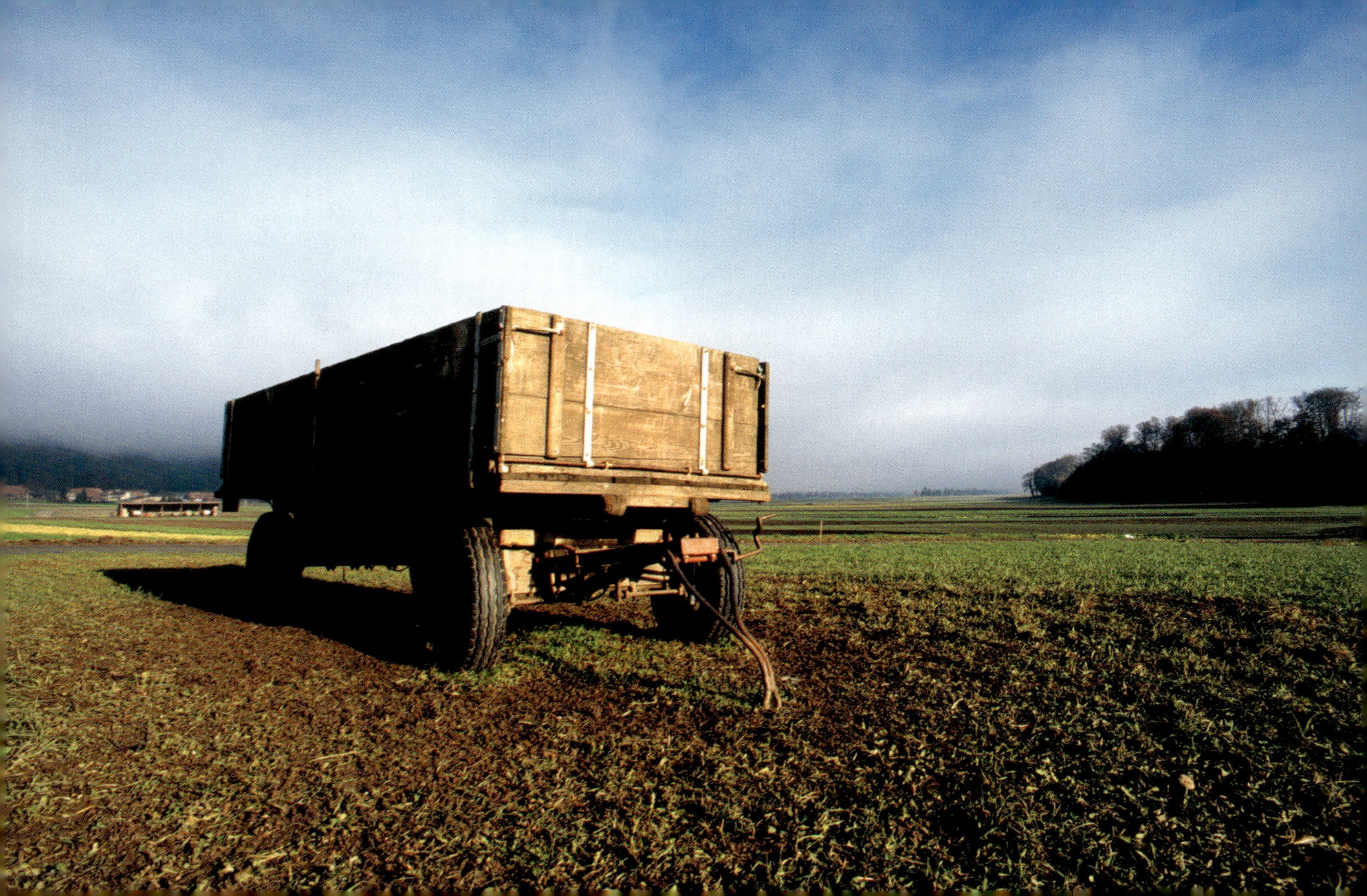

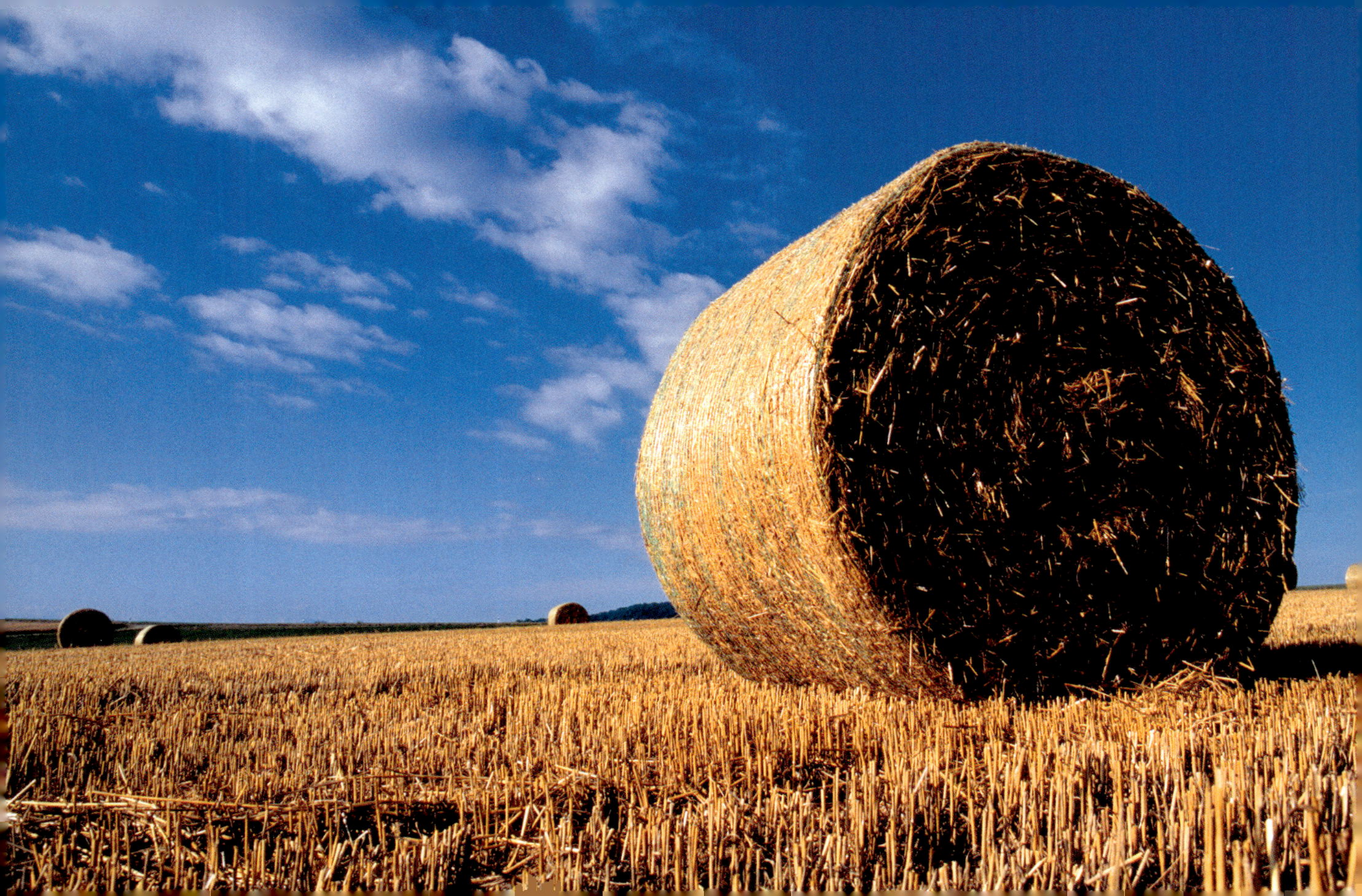

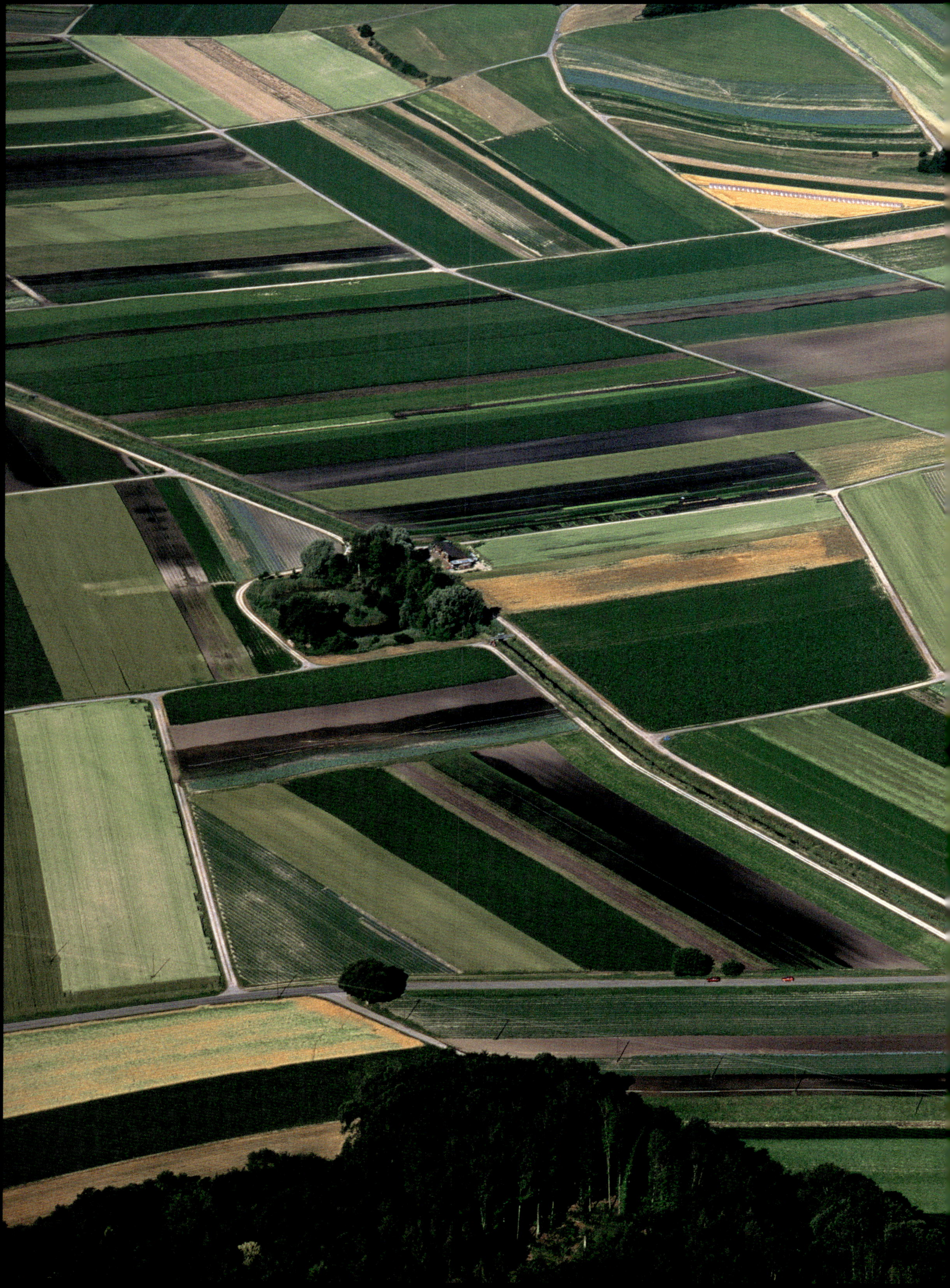

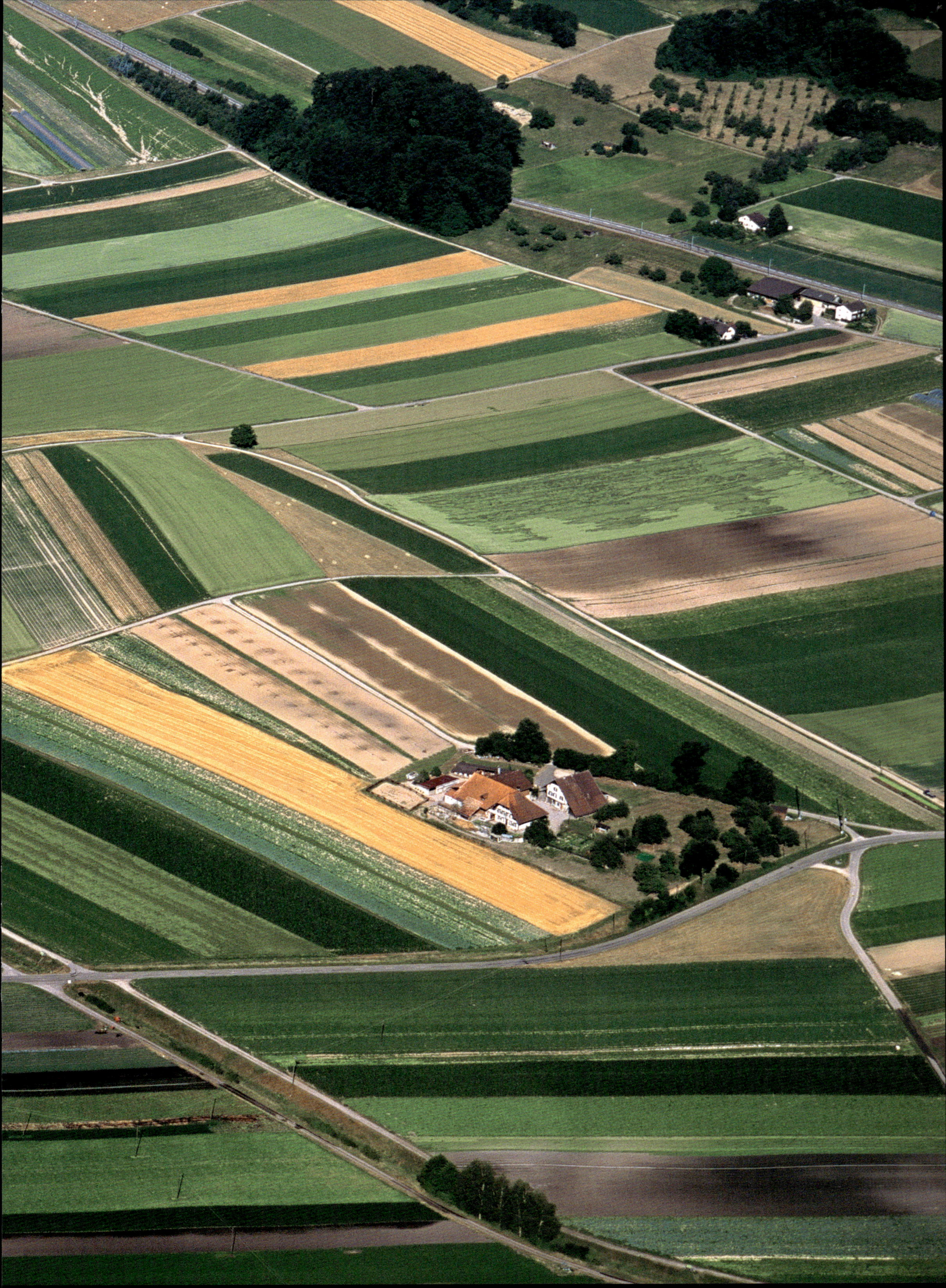

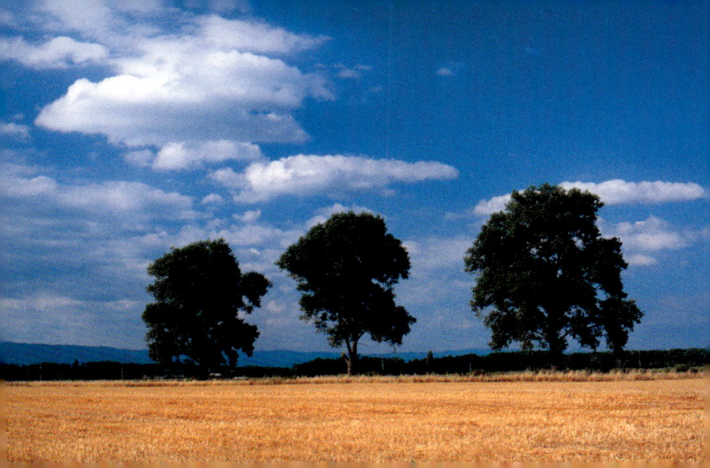

Biographies

Kellerhals Michèle. Née le 4 janvier 1963 à Bienne. Elle a effectué sa scolarité à La Neuveville, puis au Gymnase littéraire de Bienne, avant de passer une licence de lettres à l'Université de Neuchâtel. Elle travaille depuis une dizaine d'années au Gymnase des Alpes de Bienne en tant que professeure de français et d'histoire. Elle vit à Bienne.

Stegmann Sacha. Né le 18 avril 1972, a grandi à Romont. Il est passionné de nature et biologiste de formation. Il habite avec sa famille à Brügg. Suivant une formation supplémentaire de gestion, il travaille en tant qu'Account Manager à l'Office fédéral de l'informatique et de la télécommunication (OFIT).

App Béat. Né en 1969, il a grandi à Cortébert. Après sa scolarité obligatoire, il a accompli un apprentissage de dessinateur en installations sanitaires. Dès 1996, il a poursuivi des études en gestion d'entreprise qui se sont soldées, en 1998, par l'obtention d'un brevet fédéral d'agent technico-commercial. Passionné de nature et de photographie depuis son plus jeune âge, il voue un attachement particulier à la région de Chasseral, qui lui procure beaucoup de satisfaction et de motivation. Il est à l'origine de ce livre et l'a porté à bout de bras tout au long de sa réalisation. Cet engagement se soldera en 2001 par la sortie du livre «Chasseral, roi des sommets jurassiens». Depuis 2002, Béat App profite d'explorer le Seeland où il a élu domicile. De fil en aiguille, il découvre les nombreuses facettes cachées de cette merveilleuse région. Ses rencontres au fil de l'eau donneront naissance à une importante collection d'images représentant l'homme et la nature à travers les paysages seelandais. Elles seront le moteur pour la réalisation du premier grand livre nature sur le Seeland.

Bibliographie

La correction des eaux du Jura

Exposé général des deux corrections des eaux du Jura établi par mandat de la Commission intercantonale des travaux. Emil Ehrsam.

Barrage de régulation de Port, la pièce maîtresse de la correction des eaux du Jura. Brochure de l'OEHE, Office de l'économie hydraulique et énergétique, *www.bve.be.ch*.

Trois-Lacs. La correction des eaux du Jura nécessita des travaux pharaoniques. Le Journal du Jura, 23 août 2002.

De sacrées corrections. Biel-Bienne, 28 et 29 janvier 2004.

Seeland sauvé des eaux. Biel-Bienne, 20 et 21 octobre 2004.

www.les3lacs.ch

Nature

Guide des réserves naturelles de Suisse. A. Barkhausen, F. Geiser. 1998, Editions Delachaux et Niestlé.

Flora Helvetica. K. Lauber, G. Wagner. 2000, Editions Haupt.

Die Orchideen der Schweiz. H. R. Reinhard, P. Gölz, R. Peter, H. Wildermuth. 1991, Editions Fotorotar AG.

Le guide entomologique. P. Leraut. 2003, Editions Delachaux et Niestlé.

Atlas de distribution des poissons et cyclostomes de Suisse. J.-C. Pedroli, B. Zaugg, A. Kirchhofer. 1991, Editions Centre suisse de cartographie de la faune.

Vögel in der Schweiz. M. Burkhardt, H. Schmid. 2001, Schweizerische Vogelwarte.

Guide d'identification des oiseaux d'Europe. L. Jonsson. 2000, Editions Nathan.

Le guide Ornitho. K. Mullarney, L. Svensson, D. Zetterström, P. J. Grant. 1999, Editions Delachaux et Niestlé.

Mammifères sauvages d'Europe. R. Hainard. 1997, 4e édition, Editions Delachaux et Niestlé.

La vigne

Viticulture. J.-L. Simon, J. Schwarzenbach, M. Mischler, W. Eggenberger, W. Koblet. Editions Payot, Lausanne, 1977.

Schafis, ses vignes, ses vins. Brochure produite par les vignerons de Schafis (Chavannes).

Région viticole du lac de Bienne. Brochure publiée par l'Office d'informations pour les vins du lac de Bienne.

www.bielerseewein.ch

La pêche

La pêche au lac de Neuchâtel du Moyen Age à nos jours. Bernard Vauthier, Cabédita, collection Archives vivantes, Yens-sur-Morges, 1996.

La pêche dans le Léman. Denise Neveu, Christian Pedrotti, Libris, 2002.

Diverses brochures sur la pêche et les poissons d'Arthur Kirchhofer et Beat Schenk, Inspection de la pêche du canton de Berne, Berne.

Du point de vue des poissons. Brochure publiée par l'Office des forêts et de la nature. Inspection de la pêche.

Les maraîchers

Découvrir le Seeland. Brochure de l'Association des maraîchers des cantons de Berne et de Fribourg.

Le Bourgeon, c'est le bio contrôlé de A à Z. Brochure de Bio suisse.

Schweizer Gemüse - Näher ist frischer. Brochure de Suisse garantie.

La navigation

Geschichte der Damfschiffahrt auf dem Bielersee. Fritz Alliman-Laubscher, Gassmann, Bienne, 1964.

Navigation suisse. Kurt Hunziker et Robert Knöpfel, Dampferzeitung, Lucerne, 2002.

Guide des milieux naturels de Suisse. R. Delarze, Y. Gonseth, P. Galland. 1998, Editions Delachaux et Niestlé.

Remerciements

Le bel ouvrage « Le Seeland, rencontres au fil de l'eau » a paru grâce au soutien et à la bienveillance de :

Robert Schmid
Jean-Bernard Barraud
Philip Matter
Reto Rogger
Jean-François Pauli alias Woody
René Imfeld
Joerg Ramseyer et Gérard Zürcher, gardes-pêche
Famille Solcà, pêcheurs professionnels à Gerolfingen
Ernst Niklaus, maraîcher à Monsmier
Heinz Teutsch et Louis Johannes, vignerons à Chavannes
Famille Aebersold, maraîchers à Treiten
Claude Wehrli, photographe, Reconvilier
BSG, Société de Navigation du Lac de Bienne, M. Ruefli et ses collaborateurs
OEHE, Jean-Claude Bader et son équipe
Rudy Canonica et Lat-Dior Sylla, bergers
CEPOB, Michel Gigon et Albert Bassin
Bureau Le Foyard, Philippe Fallot
Centre suisse de cartographie de la faune, Christian Monnerat
Photovision Bienne, M. Säuberli
Municipalité de La Neuveville
Groupe Landi, Berne
Municipalité d'Anet
Ciments Vigier SA, Péry
La famille et des proches du photographe Béat App

Textes	Présentation de la région, faune, flore: Sacha Stegmann
	Michèle Kellerhals: corrections des eaux du Jura, vigne, pêche, navigation, maraîchers et rencontre avec un berger
Photographies	Béat App
	Sauf pages 6, 8, 224 et 225, Claude Wehrli, Reconvilier
Conception & réalisation	Hot's Design & Communication, Prêles
Photolithos & impression	Imprimerie Gassmann S.A., Bienne
Editeur	Editions Gassmann S.A., Bienne
	ISBN 3-906140-70-9
Dépôt légal	Imprimé en Suisse. Tous droits réservés
	Sans autorisation écrite de l'auteur, aucune partie de l'ouvrage ne peut être reproduite sous quelque forme que ce soit.
	© Editions Gassmann S.A., à Bienne, 2005

www.beat-app.ch